# やさしくまるごと中学国語 改訂版

著　永山冨美
マンガ　春原弥生
協力　葉一

教育系YouTuber 葉一監修！
- 国語の勉強のコツ＆達成BOOK
- 定期テスト計画シート
- 国語の勉強のコツDVD　　つき

Gakken

# はじめに

長年、生徒に国語を教えていて、「他教科と比べると国語に勉強時間を割く生徒が少ないなぁ」と感じていました。部活に、遊びに、勉強に…やることがたくさんある中、勉強時間を確保するのも大変でしょう。そうなると、どうしても国語の勉強は軽視されがちです。生徒が国語に割く時間が少ない理由はさまざまです。英語や数学など、他の教科の勉強を優先させ、国語を後回しにしたり、「日本語だから大丈夫！」と油断していたり、「入試には初めて見る文章が出るのだから、勉強しても意味がない」と思っていたり…勉強時間を割かなかった結果、国語が苦手になってしまう。でも、それを聞くたびに私は「もったいないなぁ」と思うのです。国語だってきちんと勉強すれば、他の教科と同じようにできるようになるのですから。

国語には漢字・語句・文法・古典などの知識分野と、論説文・小説・随筆などの読解分野があります。国語が苦手なみなさんは、まず、知識分野がおろそかになっていないかどうか考えてみてください。国語というと、読解が解けるようになることと思われがちですが、試験には知識分野が意外と多く出題されます。試験問題を確認してみましょう。知識分野が全部解けると、それだけでかなりの点数につながるとわかるはずです。知識分野は覚えれば即得点がアップする！　暗記するのは大変かもしれませんが、得点につながると思えば、ちょっとはやる気もでてきませんか？

読解分野の攻略法はもっとシンプル。読解の基本は「文章に書かれていることについての問題に正確に答える」です。つまり、客観的に文章を読み取ることができれば、読解問題は解けるようになるのです。いいですか？　「客観的に」ですよ。読解問題はみなさんの考えや、気持ちを聞いているのではありません。文章中にどのように書かれているかを聞いているのです。どのような文章が出題されても、この基本は変わりません。ですから、客観的に文章が読めるようになれば、たとえ初めて読む文章だろうと解けるようになるのです。文章の読み取り方は、Lessonのなかで詳(くわ)しく見ていきますので一緒に学んでいきましょう。

忙しいみなさんは、限られた時間の中で勉強しなければなりません。幸いにも国語は日本語、みなさんが毎日使っている言語です。せっかく毎日使うのですから、同時に国語の勉強も兼ねちゃいましょう。たとえば、試験でも使える言葉でおしゃべりするようにしてみるとか（「超すごい」とか、試験では使いませんよね。）、自分が考えたことを文章で表現してみるとか（日記などいいですね）、目にとまった文章を音読してみるとか。普段の生活もちょっと意識するだけで、国語の勉強時間に早変わり。とはいえ一人で勉強するのは大変ですから、ぜひこの本を参考に勉強を進めてみてください。少しでもみなさんのお役に立つことができれば幸いです。

永山冨美

# 本書の特長と使いかた

## まずは「たのしい」から。

たのしい先生や、好きな先生の教えてくれる科目は、勉強にも身が入り得意科目になったりするものです。参考書にも似た側面があるのではないかと思います。

本書は読んでいる人に「たのしいな」と思ってもらえることを願い、個性豊かなキャラクターの登場するマンガを多く載(の)せています。まずはマンガを読んで、この参考書をたのしみ、少しずつ勉強に取り組むクセをつけるようにしてください。勉強するクセがつけば、学習の理解度も上がってくるはずです。

## 中学3年分の内容をしっかり学べる。

本書は中学3年分の内容を1冊に収めてありますので、どの学年の人でも、自分に合った使いかたで学習することができます。はじめて学ぶ人は学校の進度に合わせて進める、入試対策のために3年分を早く復習したい人は1日に2・3レッスンずつ進めるなど、使いかたは自由です。

本文の説明はすべて、なるべくわかりやすいようにかみくだいてあります。また、理解度を確認できるように練習問題も数多く収録してありますので、この1冊で中学3年分の学習内容をちゃんとマスターできる作りになっています。

## 動画授業があなただけの先生に。

本書の動画マーク（　）がついた部分は、YouTubeで動画授業が見られます。動画をはじめから見てイチから理解をしていくもよし、学校の授業の予習に使うもよし、つまずいてしまった問題の解説の動画だけを見るもよし。PCやスマホでいつでも見られますので、活用してください。

誌面にあるQRコードは，スマホで直接YouTubeにアクセスできるように設けたものです。

YouTubeの動画一覧はこちらから

https://gakken-ep.jp/extra/yasamaru_j/movie/

※動画の公開は予告なく終了することがございます。

# Prologue
［プロローグ］

親の仕事でアメリカで生まれ育って
つい最近日本に引越してきたから
日本語があまり
うまくないんだ
キョロ
キョロ
May I help you?
英語なら
超得意!
この先にことのは公園は
ございますか?
道に迷ってしまいまして
大変困っているんです
日本語
ペラ ペラ
えっ!?
日本語!?
コトノハ
コウエン
コッチ…デス
ありがとう
ございます
ヨカッタ
公園の
向かいの…
あった!!
ことのは公園
ここに
来たかったの
どーーん
日本語
科学ラボ
!?

ここは私の職場
〝日本語科学ラボ〟です
毎日 日本語を科学的に
研究しているんですよ
あがって!! お礼にお茶をごちそうします
ジョディ
ハカセ——
おー——ジョディ
遅かったのう
また迷ったのか
ハカセ
そうなの
彼に助けて
もらって…
そうか
ありがとう
君、名前は
何と言うのかね
ボク…
ナマエヲ
リュウノスケ
デシタ
!?
「僕の名前は
龍之介です。」
じゃろ——
!!
Help me!!

すっすみません!?ハカセは間違った日本語の使い方を聞くと
うぉーーー
怒りが収まらなくて気が済むまであばれてしまうんです
マスコ
デスコ
いやーーすまなかったのう
しかし君の日本語はかなり重症じゃな
ニホンゴ…スコシハナセルデモコクゴムズカシイ…
わしら日本語科学ラボの仲間たちで龍之介にわが国の愛すべき国語をしっかりわかりやすく教えてあげよう
うん うん
このラボには優秀な研究員たちが揃っておるからな
うん うん
おー…?
おー
こうして龍之介の国語レッスンが始まるのであった……

# Contents

もくじ

## 文法

Lesson 1 言葉には単位がある!? …… 10
Lesson 2 文節と文節の関係・文の成分 …… 14
Lesson 3 単語を分類してみよう! …… 20
Lesson 4 体言って? …… 24
Lesson 5 用言って?① (動詞の性質と活用形) …… 28
Lesson 6 用言って?② (動詞の活用の種類) …… 34
Lesson 7 用言って?③ (形容詞・形容動詞) …… 40
Lesson 8 副詞・連体詞・接続詞・感動詞 …… 46
Lesson 9 助動詞って?① …… 52
Lesson 10 助動詞って?② …… 58
Lesson 11 助詞って? …… 64
Lesson 12 紛(まぎ)らわしい品詞① …… 68
Lesson 13 紛らわしい品詞② …… 74
Lesson 14 敬語の種類を知ろう! …… 80
Lesson 15 漢字の成り立ち・二字熟語の構成 …… 84

## 読解

Lesson 16 読解問題の基礎(きそ)を知ろう!① …… 88
Lesson 17 読解問題の基礎を知ろう!② …… 94
Lesson 18 説明的文章って?① …… 98
Lesson 19 説明的文章って?② …… 102
Lesson 20 文学的文章って?① …… 106
Lesson 21 文学的文章って?② …… 112
Lesson 22 韻文(いんぶん)って?① (詩) …… 116
Lesson 23 韻文って?② (短歌・和歌) …… 122

Lesson 24 韻文って？③（俳句）……128

［古典］

Lesson 25 古文①（歴史的仮名遣い・古語・古文常識）……134

Lesson 26 古文②（係り結び・会話文・敬語）……140

Lesson 27 漢文①（漢文の読み方）……146

Lesson 28 漢文②（漢詩）……152

総しあげ 入試問題に挑戦！……156

古典文学の流れ……172

近現代文学の流れ……177

用言・助動詞活用表……180

まるごと漢字チェック……184


〈キャラクター紹介〉

**龍之介**

クールで無口なかっこいい中学生。親の都合で海外で育ったため、日本語が大の苦手。無口なのは日本語がうまく話せないから。

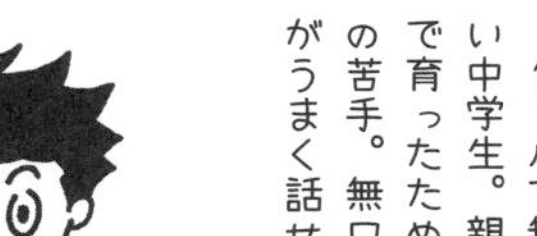

**ハカセ**

日本語科学ラボの所長。日々、日本語についての研究をしている。間違った日本語を聞くと人格が変わり、激怒する。ちょっと天然。

**ジョディ**

日本語科学ラボの研究員。アメリカ人だが、日本語の魅力にとりつかれ、ハカセのもとで日本語を研究中。龍之介よりも日本語を上手く話せる。しっかり者。常にダイエット中。

**デスコ・マスコ**

日本語科学ラボでハカセとジョディのお手伝いをしている双子のロボット。常に敬語で話す。頭の色で見分けることができる。

# Lesson 1 言葉には単位がある!?

龍之介よ

龍之介は国語をこつこつと学びます

この文を文節ごとに切り分けるのじゃ！

えっ

ヒントは子どもに言い聞かせるようにするのよ

「ネ」を入れてみるといいわよ

コドモニイイキカセル…ワカッタ

エイッ

エイッ

龍之介は 文節

国語を 文節

こつこつと 文節

ネ

ネ

ネ

スパ

学び 単語

ます 単語

ぎゃーー

許さーーん

それじゃあ単語で切ってるわ！

意味が通じるように切るといいのよ

シュパパパパ…

学び

ます

国語って言われると何を思い浮かべますか？古典、文法、文章読解など…文字ばっかりの文章を読まなくてはいけないのかぁと苦手に思う人も多いのではないでしょうか？でも、実は国語の文章は、数学のように、細かく単位で区切ることができるのです！文章に「単位」と聞くと、ちょっと興味がわいてきませんか？それでは国語のLessonを始めていきましょう！

# 言葉の単位

## 言葉の単位

言葉にも単位があるってことを知っていますか？　国語の問題で、「一文で探しなさい」とか「一文節で抜き出しなさい」といったものを見たことがあると思います。この「文」や「文節」というのが言葉の単位なのです。

### ◎言葉の単位

小 単語 ／ 文節 ／ 文 ／ 段落（形式段落・意味段落） ／ 文章 大

### 〈文章の組み立て〉

僕は龍之介。かの有名な小説家・芥川龍之介と同じ名前だ。学校では女子から結構人気がある。口数が少なく、クールなところがかっこいいらしい。でも、僕が学校であまり話さないのには理由がある。なぜなら、日本語がうまく話せないのだ。

　父の仕事の都合で、アメリカで生まれ育ち、つい最近日本に来たばかり。家では日本語を使っていたから、少しは話すことが出来るけど、日本語の文法となると、難しいし、わからなくなってしまう。日本人なのに何故日本語がわからないのだろうといつも悩んでいた。

　そんな時、ジョディとハカセに出会い、日本語をマスターするための僕の特訓が突然始まった……。

**●文章**……**一つのテーマ**に沿って書かれた文のまとまりのこと。文章の種類には**随筆・説明文・論説文・物語文**などがある。

**●段落**……文章を**内容のまとまり**によって区切ったもの。（段落のはじまりは、一字下がっている。）

- **形式段落**…**一字下げて**書き出したまとまり。
- **意味段落**…**内容**によってまとめられた**形式段落**の集まり。

文章を意味段落に分けて読み取ることが大切じゃぞ。

**●文**……**まとまった意味**を表す一続きの言葉。文の終わりは句点（。）を打つ。

　文法の学習で特に大切なのは、次に説明する「文節」と「単語」です。区別をしっかりつけておきましょう。文節分けができなかったり、単語の切れ目が判断できなかったりして、問題が解けない人がいますからね。

**●文節**……文を、**意味が通じる程度に**、細かく区切ったもの。「ネ・サ・ヨ」などを入れて読んでみて、**意味が通じるところが、文節の切れ目の目安。**

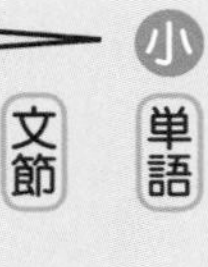

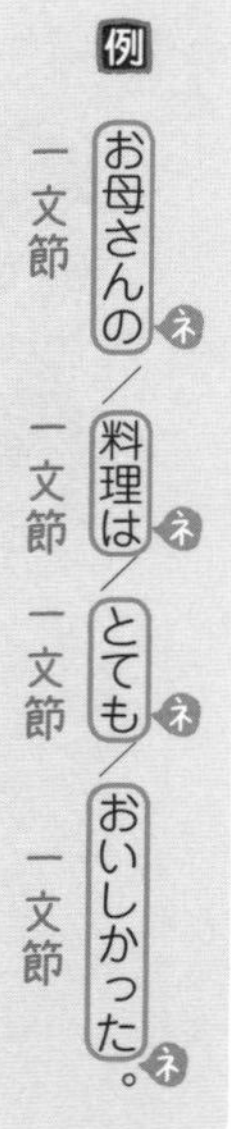

**例**　お母さんの（ネ）／料理は（ネ）／とても（ネ）／おいしかった（ネ）。

一文節　一文節　一文節　一文節

「ネ・サ・ヨ」で区切れる切れ目は、あくまでも目安。くわしくはこの後でやるわよ。

●**単語**……**言葉の最小単位**。つまり、それ以上細かく分けることができないもの。単語に区切ると、それだけで意味が通じるものと通じないものが出てくる。

**例**　お母さん／の／料理／は／とても／おいしかっ／た。

意味の通じる単語（お母さん・料理・とても・おいしかっ）
意味の通じない単語（の・は・た）

この**意味の通じる単語**を自立語、**意味の通じない単語**を付属語と言います。くわしくはLesson2でやるので、覚えておきましょう。

## 文節の区切り方

まずはおさらい。文節とは「**意味が通じる程度に、文を細かく区切ったもの**」でしたよね。そして、「**ネ・サ・ヨ**」を入れて読んでみて、意味が通じるところが文節の切れ目の目安でした。

では、次の文に「ネ」を入れて読んでみましょう。

**例**　**その**（ネ）**宝石は**（ネ）**ダイヤの**（ネ）**ように**（ネ）**輝**（かがや）**いて**（ネ）**いる**（ネ）**。**

意味は通じますね。でも、これを文節に区切るとこうなります。

**例**　**その**（ネ）／**宝石は**（ネ）／**ダイヤの**（ネ）×**ように**（ネ）／**輝いて**（ネ）／**いる**（ネ）**。**

「ネ」を入れてもさほど不自然でなく読めるのに、文節には区切れないところがありますね。「**ネ・サ・ヨ**」を入れて区切るのは、あくまでも文節をとらえるための**目安**であって、確実な方法ではありません。では、確実に文節に区切るためにはどうすればよいでしょうか。

**ポイント**

### 文節の区切り方

**自立語**（＝それだけで意味がわかる単語）が**文節の頭になるように区切る。**

※付属語（＝それだけでは意味がわからない単語）は一文節にいくつあっても、一つもなくてもOK!

さっきの例文で自立語を確認してみましょう。

**例**　**その**／**宝石は**／**ダイヤのように**／**輝いて**／**いる**。

わかりましたか？　**一文節に自立語は必ず一つだけ**なので、自立語の数と位置に注意すれば、正確に文節に区切ることができますね。

## Lesson 1 の力だめし

**1** 次の文章は、いくつの文からできていますか。漢数字で答えなさい。

ふと、目を閉じると、風の音が聞こえてきた。初夏のやわらかくて暖かい草の匂(にお)いがした。とても穏(おだ)やかで、くつろいだ気分になった。私は、この今の気分をどうにか作品にしてみたい、この気持ちを多くの人に伝えたい、そんなふうに思ったのだ。

**2** 次の各文を、例にならって、文節に区切りなさい。

例 私の／兄は／野球が／好きだ。

(1) 昨日、私は公民館で演劇を鑑賞(かんしょう)した。

(2) この本の内容を参考にして論文を書こう。

授業動画はこちらから 3

解説は別冊p.1へ

**3** 次のうち、単語の区切り方として正しいものを**ア**～**エ**から一つ選び、記号で答えなさい。

**ア** その男｜は、｜泣きそうな｜声｜で｜語った。

**イ** その｜男｜は、｜泣きそうな｜声｜で｜語っ｜た。

**ウ** その｜男｜は、｜泣き｜そうな｜声｜で｜語っ｜た。

**エ** その｜男｜は、｜泣き｜そう｜な｜声｜で｜語っ｜た。

### ハイレベル問題

**4** あとの二文を、例にならって、文節の区切りは／で、単語の区切りは──で示しなさい。

例 父｜が／兄｜を／駅｜まで／見送る。

戻(もど)ってきたあの二人は、どうやら姉妹らしい。しかし、そのことはまだ誰(だれ)にも知られていないようだ。

# Lesson 2 文節と文節の関係・文の成分

Lessonのイントロ

友達や家族などと話していて、話がかみ合わない時はありませんか? 例えば、「昨日ね、私が大福を十個食べてから逆立ちする先生を見かけたよ!」と友達に言われたとき、あなたは何を考えますか? え?先生が大福を十個食べて逆立ちしたの!?とびっくりするでしょうか。読点(、)がないと、主語や述語が分かりませんね。このLessonでは文節と文節の関係から学んでいきましょう。

授業動画はこちらから 4

# 1 文節と文節の関係

文節と文節の関係では、「**主語・述語の関係**」「**修飾・被修飾の関係**」と、常に連文節の形をとる「**並立の関係**」「**補助の関係**」を見ていきましょう。

他に「**接続の関係**」「**独立の関係**」があります。

## ❶主語・述語の関係…「何（誰）が—どうする」「何（誰）が—どんなだ」「何（誰）が—何だ」「何（誰）が—ある・いる・ない」の形になる関係。

次の文から主語・述語の関係を探すとどうなるでしょう。

例 **私は**（主語）来年から**高校生です。**（述語）

例 ビュービューと**風が**（主語）**吹く。**（述語）

それぞれの主語・述語はわかりましたか？

**テクニック**

**主語・述語の関係の探し方**

①まず、述語から探す。

②述語にかかる主語を探す。

## ❷修飾・被修飾の関係…くわしくする文節と、くわしくされる文節の関係。ある文節をくわしくする文節を**修飾語**、される文節を**被修飾語**という。

**ポイント**

**修飾語・被修飾語の探し方**

①修飾の流れは必ず上から下になる。

②修飾語・被修飾語はくっつけても意味が通じる。

必ず修飾語よりも下に被修飾語があるんだね。

例えば、次の〜〜線部の修飾語が修飾する文節（被修飾語）を探してみましょう。

例 **私は／父から／黒い／大きな／かばんを／借りた。**

まず、**修飾の流れは上から下**なので、「父から」の下から探します。修飾語と被修飾語はくっつけても意味が通じるので、一つずつ下の文節とくっつけていって確認していくと…

例 **私は／父から**（修飾語）**／黒い**（×）**／大きな**（×）**／かばんを**（×）**／借りた。**（○ 被修飾語）

「借りた」に続けたとき意味が通じるようになりますね。ということで「**父から**」が修飾していたのは「**借りた**」ということになります。

ちなみにこの例文から修飾・被修飾の関係を全部探してみると……。

**例** **私は／父から／黒い／大きな／かばんを／借りた。**

全部で四つの修飾・被修飾の文節の関係が含まれていました。見つけられましたか？

では、次に修飾語の種類を見てみましょう。

**例** **白い／犬を／飼う。**

①の、「白い」は、どんな犬かをくわしくしています。

②の、「犬を」は、何を飼うのかをくわしくしていますね。

ポイント

**修飾語の種類**

**体言**（名詞）を含む文節を修飾するのは**連体修飾語**。

**用言**（動詞・形容詞・形容動詞）を含む文節を修飾するのは**連用修飾語**。

「犬」は**名詞**なので、①「白い」は**連体修飾語**。

「飼う」は**動詞**なので、②「犬を」は**連用修飾語**です。

## ❸ 並立の関係…二つ以上の文節が対等に並ぶ関係。**文節を入れかえても意味は変わらない。**

**例** 笑ったり／泣いたり／思い出深い／三年間でした。（並立）

「泣いたり笑ったり」としてもOK

**例** 今日の／欠席者は／山田と／伊藤です。（並立）

「伊藤と山田です」にしてもOK

## ❹ 補助の関係…下の文節が直前の文節に**補助的な意味**を添える関係。

補助的な意味を添えるといってもピンとこない人が多いのではないでしょうか。そこで、補助の関係にある連文節の例をいくつか見てみましょう。

**例** **新製品を／食べて／みる。**（補助）

**例** **宿題を／やって／おく。**

**例** **読んで／しまった／本を／貸す。**

**例** **公園で／遊んで／いる。**

**例** **妹と／遊んで／ほしい。**

さてどうでしょう。何か気付いたことはありますか？

そう！　上の文節は「食べ**て**」「やっ**て**」「読ん**で**」「遊ん**で**」と「て・で」で終わっていますね。これが補助の関係を見つける目安です。

テクニック

**補助の関係の見つけ方**

直前の文節が「て・で」で終わることが多い!!

**チェックテスト**

次の各文の二つの――線部の文節の関係を答えなさい。

① みんなで／花火を／した。（　　）
② 細くて／長い／布を／買った。（　　）
発展 ③ とうとう／冬が／やって／きた。（　　）
④ 君の／ノートを／貸して／ほしい。（　　）
⑤ 弟が／転ぶのを／遠くから／見た。（　　）
⑥ ワンワンと／犬に／ほえられた。（　　）

解説は別冊p.2へ

**補足 連文節とは**

並立の関係、補助の関係は常に連文節を作ります。連文節とは、二つ以上の文節がまとまって、一つの文節と同じ働きをするものです。

## 2 文の成分

文節には**文を組み立てる上での役割**があって、その役割を「**文の成分**」といいます。文の成分は「**主語・述語・修飾語・接続語・独立語**」の五つです。

❶ **主語**…「**何が（は）**」「**誰が（は）**」を表す文節。

テクニック

**主語を示すのは「は・が」だけではない!!**

主語は「～は」「～が」の形が多いが、「～も」「～こそ」などの形もある。

例
**私は／中学生です。**　**僕が／山田です。**
**彼も／一緒に／行く。**　**君こそ／ヒーローだ。**

❷ **述語**…「**どうする**」「**どんなだ**」「**何だ**」「**ある・いる・ない**」を表す文節。ふつう、述語は、**文の最後**にくる。

例
弟が／走る。（どうする）
バラは／美しい。（どんなだ）
父は／医者だ。（何だ）

**❸修飾語**（しゅうしょくご）…あとの文節を**くわしくする**文節。

次の例を見てください。

例 **僕（ぼく）は／白い／犬を／飼う。**

「白い」は「犬を」修飾する**連体修飾語**、「犬を」は「飼う」を修飾する**連用修飾語**です。

でも、この文にはもうひとつ修飾・被（ひ）修飾の関係が隠（かく）れています。それは、「白い／犬を」という**連文節**が、「飼う」を修飾しているのです。

例 **僕は／白い／犬を／飼う。**

**補足 文の成分が連文節となることもある**

**連文節が文中で一つの文節と同じ働きをする場合、文の成分は「○○語」ではなく「○○部」と言います。**

**❹接続語**…文と文、文節と文節などを**つなぐ**文節。

例 手を／洗った。／そして、／うがいも／した。（文と文をつなぐ）

例 雨天なので、／遠足は／中止だ。

注意!! つなぐ働きのある言葉は「ので」ですが、文の成分は文節の役割なので、「雨天なので」の一文節が接続語です。

**❺独立語**…他の文節とは直接結びつかない文節。**あいさつ**や**呼びかけ**など。

例 おはよう、／今日は／いい／天気だね。

例 ねえねえ、／教科書を／見せて。

## チェックテスト

次の各文の――線部の文の成分を選び、記号で答えましょう。

① (a)九月十九日、(b)それは (c)私の 誕生日です。

② (a)ハンバーグの 作り方を (b)母親に (c)教わった。

③（発展）(a)一緒（いっしょ）に (b)行こう、(c)君も (d)遊園地に。

④ (a)風が 冷たいから、(b)手袋（てぶくろ）を (c)しよう。

ア主語（主部） イ述語（述部） ウ修飾語（修飾部）
エ接続語（接続部） オ独立語（独立部）

① a（　） b（　） c（　）

② a（　） b（　） c（　）

③ a（　） b（　） c（　） d（　）

④ a（　） b（　） c（　）

解説は別冊p.2へ

# Lesson 2 のカだめし

**1** 次の各文の、――線部の文節の関係をあとの**ア**～**オ**から選び、記号で答えなさい。

(1) この本棚(ほんだな)には、興味深い本ばかりが並んで いる。

(2) 友人たちから、たくさんの プレゼントを もらった。

(3) 鳥がさわやかな声で歌い、暖かい日差しが降り注ぐ。

(4) 野菜や 果物を ジュースにして飲む習慣をつける。

(5) すぐその先が駅だ。近いので、歩こう。

**ア** 主語・述語の関係　**イ** 修飾・被修飾の関係

**ウ** 接続の関係　**エ** 並立の関係

**オ** 補助の関係

(1) □　(2) □　(3) □　(4) □　(5) □

授業動画はこちらから

解説は別冊p.3へ

**2** 次の文章中の、――線部の文の成分をあとの**ア**～**オ**から選び、記号で答えなさい。

①おお、これが有名な屋久杉(やくすぎ)か。②だから、③観光客が ④たくさん集まっているのか。それにしても、この木は⑤立派だ。

**ア** 主語　**イ** 述語　**ウ** 修飾語

**エ** 接続語　**オ** 独立語

① □　② □　③ □　④ □　⑤ □

**3** 次の各文の、――線部の文の成分を答えなさい。

(1) 僕(ぼく)が興味を持っているのは、物理学と化学だ。

(2) 朝から準備をしていたが、間に合わなかった。

(3) 先生の優(やさ)しい気持ちが、全員に伝わった。

(1) □　(2) □　(3) □

# Lesson 3 単語を分類してみよう！

じゃーん
品詞分類ロボ
何をするロボなの？
まぁ見ておれ
スイッチオン
机
ペタッ
名詞
走る
動詞
ペタッ
美しい
ペタッ
形容詞
えへへ
周りのものの品詞を見分けて分類できるのじゃ！
エヘン
ペタッ
コワイ
形容詞
ペタ
チビ
名詞
ペタ
ハゲル
動詞
ペタ
最後の方はただの悪口じゃろーー！

Lessonのイントロ

普段、私たちが使っている単語には名前があります。それは、「鉛筆」や「けしごむ」などの一つ一つの具体的な物の名前ではなく、国語の中での文法的な名前です。例えば「私」は「名詞」、「走る」は「動詞」など、物だけでなく、動きや様子を表す単語など、単語すべてに名前がついています。自分の身の回りの物事や、普段の会話の中などで、どの単語がなんという名前か考えてみましょう。

## 品詞の分類

今回学ぶのは、「**単語**」についてです。単語とは言葉の最小単位でしたね。（↓p.12）単語は意味や働きなどによって**十種類**に分類されます。分類したものを「**品詞**」といいます。品詞とは、いわば単語につけられた名前ですね。

ポイント

### 品詞の種類

名詞・動詞・形容詞・形容動詞・副詞・連体詞・接続詞・感動詞・助動詞・助詞

※この十品詞に代名詞を加えて十一品詞とすることもある。

品詞は①**自立語か付属語か**、②**活用するか、しないか**、③**どのような働きをするか**、などによって分類されています。

### 自立語か付属語か

**自立語**とは「**それだけで意味がわかる単語**」です。一文節に必ず一つあり、それだけでも文節をつくることができる単語でした。↓p.12

**付属語**とは「**それだけでは意味がわからない単語**」です。**自立語に付いて**、さまざまな意味を添(そ)えます。

チェックテスト

次の単語をA自立語とB付属語に分けて、番号で答えましょう。

①私 ②は ③海 ④が ⑤好きな ⑥ので、⑦将来 ⑧は ⑨海 ⑩の ⑪見える ⑫場所 ⑬に ⑭家 ⑮を ⑯建て ⑰たい ⑱と ⑲思っ ⑳て ㉑いる。



A…（　　　　　　　　）

B…（　　　　　　　　）

解説は別冊p.3へ

### 活用するかしないか

**活用**とは、あとに続く言葉によって**単語のおしり（「語尾(ごび)」といいます）が変化すること**です。

例えば、「眠(ねむ)る」という単語に「ない」や「ば」を続けてみると、どうなるでしょう。

例　**眠る**＋ない→**眠ら**ない…「**る**」が「**ら**」に変化。

例　**眠る**＋ば→**眠れ**ば……「**る**」が「**れ**」に変化。

このように語尾が変化するものを「**活用する**」または「**活用がある**」といいます。逆に「ない」や「ば」が続けられない単語や、続けても語尾が変化しない単語は「**活用しない**」または「**活用がない**」といいますよ。

**活用の有無の見分け方**

単語に「**ない**」や「**ば**」を続けてみて語尾をチェック!!

**チェックテスト**

次の中から活用する単語を選び、記号で答えましょう。

①飛ぶ　②犬　③これ　④美しい　⑤らしい
⑥が　⑦静かだ　⑧とても　⑨使う　⑩だから

（　　　　）

解説は別冊p.4へ

## どのような働きをするか

Lesson2「文節と文節の関係・文の成分」で、**文節の働き**について学習しましたね。品詞は、**どういう働きの文節を作る単語であるか**によっても、分類されているのですね。

ここで、ちょっとだけLesson2「文節と文節の関係・文の成分」をおさらいしましょう。とっても大切なところですよ。

**Lesson 2をふりかえり！**

### ●文節と文節の関係・文の成分

主語・述語の関係

**例** **僕は**①／**走る。**②

①「**僕**」→自立語で活用しない。主語になる⇒名詞

②「**走る**」→自立語で活用する。述語になる⇒動詞（言い切りの形がウ段音）

## 品詞分類表

**自立語か付属語か**、**活用するか・しないか**、**どのような働きをするか**などをふまえて、単語を分類した表を「**品詞分類表**」といいます。文法を学習するときには、必ずといっていいほど出てくる表です。品詞が、**それぞれどんな性質を持っているのか**がわかる表なんです。今後のLessonでも、毎回この表をたどって、どの品詞の学習をするか確認していきますよ。

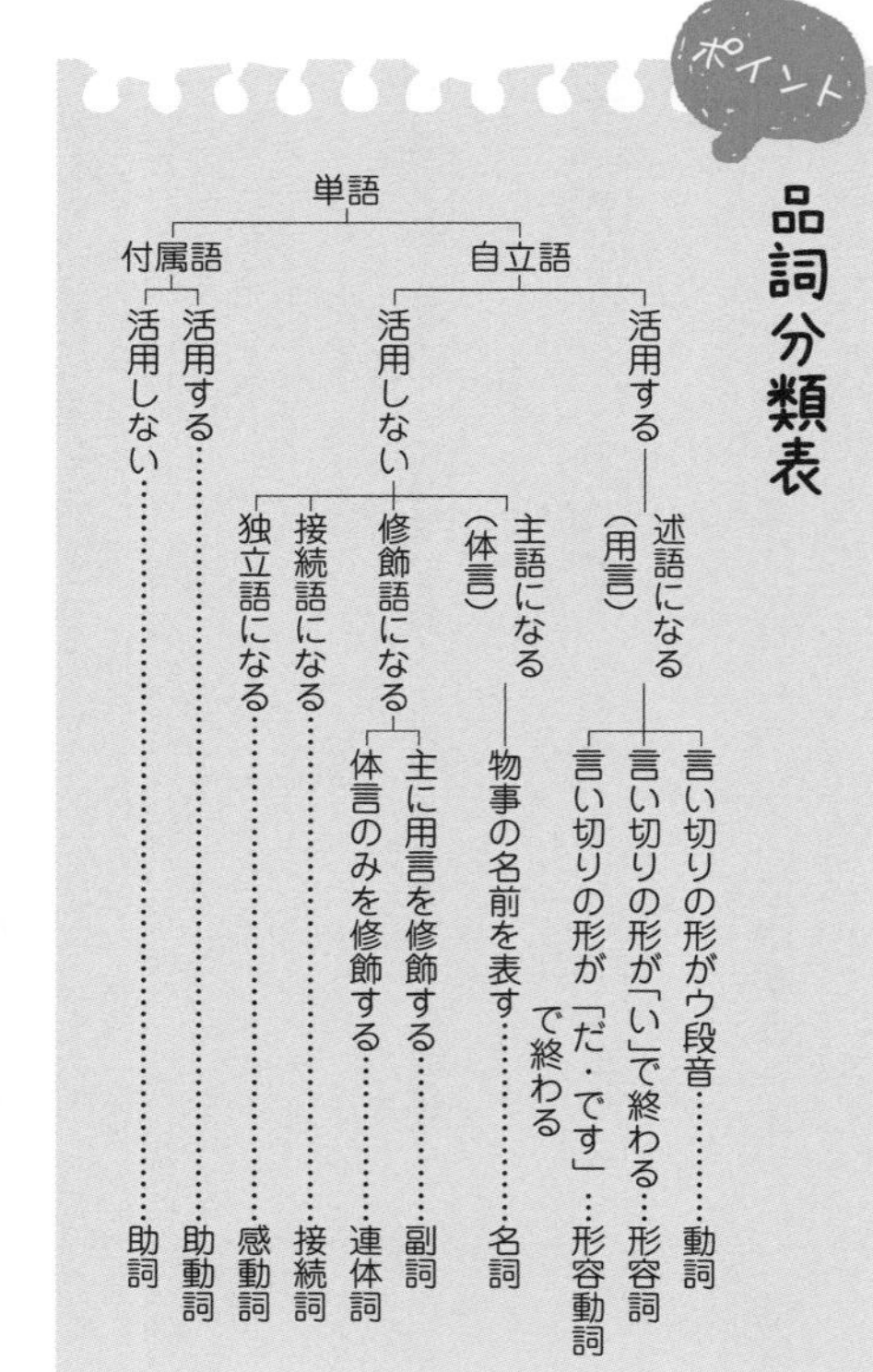

# Lesson 3 の力だめし

授業動画はこちらから 11

解説は別冊p.4へ

**1** 次の各文の、——線部の単語を、**ア** 自立語、**イ** 付属語に分類し、記号で答えなさい。

(1) 話すのは難しい。

(2) はい、私が担当者です。

(3) 行くか戻るか考える。

(4) みんな静かにしろ。

(5) 今日の帰りは遅くなりそうだ。

(1)　(2)　(3)　(4)　(5)

**2** 次の各文を、例にならって、／で文節に区切り、自立語に——線を引きなさい。

例 交差点を／左に／曲がります。

(1) 兄が言ったとおりになった。

(2) この草は食べられるそうだ。

**3** 次の各文の、——線部について、活用がある単語なら○を、活用がない単語なら×を書きなさい。

(1) 弟は海に行きたがる。

(2) こんなことは初めてだ。

(3) 明日は暖かいかしら。

(4) 高原の空気は爽やかだ。

(1)　(2)　(3)　(4)

ハイレベル問題

**4** 次の各文を、例にならって、／で文節に区切り、付属語の全てにそれぞれ——線を引きなさい。

例 彼の／考え方は／正しいだろう。

(1) 客は、すでに来ているらしい。

(2) 映画を見ようと誘われました。

# Lesson 4 体言って?

Lessonのイントロ

体言は、原則として品詞の中で唯一（ゆいいつ）主語になることができます。周りを見わたして、「が」をつけて文をつくってみるとわかります。「鉛筆がある。」「教科書が重い。」「友達が笑う。」「私がいる。」などなど。今日は身の回りのどれが体言か、考えながら過ごしてみてはいかがでしょうか?

# 体言

今回から、品詞を一つずつ学んでいきます。品詞についてのLessonでは、下の品詞分類表を毎回載せておきますので、チラチラ見ながら、しっかり学習していきましょう。この品詞分類表で、赤くなっているところが、その回のLessonで学習する部分ですよ。

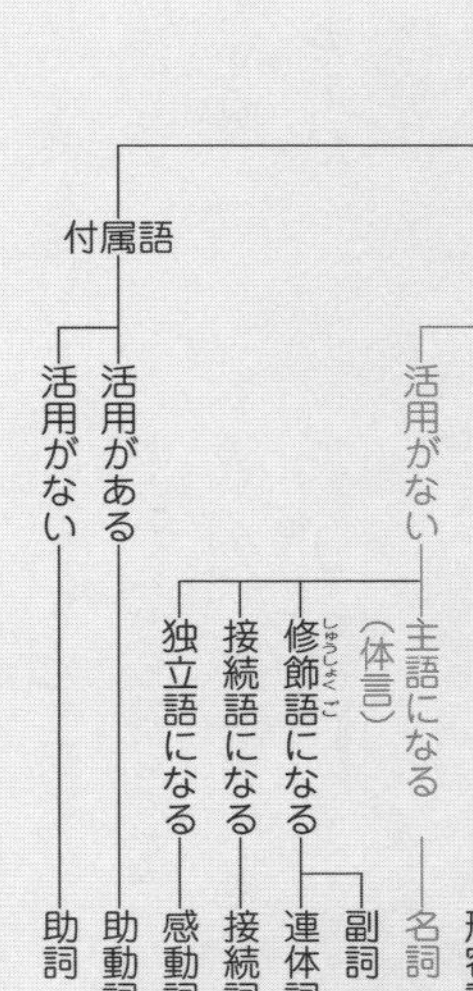


## 体言

名詞のことを「**体言**」ともいいます。「連**体**修飾語」や「連**体**詞」などの「体」は「体言」のことを表しています。体言の特徴は「主語になることができる」というものです。主語になることができるのは体言、つまり品詞では**名詞**しかありません。

テクニック

**体言の見分け方**

主語になることができる。

＝

「が」が続けられる。

## 名詞

名詞は「**森**」や「**お母さん**」、「**三個**」などのように物事・人の名前や数を表す単語のことです。自立語で活用がなく、主語になることができます。名詞には次の五つの種類があります。

### ❶ 普通名詞

**普通名詞**…一般的な物事を表す名詞。

例 梅・猫・友達・空気

### ❷ 固有名詞

**固有名詞**…そのものだけを表す名詞。人名や地名、本の題名など。

例 野口英世（人名）・東京（地名）・『舞姫』（本の題名）・アメリカ（国名）

### ❸ 数詞

**数詞**…物の数や量、順序などを表す名詞。

例 一本・二人・三番目・四位

### ❹ 形式名詞

**形式名詞**…形式的に使われる名詞。ふつう平仮名で書く。

例 食べることが好きです。 作文を書いているところです。

### ❺ 代名詞

代名詞とは「**それ**」や「**こちら**」、「**彼**」などのように、物事や人を指し示す単語です。もちろん体言ですから、自立語で、活用がなく、主語になることができます。この代名詞を品詞の一つと考える場合もあります。代名詞には**二種類**あります。

(1) **人称代名詞**…人を指し示す代名詞

例 私・君・彼女・どなた

(2) **指示代名詞**…物事や場所、方向を指し示す代名詞

例 物事…これ・それ・あれ・どれ

例 場所…ここ・そこ・あそこ・どこ

例 方向…こちら・そちら・あちら・どちら

注意!! **これらは「こそあど言葉」と呼ばれるものですが、こそあど言葉の中で主語になることができるものが代名詞ですよ!!**

例 **この（連体詞）・そう（副詞）←主語にならない。**

**チェックテスト**

次の単語をA名詞（代名詞）とBその他の品詞に分けて、番号で答えましょう。

①彼らが対戦相手だ。 ②どうすれば勝てるのか。
③その本を取ってください。 ④早くこっちに来い。
⑤あんな服が欲しい。 ⑥あちらが公会堂です。
⑦我々が協力する。 ⑧どんな人でも参加できる。
⑨君こそリーダーだ。 ⑩どれでも百円だ。

A…（　　）

B…（　　）

解説は別冊p.5へ

13

## 転成名詞

普通名詞の中には、もともと他の品詞だったものが、名詞となったものがあります。これを「**転成名詞**」といいます。

例 **笑いがおこる。（もとは「笑う」という動詞）**

例 **空の青さ（もとは「青い」という形容詞）**

転成名詞はもともとの品詞と間違えてしまいがちですが、名詞がどんな性質の品詞だったかを思い出せば、見分け方は簡単！

そう、主語になることができれば、つまり「が」が続けられれば名詞ということになります。

**チェックテスト**

次の名詞（⑤は──線部）の種類を選び、記号で答えましょう。

①美しさ（　） ②ここ（　） ③三日（　）
④富士山（　） ⑤辛いこと（　） ⑥りす（　）
⑦夏目漱石（　） ⑧あれ（　） ⑨平和（　）

ア 普通名詞　イ 固有名詞　ウ 数詞　エ 形式名詞
オ 代名詞

解説は別冊p.6へ

## Lesson 4 のカだめし

**1** 次の文中の名詞全てに、――線を引きなさい。

ふだんは静かなこの山小屋も、週末には、登山客がたくさん訪れ、にぎやかになることがあります。

**2** 次の各文の、――線部の名詞の種類をあとの**ア**～**オ**から選び、記号で答えなさい。

(1) もう一回試したい。
(2) あそこで休憩しよう。
(3) 喜びに満ちあふれる。
(4) 父に話すつもりだ。
(5) フランスに旅立つ。
(6) どれが欲しいのか。

**ア** 普通名詞　**イ** 固有名詞　**ウ** 数詞
**エ** 形式名詞　**オ** 代名詞

(1)　(2)　(3)　(4)　(5)　(6)

授業動画はこちらから 14

解説は別冊p.6へ

**3** 次の各文の、――線部が名詞なら○を、名詞でなければ×を書きなさい。

(1) こんな歌が聴きたい。
(2) 早くこっちに来い。
(3) 私は、そうしたい。
(4) あの人は誰ですか。

(1)　(2)　(3)　(4)

ハイレベル問題

**4** 次の各文の、――線部が形式名詞なら○を、形式名詞でなければ×を書きなさい。

(1) とおりを横切る。
(2) 教わったとおりに行う。
(3) まだ帰るわけがない。
(4) 断ったわけを話す。

(1)　(2)　(3)　(4)

# Lesson 5 用言って？①（動詞の性質と活用形）

Lessonのイントロ

「走る」という言葉は、動きを表す「動詞」です。その単語だけで意味がわかりますね。でも、名詞（体言）と違うところは、その単語の形が変わってしまうところです。「走った」「走ろう」などのように単語の形が変化していきます。このLessonでは、この動詞について学んでいきますよ。

授業動画はこちらから

15

## 1 用言

**自立語で活用があり**、それだけで**述語**になることができる品詞をまとめて**用言**といいます。具体的には、**動詞・形容詞・形容動詞**の三つです。自立語で活用があるのは**用言**だけです。

## 2 動詞

**動詞**とは、「遊ぶ」「眠(ねむ)る」「いる」などのように、**動作や状態、存在を表す単語**のことです。動詞に「ない」や「ば」を続けると、「遊ばない」や「眠れば」のように、**語尾(ごび)が変化**しますから、**活用がある**単語ということがわかりますね。

また、動詞は、言い切りの形が**ウ段音**で終わります。

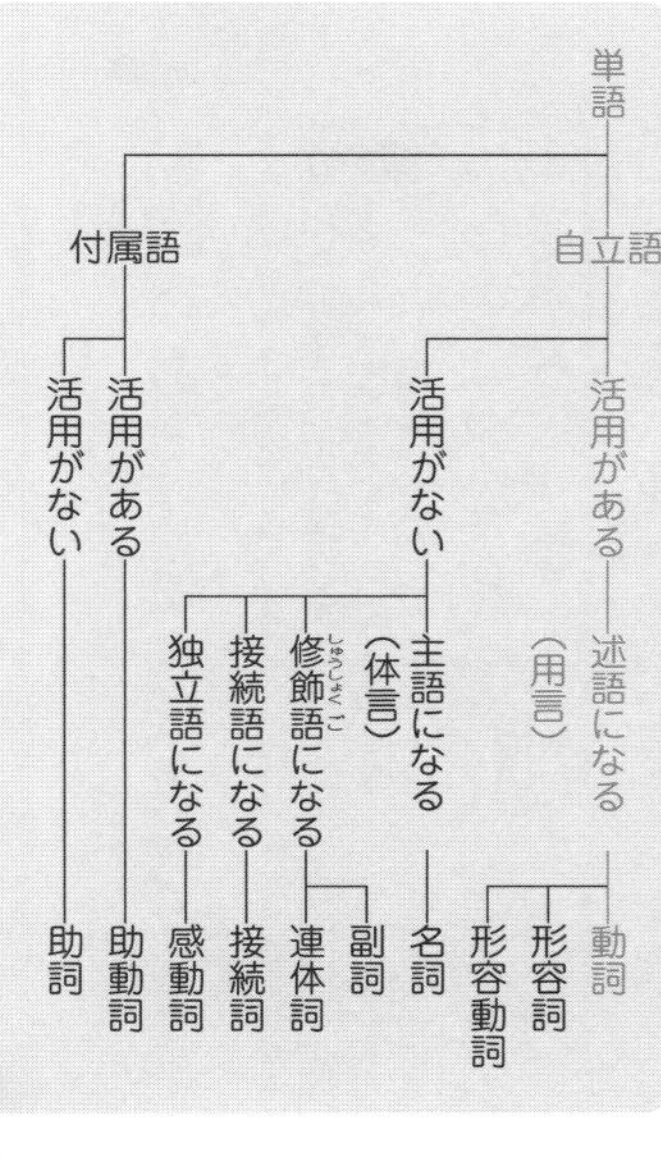

16

**ポイント**

**動詞とは？**

**自立語**で、**活用があり**、**言い切りの形がウ段音**で終わる単語。

**チェックテスト**

次の中（⑤・⑦・⑨は――線部）から動詞を選び、番号で答えましょう。

①泳ぐ　②明るい　③勉強する
④ひまわり　⑤踊(おど)った　⑥ゆっくり
⑦持ち上げよう　⑧優しさ　⑨暗かった

（　　　　　　　）

ヒント　言い切りになっていないものは言い切りの形に直して、確かめてみましょう。

解説は別冊p.6へ

### 活用形

活用のある品詞は、あとに続く言葉によって、**語尾が変化**し、変化した一つ一つの形にはそれぞれ名前が付いています。それが**活用形**です。**活用形**は**六種類**あります。この**活用形の種類**は、活用がある品詞共通のものです。

**ポイント**

**活用形を覚えよう！**

**未然形・連用形・終止形(言い切りの形)・連体形・仮定形・命令形**の六種類。この順番でしっかり覚えよう！

17

## 動詞の活用形

**動詞の活用形**は、動詞のあとにどんな言葉が続くかによって確認できます。動詞のあとに続く代表的な言葉は、動詞の活用表を作るときにも使えますので覚えてしまいましょう。

ポイント

### 動詞のあとに続く代表的な言葉

| 活用形 | 未然形 | 連用形 | 終止形 | 連体形 | 仮定形 | 命令形 |
|---|---|---|---|---|---|---|
| あとに続く言葉 | ない よう う | た(だ) て(で) ます | 。(句点) | こと | ば | 。(句点) |

語呂合わせで「**内容歌ってます。言葉！**」と覚える。

注意!! 「後に続く言葉」は動詞には含まれません。その直前までが動詞ですよ!!

## 動詞の活用表

動詞の活用の仕方を表にまとめたものを**活用表**と言います。では、さっそく「話す」という動詞を使って、活用表を作ってみましょう。

まず、活用表は次のような形で表されます。

補足 語幹とは、活用しても変化しない部分のことを言います。

| 単語 | 語幹 | 未然形 | 連用形 | 終止形 | 連体形 | 仮定形 | 命令形 |
|---|---|---|---|---|---|---|---|
| 話す | はな | | | | | | |
| | あとに続く言葉 | ない よう う | た(だ) て(で) ます | 。(句点) | こと | ば | 。(句点) |

右の表の空欄に、**活用する部分**、つまり、**活用語尾**を書き入れれば、「話す」という動詞の活用表の完成です。空欄には、**語幹とあとに続く言葉**をつないだときに入る音を平仮名で書き入れます。

例えば、「話す」に「ない」をつなげると「話さない」になるので、「さ」を書き入れればOKということです。

「話す」という動詞の活用表は次のようになります。

| 単語 | 語幹 | 未然形 | 連用形 | 終止形 | 連体形 | 仮定形 | 命令形 |
|---|---|---|---|---|---|---|---|
| 話す | はな | さ そ | し | す | す | せ | せ |
| | あとに続く言葉 | ない よう う | た(だ) て(で) ます | 。(句点) | こと | ば | 。(句点) |

## チェックテスト

次の動詞の活用表を完成させましょう。

| 単語 | 語幹 | 未然形 | 連用形 | 終止形 | 連体形 | 仮定形 | 命令形 |
|---|---|---|---|---|---|---|---|
| あとに続く言葉 | | ない よう う | た（だ） て（で） ます | 。（句点） | こと | ば | 。（句点） |
| 探す | さが | | | | | | |
| 降りる | お | | | | | | |
| 食べる | た | | | | | | |

解説は別冊p.7へ

ここでもう一つ問題です。「勝った」の活用形は何でしょう？

正解は**連用形**です。どうやって解きましたか。活用表を書いたでしょうか？

このような問題の場合、先ほど覚えた**あとに続く言葉**があれば、活用表を書かなくてもすぐに活用形がわかります。動詞の活用形は、**あとにどんな言葉が続くか**によって確認できるのですから、あとに続く言葉で判断することも可能です。

### テクニック　動詞の活用形の見分け方

動詞の**あとに続く言葉**で、活用形を判断してもよい。**「内容歌ってます。言葉！」**をもう一度思い出そう！

## チェックテスト

次の――線部の動詞の活用形を答えましょう。

① 言う（ア）ことには責任を持とう（イ）。
② 整理をすれば（ア）、部屋は片付く（イ）。
③ 朝起きて（ア）、まず顔を洗い（イ）ます。
④ 早く宿題をやれ。
⑤ 教科書を忘れ（ア）たので、友達に借り（イ）ようと思う（ウ）。

①ア（　　）イ（　　）　②ア（　　）イ（　　）
③ア（　　）イ（　　）　④（　　）
⑤ア（　　）イ（　　）ウ（　　）

解説は別冊p.7へ

さて、またまた問題です。「打たれる」の活用形は何でしょう？
今度は動詞の活用表にある**あとに続く言葉**にはない「れる」という言葉が続いていますね。
**動詞の活用表にあるあとに続く言葉**は代表的なものだけなので、当然それ以外の言葉があとに続くこともあります。その場合は、活用表に当てはめて、同じ形を探しましょう。

| 単語 | 語幹 | 未然形 | 連用形 | 終止形 | 連体形 | 仮定形 | 命令形 |
| --- | --- | --- | --- | --- | --- | --- | --- |
| 打つ | う | た<br>と | ち<br>っ | つ | つ | て | て |
| あとに続く言葉 | | ない<br>よう<br>う | た（だ）<br>て（で）<br>ます | 。（句点） | こと | ば | 。（句点） |

そうすると、「打たれる」は**未然形**ということになります。

## チェックテスト

次の——線部の動詞の活用形を答えましょう。

①たくさん歩かせる。（　　）
②力いっぱい頑張りたい。（　　）
③友達に笑われる。（　　）
④安心する場所。（　　）
⑤磨けば磨くほど輝く。ア（　　）イ（　　）ウ（　　）
⑥熱があるときは、休もう。ア（　　）イ（　　）

解説は別冊p.8へ

### 補足 連体形に注意

連体形は「体言に連続する形」という意味なので、動詞のあとに体言があれば、連体形ということになります。
終止形と連体形は、形が似ていることが多いので、体言に続いているかどうかで区別しましょう。

例 僕だって、やる①ときはやる②。

①は直後に「とき」があるので連体形。②は直後が句点なので終止形。

Lesson 4・5をふりかえり！

### 体言と用言の違い

| | 体言 | 用言 |
| --- | --- | --- |
| 自立語？付属語？ | 自立語である | |
| 活用 | しない | する |
| 品詞 | 名詞 | 動詞・形容詞・形容動詞 |

# Lesson 5 の力だめし

**1** 次の**ア**〜**シ**から、動詞を五つ選び、記号で答えなさい。

**ア** 聞く　**イ** 病院　**ウ** 青い　**エ** 待つ
**オ** 面白い　**カ** 変わる　**キ** 感覚　**ク** なお
**ケ** 歩行する　**コ** 赤らむ　**サ** 静かだ　**シ** もう

□・□・□・□・□

**2** 次の各文の□に、下の［　］の動詞を適切な形に活用させて入れなさい。

(1) 洋服を□てしまう。［汚す］
(2) 桜は、まだ□ないだろう。［散る］
(3) それは、□ことができない。［許す］
(4) ゆっくり□ば、わかる。［考える］

(1)□　(2)□　(3)□　(4)□

ハイレベル問題

**3** 次の各文の、――線部の動詞の活用形を答えなさい。

(1) この皿を使えば、きれいに盛りつけられる。
(2) 弟は、二階でテレビを見ている。
(3) さあ、もうそろそろ起きろ。
(4) 毎晩、食後は、ゆっくり本を読む。
(5) 子どもたちに昔話を話して聞かせる。
(6) 兄の言うとおりにボールを投げてみる。
(7) 野菜を食べないと、栄養が偏る。

(1)□形　(2)□形　(3)□形　(4)□形
(5)□形　(6)□形　(7)□形

授業動画はこちらから 20

解説は別冊p.8へ

# Lesson 6 用言って？②（動詞の活用の種類）

Lessonのイントロ

「走る」「蹴る」「来る」「する」…。これらはすべて動詞ですが、実は、活用の種類がそれぞれ違います。覚えなきゃいけないことがたくさんあるなぁ、と思わずため息が出てしまうかもしれません。でも国文法では、いくつかの法則さえ覚えれば、活用の種類を見分けたり、品詞の種類を識別したりすることが簡単にできるようになります。もっと気楽に取り組んでみましょう！

授業動画は
こちらから
21

今回も前回に続き、**用言**の中の動詞について学んでいきます。

## 1 活用の種類

動詞の**語尾変化**の型（パターン）には、五段活用・上一段活用・下一段活用・カ行変格活用・サ行変格活用の**五種類**があります。これを活用の種類といいます。

### 動詞の活用の種類の見分け方①

**「動詞＋ない」の形を作り、「ない」の直前の音を確認！**

例 喜ぶ …… 喜ぶ ＋ ない → 喜ばない

「ない」の直前は「ば」（ba）＝ア段音

「ない」の直前の音がわかったら、次のテクニックに当てはめて考えましょう。

### 「ない」の直前の音で見分ける！

① **ア段音**の場合→五段活用
例 **書く＋ない＝書か（ka）ない**

② **イ段音**の場合→上一段活用
例 **起きる＋ない＝起き（ki）ない**

③ **エ段音**の場合→下一段活用
例 **食べる＋ない→食べ（be）ない**

カ行変格活用とサ行変格活用は、このテクニックでは**活用の種類**を見分けることができません。でも、この二つは動詞の種類が限られているのです。

### 動詞の活用の種類の見分け方②

④ **「来る」→カ行変格活用（一語のみ）**

⑤ **「する」・「〜する」→サ行変格活用**

「来る」や「する」は見た瞬間に活用の種類がわかるんですね♪

**補足 複合動詞「〜する」と動詞「する」**

「勉強する」は一語の動詞ですが、「勉強をする」になると「勉強」→名詞／「を」→助詞／「する」→動詞というように三つの品詞に分けられます。注意しましょう！（p.38「複合動詞」参照。）

### チェックテスト

次の動詞の活用の種類をあとから選び、記号で答えましょう。

①着る　②笑う　③寝る　④授ける　⑤読書する
⑥伸びる　⑦届ける　⑧見える　⑨来る　⑩取れる

ア　五段活用　イ　上一段活用　ウ　下一段活用
エ　カ行変格活用　オ　サ行変格活用

①（　）②（　）③（　）④（　）⑤（　）
⑥（　）⑦（　）⑧（　）⑨（　）⑩（　）

解説は別冊p.8へ

## 2 自動詞と他動詞

次の例文を読み比べてみてください。意味にどんな違い（ちが）があるでしょうか。

**例** **ア** **生徒が帰る。**
**イ** **生徒を帰す。**

**例** **ア** **植物が育つ。**
**イ** **植物を育てる。**

わかりましたか？

そう。両方とも**ア**の例文の動詞は「生徒が**自分で帰る**」とか、「植物が**自分で育つ**」というように、**動きを自力で起こす**という意味の動詞ですね。このような動詞を**自動詞**といいます。

一方、**イ**の例文は「**誰**（だれ）**かが**生徒を**帰す**」とか、「**誰かが**植物を**育てる**」というように、**動きを誰かから（何かから）受ける**という意味になります。このような動詞を**他動詞**といいます。

> テクニック
>
> **自動詞と他動詞の見分け方**
>
> 「～を」という目的を表す語を必要としない動詞は**自動詞**。
> 「～を」という目的を表す語を必要とする動詞は**他動詞**。

### チェックテスト

次の動詞をA自動詞とB他動詞に分けましょう。

①始める　②起きる　③転がす　④建てる　⑤渡（わた）る
⑥残る　⑦育てる　⑧変わる　⑨浮（う）く　⑩流す

A……（　　　）
B……（　　　）

解説は別冊p.9へ

## 3 可能動詞

一語で「**～することができる**」という**可能の意味**を表す動詞を、**可能動詞**といいます。通常は、**可能の意味**を表す場合は、動詞（の未然形）に「れる・られる」という助動詞を続けて表します。

例えば……

**例** **降りる（上一段活用）＋られる＝降りられる**

**例** **食べる（下一段活用）＋られる＝食べられる**

**例** **来る（カ行変格活用）＋られる＝来られる**

でも、**五段活用の動詞**の場合のみ、……

**例** **渡**（わた）**る（五段活用）＋れる＝渡られる→渡れる**

例のような「れる」を続けた表現から形が変わり、それだけで可能の意味を表す「**渡れる**」という動詞を使うようになったのです。これを**可能動詞**といいます。では「渡れる」の活用の種類は何でしょうか？

| 単語 | 語幹 | 未然形 | 連用形 | 終止形 | 連体形 | 仮定形 | 命令形 |
|---|---|---|---|---|---|---|---|
| 主な続く言葉 | | ない<br>よう<br>う | た（だ）<br>て（で）<br>ます | 。（句点） | こと | ば | 。（句点） |
| 渡れる | わた | れ | れ | れる | れる | れれ | ○ |

このように、**五段活用の動詞**が、**可能動詞になると**、**下一段活用の動詞**に変化します。可能動詞には、命令形はありません。

例 読む（五段活用）→ 読める（下一段活用）

例 畳む（五段活用）→ 畳める（下一段活用）

### チェックテスト

次の動詞のうち、可能動詞ができるものにはその可能動詞を、作れないものには×を書きましょう。

① 言う（　　） ② 投げる（　　） ③ 取る（　　）

④ 洗う（　　） ⑤ 見る（　　） ⑥ 来る（　　）

解説は別冊p.9へ

## 4 補助動詞（形式動詞）

もともとの意味が薄れ、**補助的に意味を添える役割**をする動詞のことを**補助動詞**といいます。

補助的に……といってもわかりづらいと思いますが、大丈夫！

Lesson2で連文節の**補助の関係**を学習しましたね。それを思い出してください。（→p.16）

**Lesson2をふりかえり！**

### 補助の関係

例 **新製品を／食べて／みる。**

例 **公園で／遊んで／いる。**

例のように、前の文節が「て」や「で」で終わっている場合、前後の二つの文節の関係は補助の関係です。

テクニック

### 補助動詞の見分け方

その動詞の直前に「て・で」があるかどうかで、**補助の関係**になっているかを確認しよう!!

例 眼鏡(めがね)を机の上におく。＝動詞

例 おやつをとっておく。＝補助動詞

**補足** **動詞の直前に「て・で」があっても、補助の関係になっていなければ普通(ふつう)の動詞なので注意！**

例 **疲(つか)れて いると㋐、うっかりお風呂(ふろ)ⓓで寝(ね)て しまう㋑。**
（補助の関係）（補助の関係）

㋐と㋑は補助の関係にあるので、「いる」「しまう」は、補助動詞ですが、┆線部「お風呂で／寝て」は修飾(しゅうしょく)・被(ひ)修飾の関係なので、直前に「で」があっても、「寝（る）」は動詞です。

#### チェックテスト

次の各組のア・イどちらの――線部が補助動詞かを記号で答えましょう。

① ア リビングでテレビをみる。
　 イ 料理を味見してみる。　（　）

② ア わが輩(はい)は猫(ねこ)である。
　 イ 宿題がたくさんある。　（　）

③ ア セーターを買ってあげる。
　 イ 弟にお菓子(かし)をあげる。　（　）

解説は別冊p.9へ

## 5 複合動詞

**他の語と動詞が結び付いてできた動詞**を「**複合動詞**」といいます。結び付いた状態で一つの動詞なので注意しましょう。

例 動き出す（動詞「動く」＋動詞「出す」）

例 鑑賞(かんしょう)する（名詞「鑑賞」＋動詞「する」）

## Lesson 6 のカだめし

授業動画はこちらから 25

解説は別冊p.9へ

**1** 次の各文の、——線部の動詞の活用の種類を、あとの**ア**～**オ**から選び、記号で答えなさい。

(1) 午後十一時を過ぎる頃から、眠くなってきた。

(2) 大きな山を越えると、海が見えてきた。

(3) 大ぶりな字で、半紙に自分の名前を書いた。

(4) 試験前に慌てて勉強しても、もう遅い。

(5) 喜んで伺います。

(6) 手紙の返事が来ない。

**ア** 五段活用　**イ** 上一段活用　**ウ** 下一段活用
**エ** カ行変格活用　**オ** サ行変格活用

(1) □ (2) □ (3) □ (4) □ (5) □ (6) □

**2** 次の**ア**～**シ**の動詞から、対応する可能動詞があるものを五つ選び、記号で答えなさい。

**ア** する　**イ** 歌う　**ウ** 泳ぐ　**エ** 来る
**オ** 生きる　**カ** 笑う　**キ** 見る　**ク** 食べる
**ケ** 行く　**コ** 得る　**サ** 感じる　**シ** 飛ぶ

□・□・□・□・□

ハイレベル問題

**3** 次の各文の、——線部が補助動詞なら○を、補助動詞でなければ×を書きなさい。

(1) 宿題をやっておく。

(2) よく考えて判断する。

(3) 早く来てください。

(4) この小説は有名である。

(1) □ (2) □ (3) □ (4) □

# 用言って?③(形容詞・形容動詞)

Lessonのイントロ

「あぁ!あなたは美しい!」「あなたはとても陽気だ!」。人や物事の様子を表す言葉があると思います。このLessonでは、このような人や物事の様子を表す言葉、形容詞・形容動詞を学んでいきます。これらの言葉をたくさん学べば表現の幅を広げることができますよ!

# 1 形容詞と形容動詞

今回学習するのは、形容詞と形容動詞です。動詞と同じく、この二つも**用言**です。**用言**とは、**自立語**で**活用があり**、**それだけで述語になることができる品詞**でしたね。

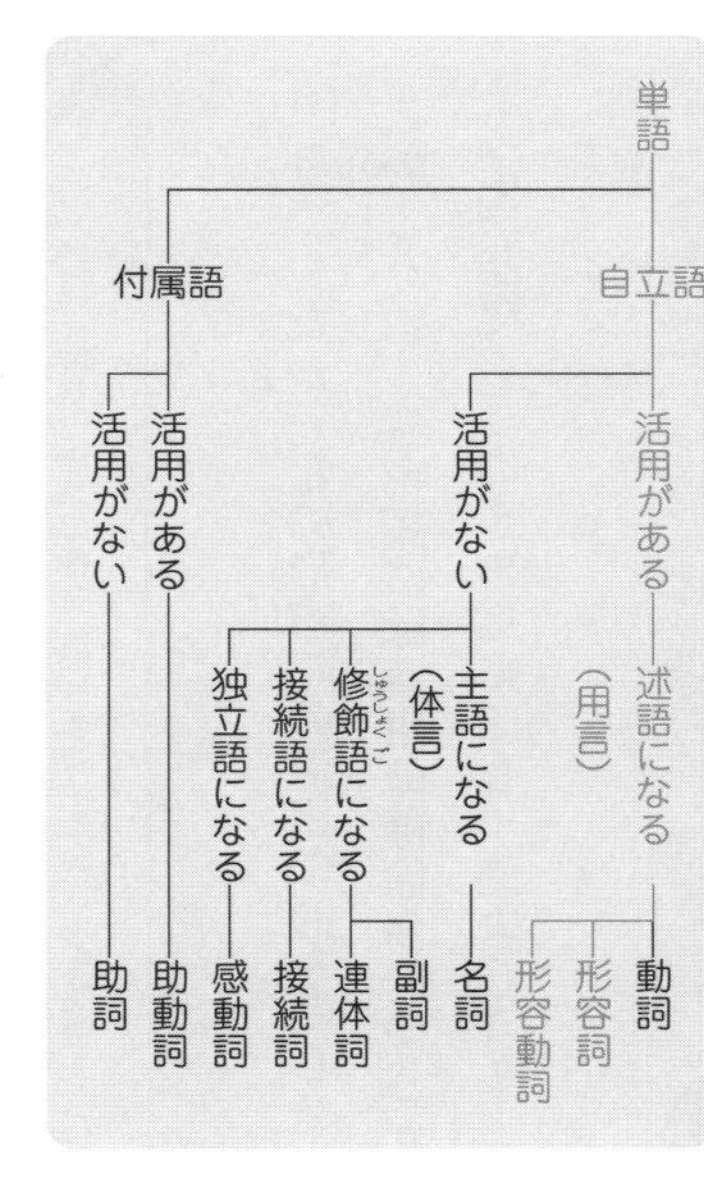
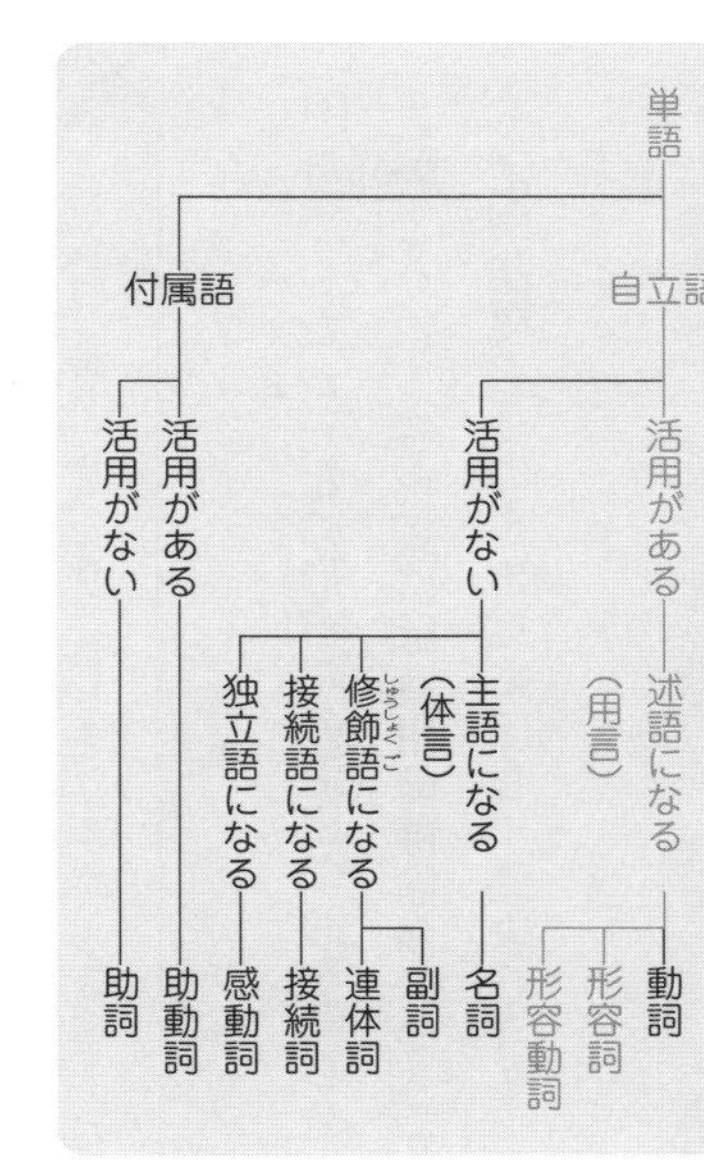


# 2 形容詞

## 形容詞とは

形容詞は、「うれしい」や「美しい」などのように、**性質や状態を表す品詞**です。形容詞に「ない」や「ば」を続けると「うれしくない」や「美しければ」などのように**語尾**（ごび）**が変化**するので、**活用がある単語**ですね。また、**形容詞の言い切りの形**は、「〜い」になります。

**形容詞とは？**

自立語で、活用があり、言い切りの形は「〜い」になる。

**チェックテスト**

次の中から（⑪・⑫・⑬は——線部）形容詞を選び、番号で答えましょう。

①おとなしい　②親切だ　③転ぶ
④広い　⑤おいしい　⑥あの　⑦明るい
⑧富士山（ふじさん）　⑨始める　⑩めずらしい
⑪騒（さわ）がしかった　⑫飛べれば　⑬たいくつな日々

（　　　　）

解説は別冊p.10へ

## 形容詞の活用

形容詞も動詞と同じように**活用形**があります。動詞の活用形は「未然形・連用形・終止形・連体形・仮定形・命令形」の**六種類**でしたが、**形容詞**には**命令形**がありません。

ではさっそく活用表を書いてみましょう。**「あとに続く言葉」**が、動詞のときとは違（ちが）うものになりますが、**語幹と「あとに続く言葉」をつないだときに変化する音を書き入れる**という手順は同じです。

| 単語 | 語幹 | 未然形 | 連用形 | 終止形 | 連体形 | 仮定形 | 命令形 |
|---|---|---|---|---|---|---|---|
| あとに続く言葉 | | う | た<br>ない<br>なる | 。(句点) | とき<br>ので | ば | |
| 楽しい | たのし | かろ | かっ<br>く(う) | い | い | けれ | ○ |
| 大きい | おおき | | | | | | ○ |
| 暑い | あつ | | | | | | ○ |

注意!!
「あとに続く言葉」は、形容詞には含まれません。その直前までが形容詞ですよ。

どうでしたか。**どの形容詞の活用の形も同じ**でしたね。

このように、**形容詞には活用の種類が一つ**しかありませんので、**活用語尾**をそのまま覚えてしまいましょう。

形容詞の活用語尾を覚えてしまえば、活用形を簡単に判断できるようになります。

28

## テクニック 形容詞の活用形の見分け方

形容詞の活用は一種類なので、活用語尾を覚える。

かろ・かっ・く(・う)・い・い・けれ
（連用形は二つ。）

### チェックテスト

次の形容詞の活用形を答えましょう。

① 多けれ(ア)ば多い(イ)ほどうれしい(ウ)。
② 恥ずかしく(ア)て顔が赤く(イ)なる。
③ 寒い(ア)ので、水はさぞかし冷たかろ(イ)う。
④ 写真で見るよりずっと小さかった。

①ア（　　）イ（　　）ウ（　　）
②ア（　　）イ（　　）
③ア（　　）イ（　　）④（　　）

解説は別冊p.10へ

## 補助形容詞（形式形容詞）

もともとの意味が薄れ、**補助的に意味を添える役割**をする形容詞のことを、補助形容詞といいます。主な補助形容詞には「**ほしい**」「**ない**」「**よい**」があります。

例 a **新しいマンガがほしい。** ＝**形容詞**

例 b **新しいマンガを買って　ほしい。** ＝**補助形容詞**
（補助の関係）

bの例文は「買って／ほしい」が**補助の関係**なので、「ほしい」は**補助形容詞**です。**補助形容詞**は、普通**平仮名**で書きます。

**補助形容詞「ほしい」「よい」の見分け方**

補助の関係になっているか確認しよう。

↓**形容詞の直前**に「て・で」があるかどうか

**例** a **今日は宿題が〈は ない。→補えない＝補助形容詞ではない（形容詞）**

**例** b **その小説はおもしろく〈は ない。→補える ＝補助形容詞**

aは、「ない」の前に「は」を入れると意味が通じなくなりますが、bは、「は」を入れても意味が変わらないので、bの「ない」は**補助形容詞**だとわかります。

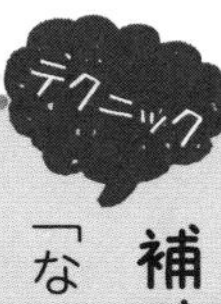


**補助形容詞「ない」の見分け方**

「ない」の直前に「は」があるか、または、**補えるか**確認しよう。

**チェックテスト**

次の——線部の中から補助形容詞を選び、記号で答えましょう。

①何の心配もない。 ②新しいスニーカーがほしい。

③読んでほしい本がある。 ④決して弱音は吐かない。

⑤美しくないものは嫌いだ。

（　　　　）

解説は別冊p.10へ

## 3 形容動詞

### 形容動詞とは

形容動詞とは「きれいだ（です）」や「立派だ（です）」などのように、**性質や状態を表す品詞**です。「きれいでない」や「立派ならば」のように**語尾が変化する**ので、**活用がある単語です。形容動詞の言い切りの形**は、「**〜だ（です）**」になります。

**形容動詞とは**

**自立語**で、活用があり、**言い切りの形は「〜だ（です）」**になる。

**チェックテスト**

次の中から形容動詞を選び、番号で答えましょう。

①すがすがしさ ②元気だ ③穏やかだ ④とても

⑤作る ⑥続ける ⑦小さい ⑧にぎやかです

⑨親友 ⑩だから

（　　　　）

解説は別冊p.11へ

## 形容動詞の活用形

**形容動詞**にも活用があるので、当然、**活用形**があります。活用形には形容詞と同じく、**命令形**がありません。

では、形容動詞の活用表を書いてみましょう。これまでと同様に、**語幹と「あとに続く言葉」をつないだときに変化する音の文字**を書き入れますよ。

| 単語 | 語幹 | 未然形 | 連用形 | 終止形 | 連体形 | 仮定形 | 命令形 |
|---|---|---|---|---|---|---|---|
| あとに続く言葉 | | う | た<br>ない<br>なる | 。(句点) | とき<br>ので | ば | |
| 不思議だ | ふしぎ | だろ | だっ<br>で<br>に | だ | な | なら | ○ |
| 静かです | しずか | でしょ | でし | です | (です) | ○ | ○ |
| にぎやかだ | にぎやか | | | | | | |
| きれいです | きれい | | | | | | |

**注意!!** 形容動詞は、これまでの動詞・形容詞と違って、終止形と連体形の形が異なります。注意しましょう。また、「〜です」の形の形容動詞の連体形は、あまり使われません。仮定形もありません。

さて、どうだったでしょう。**形容動詞の活用の種類は二つ**ありますが、主に「〜だ」の形の活用を覚えておけばよいでしょう。

**補足 形容動詞「〜です」の形の活用**

「〜です」の形の活用形を見分けるときには、「〜だ」の形の形容動詞の活用に置き換えて考えるとよいでしょう。

**例** **にぎやかでしょう→にぎやかだろう＝未然形**

**テクニック**

**形容動詞の活用形の見分け方**

形容動詞の「〜だ」の形の活用語尾を覚える。

→だろ・だっ・で・に・だ・な・なら

→連用形は三つ。

### チェックテスト

次の――線部の形容動詞の活用形を答えましょう。

①昼間はにぎやかだ(ア)。でも夜は静かに(イ)なる。

②彼は昔から元気だった(ア)が、今も元気だろう(イ)。

③そんなにきれいならば、一度お目にかかりたい。

①ア（　　）　イ（　　）

②ア（　　）　イ（　　）　③（　　）

解説は別冊p.11へ

# Lesson 7 の力だめし

授業動画はこちらから 30

解説は別冊p.11へ

**1** 次の各文の、□に、［　］の形容詞・形容動詞を適切な形に活用させて入れなさい。

(1) その考え方は、とても□て面白い。［新しい］

(2) もし□ば、明かりをつけてもよい。［暗い］

(3) たとえ□うが、最後まで走れ。［つらい］

(4) □ば、必ず手紙をください。［元気だ］

(5) その本が□ので、貸してください。［必要だ］

(6) 気持ちがとても□なってきた。［穏(おだ)やかだ］

(7) 説明通りにやれば、□う。［簡単です］

(1) □ (2) □ (3) □ (4) □
(5) □ (6) □ (7) □

**2** 次の各文中の――線部が補助形容詞であるものを三つ選び、記号で答えなさい。

ア そんな話は珍(めずら)しくない。

イ 家にはピアノがない。

ウ 話を聞いてほしい。

エ 一杯(いっぱい)の水がほしい。

オ 性格がとてもよい。

カ このまま帰ってよい。

□・□・□

ハイレベル問題

**3** 次の各文の、――線部が形容動詞なら○を、形容動詞でなければ×を書きなさい。

(1) 彼(かれ)は高校生だ。

(2) この町は、にぎやかだ。

(3) 大きな鳥が飛ぶ。

(4) 親切な人に出会う。

(1) □ (2) □ (3) □ (4) □

# 副詞・連体詞・接続詞・感動詞

Lessonのイントロ

勉強をサボっていると、「こら！　勉強しなさい！」と親に怒られることはありませんか。実は、この「こら」も文法的に品詞の一つなのです。感動や呼びかけを表す単語で、「感動詞」といいます。普段何気なく使っているひと言ひと言も、よく見てみると全て名前がついている単語なんですよ。

今回のLessonは自立語で活用のない品詞のグループ（名詞を除く）です。どの品詞が、文の中で文節としてどのような働きをしているのかが、ポイントになります。まずは、Lesson2で学んだ文の成分について簡単におさらいしましょう。

**Lesson 2をふりかえり！**

**文の成分**

例 **今朝、寒かったけど、僕は 急いで 出かけた。**

（今朝＝独立語　寒かったけど＝接続語　僕は＝主語　急いで＝修飾語　出かけた＝述語）

文の成分は、**主語（部）、述語（部）、修飾語（部）、接続語（部）、独立語（部）の、五つです。**

それでは、**副詞・連体詞・接続詞・感動詞**を学んでいきましょう。

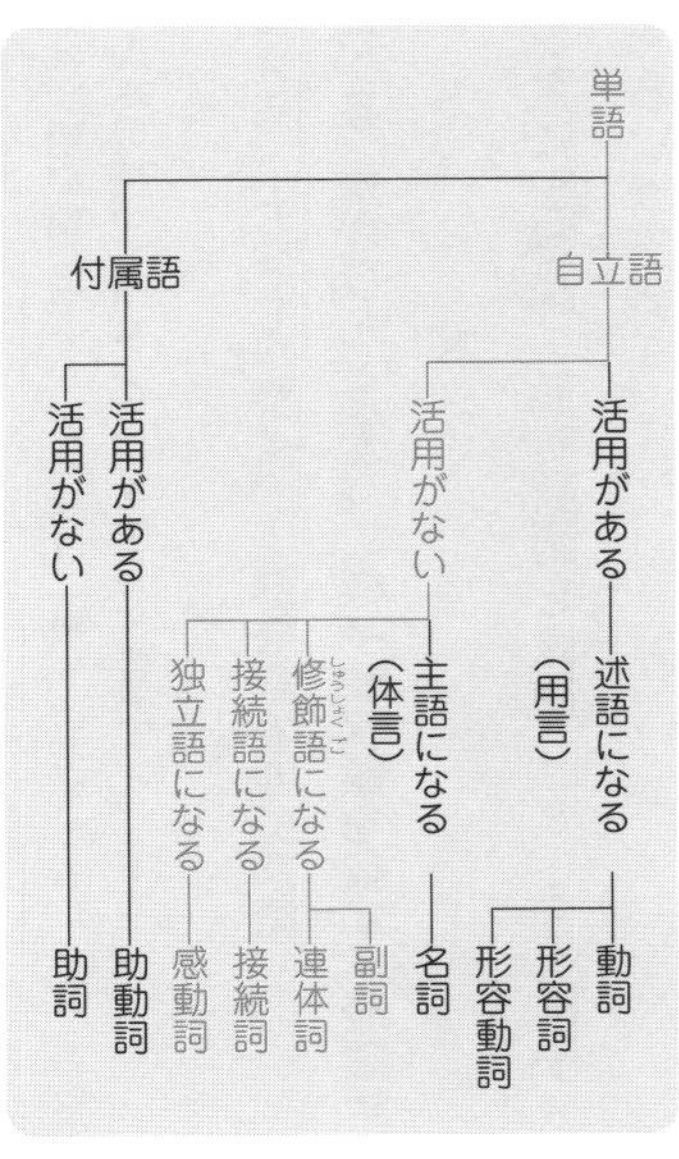


# 1 副詞

## 副詞とは

副詞とは、「さっそく 使う」や「とても 強い」などのように、**それだけで修飾語になり、主に用言を修飾する単語**のことです。

**副詞とは？**
自立語で、活用がなく、主に用言を修飾する単語。

**補足 副詞が用言以外に、名詞や副詞を修飾する場合**

副詞は主に用言を修飾しますが、次のように用言以外を修飾することもあります。

例 **すこし下。（名詞を修飾）**
**とてもしっかり結ぶ。（他の副詞を修飾）**

## 副詞の種類

副詞には**状態の副詞・程度の副詞・呼応（こおう）の副詞**の**三つの種類**があります。

❶ **状態の副詞**…**主に動詞を修飾**して、**動作の状態・様子**を表す。

例 **ゆっくり歩く。**
例 **にっこり笑う。**

**補足 擬声語・擬態語**

擬声語・擬態語は状態の副詞です。擬声語は、声や音をそれらしく表した言葉で、擬態語は、動作の様子や物事の状態を表した言葉です。

例 **ワンワンほえる。ドタドタ歩く。→音を表す＝擬声語**

例 **だらだら食べる。糸がぴんと張る。→様子や状態を表す＝擬態語**

❷ **程度の副詞**…**主に形容詞・形容動詞を修飾**して、その様子や状態がどのくらいかを表す。

例 **とても重い。**

例 **かなりきれいだ。**

❸ **呼応の副詞**…話し手の**気持ち**や**考え**を表し、係った文節（被修飾語）が決まった表現になる。陳述の副詞ともいう。

例 **決して話さない。** 例 **どうして行くのか。**

例 **もし雨が降れば、中止だ。** 例 **まさか失敗するまい。**

**チェックテスト**

次の文の中から呼応の副詞が使われている文を選び、記号で答えましょう。

①しっかり勉強する。 ②直ちに移動する。

③とても広い庭で、わいわい騒ぐ。

④まさか負けるわけがあるまい。

⑤そのことをかなりくわしく話してください。

（　　　）

解説は別冊p.12へ

32

# 2 連体詞

## 連体詞とは

**連体詞**とは「その人」や「小さなできごと」のように、**それだけで修飾語になり、体言だけを修飾する単語**のことです。

**ポイント**

**連体詞とは？**

自立語で、活用がなく、**体言だけを修飾**する単語。

## 連体詞の見つけ方

連体詞は意外と見つけにくい品詞です。そこで、**連体詞に多い語尾のパターン**を見てみましょう。

例 **たいした人物　あらゆる時代　大きな家　わが家**

**この本　とんだ災難**

ほとんどの**連体詞の語尾**は「**た・な・が・の・る・だ**」になります。これを使って、連体詞を見つけましょう。

**連体詞の見つけ方**

「た・な・が・の・る・だ」＋体言のとき、体言の上にあるのは、**連体詞**が多い。

語呂合わせで「棚が乗る（の）だ」で覚えるんじゃ♪

連体詞の中には、他の品詞と間違えやすいものがあります。例えば、「小さな」と「不思議な」は、どちらも「な」で終わる単語です。

例 **小さなこと →「小さだ」とは言い換えられない＝連体詞**

例 **不思議なこと→「不思議だ」と言い換えられる ＝形容動詞**

**「な」＋体言**のときは、このように体言の上にある単語が形容動詞（の連体形）の場合もあるので注意しましょう。

テクニック

**「な」＋体言の見分け方**

「な」＋体言→形容動詞の言い切りの形（―だ）に言い換えられなければ連体詞。

また、**「ある」＋体言**の場合は、動詞と間違えやすいので気をつけてください。

例 **机の上にある本。→存在することを表す＝動詞**

例 **ある本を買う。 →不特定を表す ＝連体詞**

同じ「ある」でも不特定を表す意味になる場合は、連体詞です。

テクニック

**「ある」＋体言の見分け方**

「ある」＋体言のときは、「ある」に「存在する」という具体的な意味がなければ連体詞。

**補足 連体詞の「こそあど言葉」**

**「この・その・あの・どの」は「こそあど言葉」（指示語）ですが、主語になれないので代名詞ではありません。「この家」「その話」「あの人」「どの場合」などのように名詞を修飾するので連体詞です。**

チェックテスト

次の文の中から連体詞が含まれている文をすべて選び、番号で答えましょう。

① その森には立派な家が建っている。
② 大きな池の小さい魚。
③ たった五分で絵を描く。
④ これをある場所に運んでください。

（　　）

**解説は別冊p.12へ**

33

## 3 接続詞

### 接続詞とは

接続詞とは「そして」や「だから」のように、**それだけで接続語になり、文節と文節、文と文をつなぐ単語**です。

ポイント

**接続詞とは？**

自立語で活用がなく、それだけで接続語になる単語。

### 接続語と接続詞の違い

**接続語と接続詞**はとても似ている言葉ですが、意味の違いがわかりますか？　**接続語**とは文節の働きを示す言葉で、二単語以上のこともあります。一方、**接続詞**は**品詞**ですから、いつも**一単語**です。

例　**雨が／降ったので／傘を買った。**

**「降ったので」は「降っ＋た＋ので」で三単語の接続語。「ので」は接続助詞。**

例　**雨が／降った。／だから／傘を／買った。**

**それだけで接続語になれる＝接続詞**

34

## 4 感動詞

### 感動詞とは

**感動詞**とは、**感動や呼びかけを表す単語**で、**それだけで独立語**になります。

ポイント

**感動詞とは？**

**自立語**で、活用がなく、**それだけで独立語**になる単語。

例　**まあ、とても素敵な洋服ね。**

例　**ねえ、こっちを向いてよ。**

**感動詞**は、主に**文頭**にあります。また、通常は、**感動詞の直後**には**読点**を打ちます。

### 感動詞の種類

**感動詞**には、主に**四つの種類**があります。

①**感動**…驚き・喜び・嘆きなどを表す。

例　**ああ・あら・まあ**

②**呼びかけ**…呼びかけや誘いなどを表す。

例　**おい・やあ・もしもし**

③**応答**…質問や呼びかけに対する答えを表す。

例　**はい・いいえ・ええ**

④**挨拶**…挨拶を表す。

例　**おはよう・こんにちは・ありがとう**

感動詞は他の文節と直接には関係なく、独立しているぞ！

チェックテスト

次の文の中からA接続詞とB感動詞を含む文をそれぞれ選び、記号で答えましょう。

①ところで、彼はどこに行ったのだろう。
②それ、大事なものだよね。
③君がやるなら、僕もやろう。
④ああ、楽しかった。
⑤国語と数学が得意で、しかもテストは満点だった。
⑥おやすみ、明日もいい日だといいね。

A……（　　）
B……（　　）

**解説は別冊p.12へ**

# Lesson 8 の力だめし

**1** 次の文章中の連体詞全てに、――線を引きなさい。

あの学校に入学できたなら、いかなる努力も惜しまず学習しよう。そして、小さな希望を、もっと大きな夢に結びつけられるように、いろんなことに挑戦しよう。

**2** 次の各文の、――線部の接続詞と同じ働きのものをあとの**ア**〜**エ**から選び、記号で答えなさい。

(1) ここは日本の首都、すなわち東京都である。

(2) 朝から寒かった。それで、マフラーをしてきたのだ。

(3) 強風が吹き荒れた。しかも、雷まで鳴り始めた。

(4) 体調はよくない。しかし、気力は衰えていない。

**ア** だが　**イ** つまり　**ウ** だから　**エ** さらに

(1) ［　］
(2) ［　］
(3) ［　］
(4) ［　］

## ハイレベル問題

授業動画はこちらから

解説は別冊p.12へ

**3** 次の各文の［　］にあてはまる副詞をあとの**ア**〜**オ**から選び、記号で答えなさい。

(1) こんなに成長していたとは、［　］知らなかった。

(2) この傑作を、［　］見過ごすことができようか。

(3) ［　］雨が降っても、海辺の景色だけは見たい。

(4) 全部まとめて購入するので、［　］安くしてほしい。

(5) そんなミスを、［　］彼が犯すまい。

**ア** たとえ　**イ** ちっとも　**ウ** どうか
**エ** まさか　**オ** どうして

(1) ［　］
(2) ［　］
(3) ［　］
(4) ［　］
(5) ［　］

# Lesson 9 助動詞って？①

Lessonのイントロ

単語の中には、それだけでは意味を持たないものがありましたね。それは付属語です。文を改めて見ると、付属語がたくさん含まれています。付属語の中でも活用するもの、しないものがありますが、今回は、付属語で活用する「助動詞」を学んでいきます。２つのLessonにわたるのでしっかり覚えていきましょう。

授業動画はこちらから 36

今回から**付属語**の学習に入っていきます。付属語とはそれだけでは意味が通じない単語でしたね。

付属語には「**助動詞**」と「**助詞**」があります。では、次の文を単語ごとに区切り、助動詞と助詞を拾ってみてください。

**例** **雨が降っているようだが、外で遊びたい。**

どうでしょうか。できましたか？　正解はこちらです。

**例** **雨|が|降っ|て|いる|ようだ|が|、外|で|遊び|たい|。**

助詞　助動詞

比較的(ひかくてき)、**助詞**は見分けやすいのですが、**助動詞**は見分けづらいですよね。**見分けづらい付属語**は**助動詞**であることが多いのですが、それでは確実さに欠けます。助動詞と助詞、それぞれの**性質**と**働き**をしっかり学びましょう。それでは、助動詞から見ていきましょう。

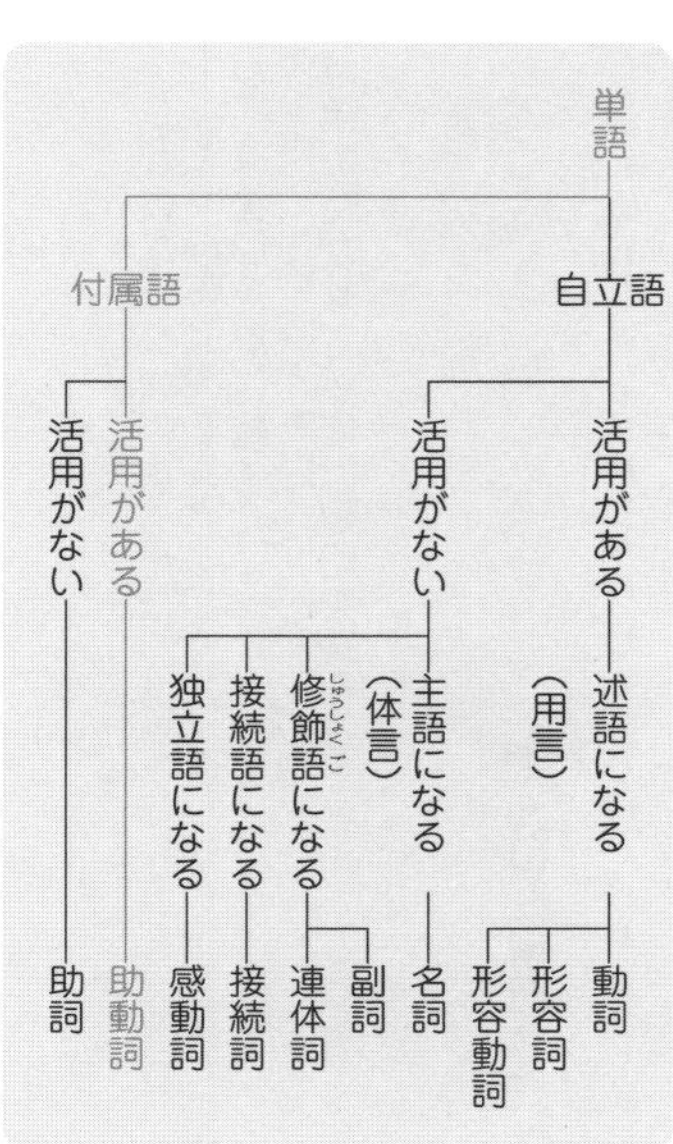

37

# 1 助動詞

**助動詞**とは「読めそうだ」の「そうだ」や「食べたい」の「たい」など、それだけでは意味の通じない**付属語**です。また「読めそうだった」や「食べたければ」など、あとに続く言葉によって、語尾(ごび)が変化します。また、用言や体言、他の助動詞などに付いて、さまざまな意味を添え(そ)ます。

**ポイント**

**助動詞とは？**

①付属語で、活用がある。
②用言などに付いて、さまざまな意味を添える。

**助動詞**は、細かく分けると全部で二十語あります。その基本の形さえ覚えておけば、それ以外の付属語はすべて助詞といえるので、見分けるのも簡単です。

ただし、助動詞は活用するので、注意が必要です。

**ポイント**

**助動詞は全部で二十語**

れる・られる・せる・させる・たい・たがる・ない・ぬ(ん)・らしい・ようだ・ようです・だ・です・そうだ・そうです・ます・た(だ)・う・よう・まい

**チェックテスト**

次の——線部の中から助動詞を選び、番号で答えましょう。

(ア)海に行きたい。　(イ)その話は知らない。

(ウ)彼(かれ)はピーマンが食べられないそうだ。

(エ)失敗を繰(く)り返すまいと心に誓(ちか)った。

(オ)おつかいは弟に行かせて、僕(ぼく)は宿題をやろう。

（　　　　　　　）

解説は別冊p.13へ

## 2 助動詞の意味・用法

助動詞の二十語はしっかり覚えられたでしょうか。これから、助動詞一つ一つの**意味や用法**を見ていきます。一つの助動詞で複数の意味を持つものもあり、識別の問題がテストによく出題されます。助動詞が含(ふく)まれる文の意味をよく考えて、助動詞をきちんと識別できるようにしましょう。

### れる・られる

よく出る

「**れる・られる**」には、**四つの意味**があります。テストにも出やすい助動詞なので、しっかり識別できるようにしましょう。

❶**受け身**……他から動作や作用を受けるという意味を表す。

例 雨に降られる。　例 道を尋(たず)ねられる。

❷**尊敬**……動作主への敬意を表す。→動作主が目上の人の場合。

例 校長先生が朝礼で話される。←「話す」という動作をするのは「校長先生」

❸**自発**……「自然と〜する」という意味を表す。

例 故郷が懐(なつ)かしく感じられる。←自然と懐かしく感じる

❹**可能**……「〜することができる」という意味を表す。

例 にんじんは食べられる。

「自発」の意味は、少しわかりづらいのですが、見分け方にはコツがあります。

**「自発」の見分け方**

「自発」は感情を表す言葉とセット

例 **思われる・思い出される・しのばれる・感じられる・案じられる**

これらは代表的なものなので、覚えてしまおう!

**補足「れる・られる」の使い分け**

「れる」は、五段活用とサ行変格活用の動詞に用います。

一方、「られる」は、上一段活用・下一段活用・カ行変格活用の動詞に用います。

「られる」は助動詞「せる・させる」に付くこともあります。

## チェックテスト

次の――線部の「れる・られる」の意味を、あとのア～エから選び、記号で答えましょう。

①彼の消息が案じ**られる**。（　　）

②先生に叱**られる**。（　　）

③その問題には答え**られる**。（　　）

④先生が黒板に字を書か**れる**。（　　）

ア 受け身　イ 尊敬　ウ 自発　エ 可能

解説は別冊p.13へ

## せる・させる

**使役**……「誰かに何かをさせる」という意味を表す。

例 弟にお弁当を買いに行か**せる**。

## たい・たがる

**希望**……「たい」は自分の希望を、「たがる」は他人の希望を表す。

例 遊園地に行き**たい**。（自分の希望）

例 妹がプールに行き**たがる**。（妹の希望）

よく出る

## ない・ぬ（ん）

**打ち消し（否定）**…直前の言葉を否定する。

例 問題が難しくて解け**ない**。

例 劇場にたどりつけ**ぬ**。

「ない」には助動詞以外の品詞もあります。それは、**形容詞**です。助動詞の「ない」と形容詞の「ない」を識別することはできますか？

テクニック

### 「ない」の識別①

文節に区切ったときに、文節の頭にないのが**助動詞**。

形容詞は**自立語**、助動詞は**付属語**ですね。ですから、当然、助動詞の「ない」は文節の頭にはありません。

例 **風邪を／ひいて／学校に／行けない。**

**→文節の頭にない＝付属語＝**助動詞

例 **探しものは／ここには／ない。**

**→文節の頭にある＝自立語＝**形容詞

「ない」の識別には、もう一つ別の方法があります。識別しやすいほうを使ってください。

### 「ない」の識別②

「ない」を「ぬ」に置き換え(か)られたら**助動詞**。

**例** **風邪(かぜ)をひいて、学校に行けない。**
**→「行けぬ」と言い換えられる＝**助動詞

**例** **探しものはここにはない。**
**→「ここにはぬ」とは言い換えられない＝**形容詞

「ない」も「ぬ」も打ち消しの助動詞だから、置き換えることができるんだね。

**チェックテスト**

次の――線部の中から助動詞「ない」を選び、番号で答えましょう。

(ア)僕(ぼく)のことを知ら①ないとは言わせ②ない。
(イ)読みたい本が③ないので、何も買わ④ない。
(ウ)宿題が⑤ない日は、勉強し⑥ない。

（　　　　）

解説は別冊p.13へ

## らしい

**推定**……「どうやら〜のようだ」という意味を表す。

**例** 明日は寒くなるらしい。← どうやら寒くなるようだ

「らしい」には助動詞以外に、「○○らしい」という形の形容詞をつくる接尾語(せつびご)の「らしい」があります。

### 「らしい」の識別

「どうやら〜のようだ」という意味になるものが**助動詞**。

**例** **あそこにいるのは、中学生らしい。**
**→「どうやら中学生のようだ」と言い換えられる＝**助動詞

**例** **中学生らしい行動を取りなさい。**
**→「どうやら中学生のような行動」とは言い換えられない**
＝接尾語（「中学生らしい」という形容詞の一部）

Lesson 9 のカだめし

**1** 次の各文の、――線部が使役の助動詞なら○を、使役の助動詞でなければ×を書きなさい。

(1) 新しい服を見せる。

(2) 教科書を読ませる。

(3) 料理を食べさせる。

(1) □ (2) □ (3) □

**2** 次の各文の、□に、助動詞「たい」か「たがる」を入れなさい。

(1) 買ってきたマンガを弟が読み□。

(2) 将来、私は医者になり□。

(3) みんなが話を聞き□が、まだ話せない。

(1) □ (2) □ (3) □

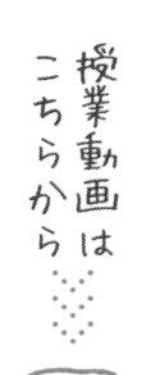

解説は別冊p.13へ

**3** 次の各文の、――線部「らしい」が助動詞であるものを**ア**～**エ**から選び、記号で答えなさい。

**ア** 自分らしい生き方。

**イ** とても誇らしい成績だ。

**ウ** それは、日本人らしい考え方だ。

**エ** あの二人は、どうやら兄弟らしい。

□

ハイレベル問題

**4** 次の各文の、――線部「ない」の種類をあとの**ア**～**ウ**から選び、記号で答えなさい。

(1) 欲しい本がない。

(2) 様子が変わらない。

(3) 話を聞いていない。

(4) 必要な情報が少ない。

**ア** 形容詞 **イ** 形容詞の一部 **ウ** 助動詞

(1) □ (2) □ (3) □ (4) □

# 助動詞って？②

いやぁ
ビックリ
しました

ぼくは過去の
「た」

他にも
色んな性質を
持って
いるのさ

ピョーン

わら
わら
わら

解放されたー

ふう

ぼくは
完了の「た」

たった今物事が
終わったときに
使うんだ

ピョーン

ダッ

よかったわね

机の上に
龍之介のおやつ
おいておいた
わよ

ぼくは
存続の「た」

その状態がずっと
続いていることを
表すよ

ピョーン

そういえば
ハカセを
見なかった？

ぼくは
確認の「た」

人にたずねるときに
使うんだよ

ハカセなら
あっちで
助動詞たちに
捕（つか）まっていたよ

ほんとだわ…

ぎゃー

ピョーン

Lessonのイントロ

Lesson9では、助動詞の半分ほどを学びましたが、しっかり覚えられたでしょうか？一つの助動詞でも、多くの意味を持つ助動詞もあると思います。見分け方にもテクニックがあるので、しっかり覚えれば、簡単に助動詞の意味を識別することができますよ。

前回に引き続き、今回も助動詞の意味・用法を学習していきましょう。もう一度、品詞分類表で助動詞を確認しておきましょう。

- 単語
  - 自立語
    - 活用がある ― 述語になる（用言）
      - 動詞
      - 形容詞
      - 形容動詞
    - 活用がない
      - 主語になる（体言）
        - 名詞
      - 修飾語になる
        - 副詞
        - 連体詞
      - 接続語になる
        - 接続詞
      - 独立語になる
        - 感動詞
  - 付属語
    - 活用がある
      - 助動詞
    - 活用がない
      - 助詞

## ようだ・ようです（ここでは「ようだ」を例に説明します。）

「ようだ」の丁寧な言い方

❶ **たとえ**（比況）……何か別のものにたとえる言い方。

例 りんごのようなほっぺだ。

❷ **例示**……具体的に例を示す言い方。

例 彼女のような医者になりたい。

❸ **推定**……「どうやら〜らしい」という意味になる。

例 試験に合格したようだ。← どうやら合格したらしい

上のように、助動詞の「ようだ」には**三つの意味**があります。このうち、**推定の「ようだ」**は意味を考えて、「どうやら」を補ってみれば、識別することができますね。難しいのは、**たとえ（比況）**と**例示**の識別です。

**テクニック**

**たとえ（比況）と例示の見分け方**

文から意味を考える。
①たとえ（比況）は実際にはありえないこと。
②例示は実際にありえること。

先ほどの例文を使って、確認してみましょう。

例 **りんごのようなほっぺ。**
→**ほっぺがりんごであることは実際にはありえない**
＝たとえ（比況）

例 **彼女のような医者になりたい。**
→**彼女のような医者になることは可能（実際にありえる）**
＝例示

## チェックテスト

次の――線部の「ようだ」の意味をア～ウから選び、記号で答えましょう。

①死んだように眠(ねむ)る。（　）
②父は外出したようだ。（　）
③スポーツカーのような車に乗りたい。（　）
④雪のように白い肌(はだ)。（　）

ア たとえ（比況）　イ 例示　ウ 推定

解説は別冊p.14へ

## だ

**断定**……はっきりとした判断をくだす言い方。

「**名詞＋だ**」の形になるのが基本。

例 得意な教科は国語だ。
国語（名詞）＋だ

さて、次の例文のうち、断定の助動詞はどちらでしょう。

例
**この国は平和だ。**
**大切なのは平和だ。**

どちらも「平和だ」という形ですが、実はこの例文、どちらかは名詞「平和」に助動詞「だ」が接続したもので、どちらかは「平和だ」という形容動詞です。

それぞれの例文の「平和だ」の前に、「**とても**」を補ってみましょう。

例 **この国は**〈とても〉**平和だ。**
→**通じる＝**形容動詞「平和だ」

例 **大切なのは**〈とても〉**平和だ。**
→**通じない＝**名詞「平和」＋断定の助動詞「だ」

このように、見た目の形が全く同じでも、品詞が違(ちが)う場合があります。

### テクニック
### 「名詞＋だ」の見分け方

直前に「**とても**」を付けて、意味が通じたら**形容動詞**、意味が通じなかったら**名詞＋助動詞「だ」**。

## チェックテスト

次の――線部「だ」の中から断定の助動詞を選び、記号で答えましょう。

①好きな食べ物はハンバーグだ。
②紙飛行機が遠くまで飛んだ。
③宝石は、とても高価だ。
④私の名前は花子だ。

（　）

解説は別冊p.14へ

## です

**丁寧(ていねい)な断定**……聞き手に対して丁寧に言い切る。

例 私の夢は宇宙飛行士です。

## そうだ・そうです

「そうだ」の丁寧な言い方
（ここでは「そうだ」を例に説明しています。）

**❶様態**……見たり、感じたりした様子や状態を表す。

例 今日は雪が降りそうだ。

**❷伝聞**……人から伝え聞いたことを表す。

例 今日は雪が降るそうだ。

助動詞「そうだ」には、様態・伝聞の意味があるのね！

## ます

**丁寧**……聞き手への丁寧な気持ちを表す。

例 文化祭は盛り上がっています。

## た（だ）

**❶過去**……その動作をすでに終えたことを表す。
「昨日」など、過去を表す言葉がある、または補える。

例 去年、ここで大きな事故があった。
（過去を表す言葉）

**❷完了**……その動作が、ちょうど終わったことを表す。
たった今を表す言葉があるか、または補える。

例 母は今さっき買い物に出かけた。
（たった今を表す言葉）

**❸存続**……放っておくと、その状態がずっと続くことを表す。

例 壁(かべ)に掛(か)かった絵画
→外さなければ掛かったままの状態が続く。

**❹確認**……確かめたり発見したりすることを表す。

例 会場はここでしたか。

ポイント

**助動詞「た」は「だ」にもなる**

助動詞「た」は、五段活用動詞（ガ・ナ・バ・マ行）の音便(おんびん)形に付くと、「だ」と濁(にご)ることがある。

**例** その記事は昨日読んだ。（「読む（マ行五段活用）」の連用形・撥音便）

この場合の「だ」は、助動詞「た」が、直前の「読ん」という形に影響されて「だ」に濁ったものです。このように、助動詞「た」は「だ」と濁ることもあるので、注意が必要です。

**チェックテスト**

次の助動詞「た」の意味をあとから選び、記号で答えましょう。

①あなたはどなたでしたか。（　　）
②この建物は、戦前に建てられた。（　　）
③昨日買った服を着る。（　　）
④ちょうど宿題が終わったところだ。（　　）
⑤先のとがった鉛筆。（　　）

ア　過去　イ　完了　ウ　存続　エ　確認

解説は別冊p.14へ

## う・よう

**❶意志**……「自分で決意する」という意味を表す。

**例** 今度こそ成功させよう。 ← 成功を決意する

**❷勧誘**……「誰かを誘う」という意味を表す。

**例** みんなで初詣に行こう。

**❸推量**……「おそらく～だろう」という意味を表す。

**例** 山頂からの景色は美しかろう。 ← おそらく美しいだろう

**補足 「推定」と「推量」**

「推量」は「推定」よりも不確かなことを表します。推定の助動詞は「らしい」「ようだ」「ようです」、推量の助動詞は「う」「よう」です。

「う」は五段活用の動詞など、「よう」は五段活用以外の動詞などにつきます。

## まい

**❶打ち消しの推量**……「おそらく～ないだろう」の意味を表す。

**例** あのチームが負けることはあるまい。 ← おそらく負けることはないだろう

**❷打ち消しの意志**……「～ないと決意する」という意味を表す。

**例** 私は、同じ過ちを二度と繰り返すまい。 ← 繰り返さないと決意する

# Lesson 10 のカだめし

**1** 次の各文の、――線部の助動詞「そうだ」の意味を答えなさい。

(1) 話によると、この地方は雨が多いそうだ。

(2) 来週公開される映画は、とても面白いそうだ。

(3) どうやら、週末はゆっくりと休めそうだ。

(1)　(2)　(3)

**2** 次の各文の、――線部が過去の助動詞「た(だ)」であるものを**ア**～**エ**から一つ選び、記号で答えなさい。

**ア** これは、妹が昨晩作ったケーキだ。

**イ** ここから眺(なが)める景色は、とてもきれいだ。

**ウ** ゴッホは、僕(ぼく)が最も好きな画家だ。

**エ** 模型(もけい)の飛行機が遠くまで飛んだ。

## ハイレベル問題

**3** 次の各文の、――線部の助動詞の意味をあとの**ア**～**オ**から選び、記号で答えなさい。

(1) 今度の日曜日に、みんなで海水浴に行こう。

(2) 僕は、明日の朝から早起きしよう。

(3) 彼(かれ)は、今日は一日、外出しないだろう。

(4) この難関は、彼にはとても突破(とっぱ)できまい。

(5) 私は、同じ失敗は二度と繰(く)り返すまい。

**ア** 推量　**イ** 意志　**ウ** 勧誘(かんゆう)

**エ** 打ち消しの推量　**オ** 打ち消しの意志

(1)　(2)　(3)　(4)　(5)

授業動画はこちらから

解説は別冊p.14へ

Lesson 11

# 助詞って？

Lessonのイントロ

助詞は、それだけ読んでも意味が通じない単語ですね。そして活用をしません。「私は山へ向かうしかない。」は、―線部が助詞ですね。助詞には四種類あり、語呂合わせで覚えられるようになっています。気付いたときに唱えてみて、しっかりと暗記してしまいましょう！

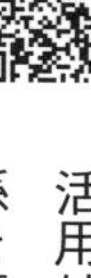
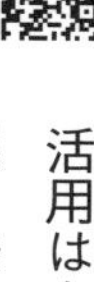

## 1 助詞

助詞とは「山へ行く」の「へ」や、「頑張るぞ」の「ぞ」などのように、**それだけでは意味の通じない付属語**です。また、活用はありません。いろいろな品詞に付いて、文節と文節の関係を表したり、細かい意味を添えたりします。

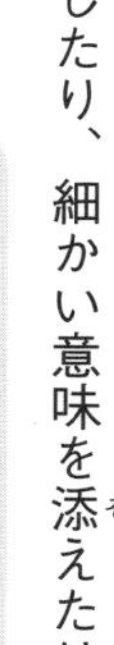
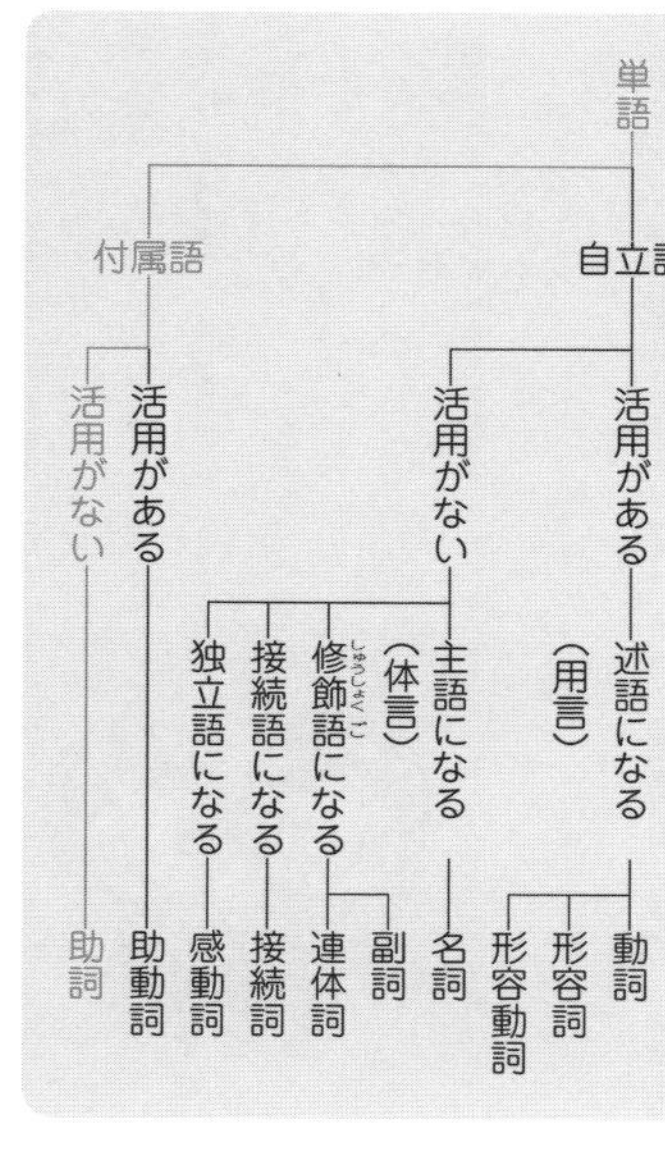


**ポイント**

**助詞とは？**

① 付属語で、活用がない。
② いろいろな品詞に付いて、文節と文節の関係を表したり、意味を添えたりする。



## 2 助詞の種類

助詞には、**格助詞**・**接続助詞**・**副助詞**・**終助詞**の四種類があります。

### 1 格助詞……主に**体言**に付いて、下の語との関係を表す。

**例** 日が昇る。（**主語**を表す）
海で泳ぐ。（**連用修飾語**を表す）

**テクニック**

**主な格助詞の覚え方**

を・に・が・と・より・で・から・の・へ・や

語呂合わせで「鬼が戸より出、空の部屋」と覚えよう。

### 2 接続助詞……主に**用言**や**助動詞**に付いて、接続の関係を表す。

**例** 飲んだり、食べたりする。（**並立**を表す）
**例** 寒いので、部屋から出ない。（**順接**を表す）

**テクニック**

**主な接続助詞の覚え方**

けれども・と・ば・し・ながら・のに・から・て（で）・が・たり・つつ

「けれども飛ばしながら、野に空手語りつつ」と覚えるといいかも。

## ③副助詞

……いろいろな語に付いて、**限定**や**強調**などさまざまな意味を添える。

例 牛乳だけ買ってきて。（**限定**）
君しかいない。（**強調**）

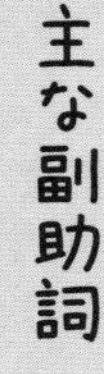


### 主な副助詞

か・なり・きり・ばかり・でも・は・まで・だけ
しか・さえ・も・くらい・ほど

**「かなり霧ばかり。でも浜までだけ。鹿さえも暗いほど」**と覚えましょう。

## ④終助詞

……文や文節の終わりに付いて、**疑問**や**禁止**、**感動**などを表す。

例 国語は好きですか。（**疑問**）
例 廊下を走るな。（**命令**）

テクニック

### 終助詞の見分け方

終助詞は主に**文末**にある。

### チェックテスト

次の――線部の助詞の種類を、あとのア～エから選び、記号で答えましょう。

① 父から（a）手紙が（b）届いた。
② 小学生でも（a）解けるのに（b）、君は（c）解けないのか（d）。
③ おなかが（a）すいたから（b）、お昼ごはんと（c）しよう。
④ 部屋で（a）妹に（b）本を（c）読んで（d）あげる。

ア 格助詞　イ 接続助詞
ウ 副助詞　エ 終助詞

① a（　） b（　）
② a（　） b（　） c（　） d（　）
③ a（　） b（　） c（　）
④ a（　） b（　） c（　） d（　）

解説は別冊p.15へ

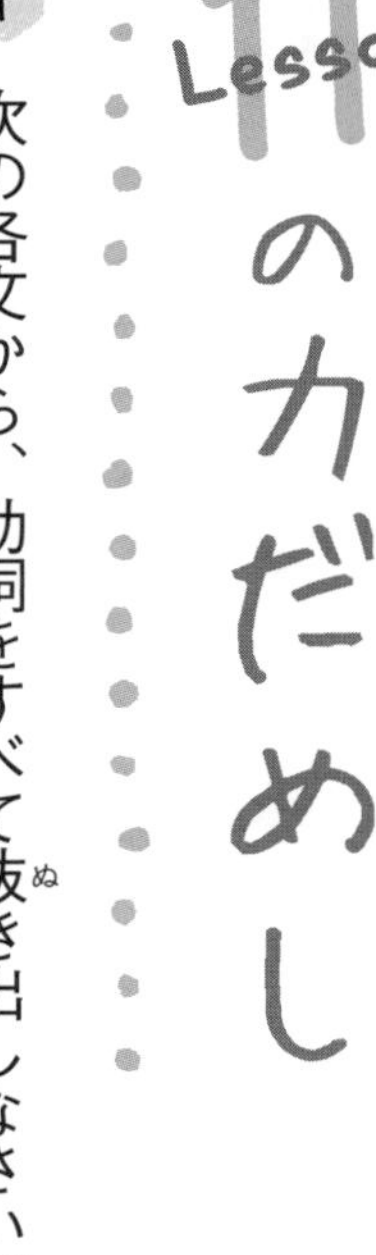


**1** 次の各文から、助詞をすべて抜(ぬ)き出しなさい。

(1) 丁寧(ていねい)なうえに、優(やさ)しくさえしてくれた。

(2) 兄は反対したが、受けてみようと思う。

(3) 観客の多さにとても驚(おどろ)いたらしいよ。

(1)

(2)

(3)

**2** 次の各文の、――線部が助詞であるものを**ア**～**オ**からすべて選び、記号で答えなさい。

**ア** 真っ直ぐ歩いて、あの角を左に曲がりなさい。

**イ** 値段は安い。でも、とてもおいしかった。

**ウ** 昨日読んだばかりの本の内容を、忘れてしまった。

**エ** いったい、今は何時なのかしら。

**オ** 森の中から、一匹(いっぴき)のいのししが出てきた。

解説は別冊p.15へ

ハイレベル問題

**3** 次の各文の、――線部の助詞の種類をあとの**ア**～**エ**から選び、記号で答えなさい。

(1) あの情報は、あまり正しくないらしいぞ。

(2) その場所なら、ここから五分ほどで行ける。

(3) 弟と妹が、庭で犬と一緒(いっしょ)に遊んでいる。

(4) とてもおいしいので、みんなに勧(すす)めよう。

(5) 今度こそうまくいくように、祈(いの)っている。

**ア** 格助詞　**イ** 接続助詞

**ウ** 副助詞　**エ** 終助詞

(1)

(2)

(3)

(4)

(5)

# Lesson 12 紛(まぎ)らわしい品詞①

Lessonのイントロ

ここまで品詞をたくさん学んできましたが、ひとつひとつの品詞はしっかり覚えられているでしょうか？文章の中に出てきてしまうと、どれがどの品詞かわからなくなってしまいますよね。Lesson12・13では、どの単語がどの品詞なのか、どんな意味なのかなど、さまざまなテクニックを学ぶことができます。覚えていきましょう。

前回までで、全ての品詞を学び終えましたが、しっかり理解できたでしょうか。今回から、言葉の形が同じであったり、似ていたりして、品詞やその文法的意味が識別しにくい品詞を学んでいきましょう。それぞれの品詞の特徴や性質を思い出せば、識別できるはずです！ 実践形式でみていきましょう。

# 1 同じ形で紛らわしいもの〈自立語編〉

見かけが同じなのに品詞が複数あるもの・使い方の異なるものは、テストにも出されやすいので、しっかり識別のポイントを押さえましょう。

## ある

では、次の「ある」の文法的な違いを説明しましょう。

①僕には夢がある。
②ある場所に出かける。
③大切なものはとってある。

①の「ある」は文末の一文節ですから、**述語**ですね。**「存在する」という意味**を表しているので、この場合は**動詞**ですね。

②の「ある」は、すぐ下の「場所」という**体言を修飾**していて、これは**不特定を表す**「ある」なので、**連体詞**です。

③の「ある」は「とって／ある」で**補助の関係**を作っているので、**補助動詞**です。

①僕には夢がある。→「存在する」の意味。＝動詞
②ある場所に出かける。→体言（名詞）を修飾＝連体詞
③大切なものはとってある。→補助動詞

ポイント
**「ある」の識別**
①存在を表す。述語になれる。→**動詞**
②不特定を表す。連体修飾語。→**連体詞**
③補助の関係を作る。→**補助動詞**

## ない

では、次の「ない」の文法的な違いを説明しましょう。

①お金がない。
②駅から遠くない。
③こりない性格。
④はかない命。

①の「ない」は、文末の一文節ですから**述語**です。**「存在しない」という意味**を表しているので、これは**形容詞**です。

②の「ない」は、上の語に否定の意味を添えて、「存在しない」という意味は持たないので、これは、**補助形容詞**です。

③の「ない」は、**文節の頭にくることができない**ので、**付属語**です。**「ない」を「ぬ」に置き換えて**「こりぬ」と言うことができるので、③は**助動詞の「ない」**です。

④の「ない」は、文節の頭にくることができなくて、「ぬ」にも置き換えられません。だからこれは**「はかない」という一単語**、**形容詞**の一部です。

①お金がない。→「存在しない」の意味＝形容詞
②駅から遠くない。 補助形容詞
③こりない性格。→「ぬ」に置き換えられる＝助動詞「ない」
④はかない命。 形容詞の一部

### 「ない」の識別

①「存在しない」という意味を表す。→形容詞
②「ない」の直前に「は」が補える。→補助形容詞
③「ない」を「ぬ」に置き換えられる。→助動詞
④「ない」を単語に区切れない。→形容詞の一部

**補足 補助動詞と補助形容詞**

補助動詞と補助形容詞は品詞としてはそれぞれ「動詞」と「形容詞」です。品詞は同じでも、意味・用法の識別の問題で出題されることがあります。

51

## 2 似た形で紛らわしいもの

似た形の言葉なのに、文法的に違うものもたくさんあります。このようなものを識別する場合は、特に

●活用があるのか、ないのか。
●どんな文の成分なのか。

に注意しながら識別していきましょう。

さて、次の～～線部の言葉について、文法的な違いを説明しましょう。

①変な形のクッキー。
②おかしな形のクッキー。
③おかしい形のクッキー。

まずは、各単語の活用の有無を見てみましょう。活用の有無は、**単語に「ない」や「ば」を続けてみて**、**語尾の変化を確認**するのでしたね。

①は「変でない」、③は「おかしくない」と**語尾が変化する**ので、**活用があります**。自立語である①と③は用言ということになります。

次に終止形を確認してみましょう。①は「変だ」、③は「おかしい」となりますね。①は形容動詞、③は形容詞です。

②には活用はありません。そこで、文の中では、どのような働きをするのかをみてみましょう。「おかしな」は「形」を修飾する**連体修飾語**です。**自立語で、活用がなく、連体修飾語になる品詞**は何だったでしょうか。そう、**連体詞**です。

①変な形のクッキー。（終止形は「変だ」→形容動詞）
②おかしな形のクッキー。（連体修飾語＝連体詞）
③おかしい形のクッキー。（終止形は「おかしい」→形容詞）

では、次はどうでしょう。

①楽しんで勉強しよう。
②楽しい時間は、あっという間だ。
③君のおかげで楽しみが増えたよ。
④テストの結果が楽しみだ。

活用があるのは、①と②と④ですね。これらは用言なので、終止形を確認すると、①は「楽しむ」となるので**動詞**、②は「楽しい」となり**形容詞**、④は「楽しみだ」で**形容動詞**です。

③には活用がないので、文の中での働きを考えましょう。すると、単語に「が」を続けて主語になれます。つまり、③の「楽しみ」は**名詞**です。

①楽しんで勉強しよう。（終止形は「楽しむ」→動詞（「楽しん」は連用形の撥音便））
②楽しい時間は、あっという間だ。（終止形は「楽しい」→形容詞）
③君のおかげで楽しみが増えたよ。（主語になれる→名詞）
④テストの結果が楽しみだ。（終止形は「楽しみだ」→形容動詞（「とても楽しみだ」といえる。））

## チェックテスト

次の――線部の品詞を答えましょう。

① a 大きな器。（　　）
b 大きい器。（　　）
c 器の大きさ。（　　）

② a 飾りの細工はとても細かい。（　　）
b 飾りの細工はとても細かだ。（　　）

③ a おそらくもうすぐ来るだろう。（　　）
b 暖かく、気持ちのいい季節だ。（　　）

解説は別冊p.15へ

## こそあど言葉の品詞・紛らわしい言葉

次の〰線部の言葉の文法的な違いをみてみましょう。

①あれが欲しかった服だ。
②この道は通ったことがある。
③どうすればいいだろう。
④あれ、宿題を忘れたみたいだ。

こそあど言葉は、全て名詞（代名詞）だと思ってはいませんか。それは違いますいます。

①の「あれ」は、**下に「が」**があります。ということは**主語**になることができるので、①は名詞（**代名詞**）です。

では、②〜④のこそあど言葉に「が」を続けて主語を作ることができるでしょうか？　できませんね。つまり、②〜④のこそあど言葉は名詞（代名詞）ではありません。

②の「この」は、**すぐ下の「道」を修飾している連体修飾語**なので、**連体詞**です。

③の「どう」は、**「すれば」を修飾**しています。**連用修飾語**なので、**副詞**です。

④の「あれ」は、**下の文節と関わりが薄い独立語**ですね。したがって**感動詞**です。①の「あれ」との違いがわかりますか？

①あれ(が)欲しかった服だ。（主語になる→名詞（代名詞））
②この(道)は通ったことがある。（連体修飾語＝連体詞）
③どう(すれば)いいだろう。（連用修飾語＝副詞）
④あれ、宿題を忘れたみたいだ。（独立語＝感動詞）

### こそあど言葉の識別

①主語になることができる。→名詞（代名詞）
②連体修飾語になる。→連体詞
③連用修飾語になる。→副詞
④独立語になる。→感動詞

### チェックテスト

次の例文の――線部と文法的に意味・用法が同じものを選び、記号で答えましょう。

①扉は開けてある。（　）
ア　そこに扉がある。
イ　宿題はやってある。
ウ　ある人を訪ねる。

②彼女はほとんど笑わない。（　）
ア　恋はせつない。
イ　ないものねだり。
ウ　そんなに苦しくない。
エ　全く恐れない。

解説は別冊p.16へ

# Lesson 12 のカだめし

**1** 次の文の、――線部の単語の品詞をあとの**ア**～**エ**から選び、記号で答えなさい。

あれ[①]、そう[②]いえば、あの[③]人が貸してくれた本は、どこに[④]置いたかな。こんな[⑤]所には、置かなかったはずだ。

**ア** 名詞　**イ** 副詞　**ウ** 連体詞　**エ** 感動詞

① □　② □　③ □　④ □　⑤ □

**2** 次の各文の、――線部の単語の品詞をあとの**ア**～**エ**から選び、記号で答えなさい。

(1) 親しい友に会う。
(2) だんだん親しみがわく。
(3) 親しげに話しかける。
(4) 大自然に親しむ。

**ア** 名詞　**イ** 動詞　**ウ** 形容詞　**エ** 形容動詞

(1) □　(2) □　(3) □　(4) □

## ハイレベル問題

授業動画はこちらから 53

解説は別冊p.16へ

**3** 次の各組の――線部のうち、品詞が異なるものをそれぞれ一つ選び、記号で答えなさい。

(1)
**ア** この先の角にある店で待ち合わせしよう。
**イ** 多くの人々があるうわさを信じ込(こ)んでいる。
**ウ** 問題があるなら、早めに教えてください。

(2)
**ア** このケーキは、あまりおいしくない。
**イ** その意見に賛成する人は少なくない。
**ウ** 弟は、まだ自転車に乗れない。

(3)
**ア** ああ、うっかり教科書を忘れてしまった。
**イ** ああいう話は、聞かないほうがよかった。
**ウ** ああ強くては、全く歯が立たない。

(4)
**ア** あの人は、あれでもスポーツ選手らしい。
**イ** あれ、今日は何曜日だったっけ。
**ウ** あれこそが、日本一高い山だ。

(1) □　(2) □　(3) □　(4) □

# Lesson 13

# 紛(まぎ)らわしい品詞②

Lessonのイントロ

Lesson12でテクニックは覚えられたでしょうか？これまでのLessonで、普段使っている言葉は、ひとつひとつ文法的に説明できることがわかったかと思います。意識しすぎると堅い言葉になってしまうかもしれませんが、「あっ、今話している言葉は名詞と助詞かな？」など少し意識してみると、文法がだんだん身近に感じられるのではないでしょうか？

# 同じ形で紛らわしいもの〈付属語編〉

付属語を含む品詞の識別では、まず、その言葉が一つの単語なのか、二つ以上の単語の組み合わせなのか、ある単語の一部なのかを識別することが大切です。
また、同じ品詞でも、**種類の違いや、意味・用法の違い**で識別する場合もあることに注意しましょう。

ポイント
**付属語の識別のポイント**
①その言葉が**一つの単語**か、**二語以上の組み合わせ**か、**単語の一部**かを見分ける。
②文脈から、**種類の違い**や、**意味・用法の違い**を見分ける。

では、今回も実践形式でみていきましょう。

## らしい

次の「らしい」の文法的な違いを説明しましょう。

①このケーキを焼いたのは母親らしい。
②母親らしい行動だ。
③母親のセンスはすばらしい。

③は「すば」と「らしい」に分けることができません。「すばらしい」で一単語の**形容詞**です。したがって、③の**「らしい」**は**形容詞の一部**ということになります。
①と②は「母親らしい」と形の上では同じですが、**意味**が違いますね。

55

①は**「どうやら〜ようだ」という意味**になりますから**助動詞**の「らしい」です。
②は**「〜にふさわしい」という意味**ですね。「〜にふさわしい」という意味の「らしい」は**接尾語**の「らしい」です。
この接尾語「らしい」は、上の言葉とくっついて**「○○らしい」で一つの形容詞**になります。

①このケーキを焼いたのは母親らしい。→助動詞（「どうやら〜ようだ」の意味）
②母親らしい行動だ。→接尾語（「○○らしい」＝形容詞）
③母親のセンスはすばらしい。→形容詞の一部

ポイント
**助動詞「らしい」と接尾語「らしい」の識別**
①**「どうやら〜のようだ」**の意味になるもの。→**助動詞**
②**「〜にふさわしい」**の意味になるもの。→**接尾語**
※接尾語「らしい」は「○○らしい」で一つの形容詞。

## だ

次の「だ」の文法的な違いを説明しましょう。

①明日は晴れるそうだ。
②昨日、公園で遊んだ。
③弟は正直だ。
④私の夢は医者になることだ。

「だ」を識別するときは、まずは**「だ」の直前に注目**します。
①の**「だ」の直前**の「そう」は「だ」と**切り離すことができ**

**ません**。つまり、①の「だ」は**助動詞「そうだ」の一部**ということになります。

②の**「だ」の直前**は「遊ぶ」という**動詞の連用形**です。さらに文中に「昨日」という過去を表す言葉もありますね。つまり、②の「だ」は**過去の助動詞「た」**が濁ったものです。

③と④の**「だ」の直前**にはそれぞれ「正直」と「こと」という、**一見名詞と思える言葉**があります。**「とても」を補って**みましょう。③は「とても正直だ」と、「とても」を補うことができますが、④は補えません。したがって、③の「だ」は**形容動詞の一部**、④の「だ」は**断定の助動詞**ということになります。

①明日は晴れるそうだ。↓助動詞「そうだ」の一部

②昨日、公園で遊んだ。↓過去の助動詞「た」（動詞の連用形）

③弟は正直だ。↓形容動詞の一部（とても ○）

④私の夢は医者になることだ。↓断定の助動詞（とても ×）

## で

「で」の識別はさまざまな品詞と関係が深いので少し難しいです。助詞だけでなく、**助動詞「だ」の連用形の「で」**、**形容動詞の連用形の活用語尾の「で」**もあるので、「で」を識別する場合、**「だ」の識別**と合わせて考えるといいでしょう。

まず、「で」を「だ」に置き換えられるかを確認しましょう。

### 「で」の識別

「で」を「だ」に置き換えられるか確認する!!

①置き換えられる→「だ」の識別を使う。

②置き換えられない→「で」として識別する。

①父は弁護士で、母は教師だ。

②父はおおらかで、母はせっかちだ。

③まるで夢のようで、信じられない。

④本を読んでいる。

⑤駅で待ち合わせをしている。

⑥で、結果はどうでしたか。

①〜③は、「だ」に置き換えられるので、**「だ」の識別**を使いましょう。

①は直前が「弁護士」という**名詞**ですね。したがって、**断定の助動詞「だ」の連用形**です。

②は、「とても」を補って「とてもおおらかだ」と言い換えることができるので、**形容動詞の一部**ですね。

③は直前が「よう」ですから、**助動詞「ようだ」**の一部です。

④は一見「読んだ」と置き換えられそうですが、そうなると、この「だ」は過去の助動詞「た」が濁ったものになり、「読んでいる」という、物事が進行している意味ではなくなります。

つまり、「だ」には置き換えられません。そこで、**「で」の直前**を見てみると、**「読む」という動詞**がありますね。つまり、

④の「で」は自立語のあとに付いた**付属語**で、さらに活用がないので**助詞**です。用言につながる助詞は何でしたか？　そう**接続助詞**です。この「で」は接続助詞「て」の濁ったものです。
⑤も「だ」には置き換えられず、文節の頭には付きません。**直前が名詞**なので、体言につながる**助詞**は、**格助詞**です。
⑥は文節の頭にあるので、**自立語**です。活用はないので、文の成分での働きから、**接続詞**だということがわかりますね。

①父は弁護士で、母は教師だ。→「だ」に言い換え可能＝断定の助動詞「だ」
②父はおおらかで、母はせっかちだ。→形容動詞の一部
③まるで夢のようで、信じられない。→助動詞の「ようだ」の一部
④本を読んでいる。→用言につながる＝接続助詞
⑤駅で待ち合わせをしている。→体言につながる＝格助詞
⑥で、結果はどうでしたか。→接続詞

### チェックテスト

次の「で」の文法的な性質を簡潔に説明しましょう。

①波はおだやかで、風が心地良い。（　　　　）
②冷たい水を飲んでいる。（　　　　）
③書類にボールペンで記入する。（　　　　）
④彼女は中学生で、弟は小学生だ。（　　　　）
⑤で、明日はどうしますか。（　　　　）
⑥元気になったようで安心したよ。（　　　　）

解説は別冊p.16へ

## が

次の「が」の文法的な違いを説明しましょう。

①風がビュービュー吹（ふ）いている。
②理科は得意だが、社会科は苦手だ。
③手紙が来ていたが、彼（かれ）は元気だろうか。
④だが、それは難しいだろう。
⑤野球もうまいが、サッカーもうまい。

①〜⑤の中で、「が」を直前の語と分けることができないものは④です。
④は**「だが」**で一つの単語で、**接続詞**ですね。したがって④は、**接続詞の一部**です。
④以外の「が」は、**全て一単語です**。これらは付属語ですね。では、助動詞か助詞のどちらかということになりますが、助動詞に「が」はないので、当然、助詞ということになります。あとは、**種類や、意味・用法の違い**で識別しましょう。
①は、**直前が名詞**なので**格助詞**です。主語を表す「が」です。
②・③・⑤は、**直前が用言や助動詞**なので、**接続助詞**ですね。
②は、**「しかし」に置き換（か）えられる**ので、**逆接の「が」**です。
③は、本題に入る前に軽く触（ふ）れる話題に用いる**「が」**です。例文では、「彼は元気だろうか」という**本題の前の話題**として、「手紙が来ていた」ということに軽く触れることを示しています。このような「が」を**前置きの「が」**といいます。
⑤は「が」の前後がともに対等な関係ですね。これは**並立（へいりつ）の**

「が」です。

①風がビュービュー吹いている。↓格助詞
②理科は得意だが、社会は苦手だ。↓逆接の接続助詞
③手紙が来ていたが、彼は元気だろうか。↓前置きの接続助詞
④だが、それは難しいだろう。↓接続詞の一部
⑤野球もうまいが、サッカーもうまい。↓並立の接続助詞

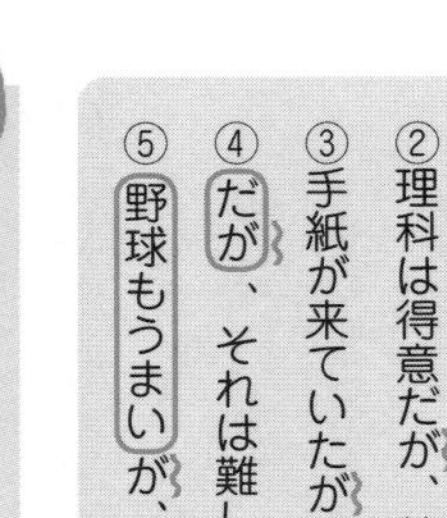

### 助詞「が」の識別

①直前が体言。→主語を表す「が」（格助詞）
②本題の前に触れる話題。→前置きの「が」（接続助詞）
③「しかし」に置き換えられる。→逆接の「が」（接続助詞）
④「AもBも」という意味になる。→並立の「が」（接続助詞）

## の

次の「の」の文法的な違いを説明しましょう。

①桜の咲く季節になりました。
②桜の花がきれいに咲いた。
③歌を歌うのが好きです。
④行くの行かないのと騒ぐ。

今回は、①〜④全てが**一単語**です。**付属語**で、さらに活用がないので、**助詞**ですね。そして、直前が体言や連体形なので全て格助詞です。あとは、意味・用法を識別します。

①は**「が」に置き換える**ことができます。したがって、部分の**主語を表す「の」**です。

②は「桜の」が「花」という**体言を修飾**しているので、**連体修飾語を表す「の」**になります。

③は**「こと」に置き換える**ことができます。これは**体言の代用を表す「の」**です。

④は**「〜の〜の」という形**になっていますね。このような「の」は**並立を表す「の」**です。

①桜の咲く季節になりました。↓「が」に置き換えられる＝主語を表す
②桜の花がきれいに咲いた。↓体言を修飾＝連体修飾語
③歌を歌うのが好きです。↓「こと」に置き換えられる＝体言の代用
④行くの行かないのと騒ぐ。↓並立を表す

### 助詞「の」の識別（①〜④は全て格助詞）

①**「が」**に置き換えられる。→主語を表す「の」
②「の」を含む文節が**体言を修飾**する。→連体修飾語を表す「の」
③**「こと」「もの」**などに置き換えられる。→体言の代用を表す「の」
④**「〜の〜の」**の形になる。→並立を表す「の」

今回学んだもの以外にも、「れる・られる」・「た」・「ようだ」・「そうだ」など、同じ助動詞で紛らわしいものもあります。Lesson9・10で学習していますので、あわせて覚えましょう。

Lesson 13 の力だめし

**1** 次の文の、――線部の「が」が格助詞ならば○を、接続助詞ならば×を書きなさい。

見たい映画が①ひとつもないが②、友人が③誘うので、映画館に行った。一時間待ったが④、友人が⑤来なかった。

① ② ③ ④ ⑤

**2** 次の各組の――線部の「の」のうち、働きが他と異なるものをそれぞれ**ア**～**ウ**から選び、記号で答えなさい。

(1)
**ア** 父の話すことを家族全員が聞いていた。
**イ** 今度会えるのは、雪の降る頃だと思う。
**ウ** 美しい海岸の風景を写生する。

(2)
**ア** 大きいほうの靴は、兄の靴だ。
**イ** 実験が成功したのは、今回が初めてではない。
**ウ** 友人の意見が、クラス全員の心を動かした。

(1) (2)

ハイレベル問題

授業動画はこちらから 59

**3** 次の各文の、――線部の「だ」の文法的な説明をあとの**ア**～**エ**から選び、記号で答えなさい。

(1) この街は栄えていて、とてもにぎやかだ。
(2) 持参したが、筆記用具は使わずにすんだ。
(3) 明日は試合なのに、雨が降りそうだ。
(4) この本に書いてあることは、全て事実だ。
(5) これは、妹が一生懸命作った弁当だ。

**ア** 過去の助動詞　**イ** 断定の助動詞
**ウ** 形容動詞の一部　**エ** 助動詞の一部

(1) (2) (3) (4) (5)

解説は別冊p.17へ

# Lesson 14 敬語の種類を知ろう！

Lessonのイントロ

みなさんは、敬語を正しく使えていますか？意識しないと、思わず先生にも友達と話す口調で話しかけてしまったり、意識しすぎると不自然な敬語を使ってしまったりすることもあるのではないでしょうか？敬語は、法則を覚えて、どんどん使うことで使いなれてくるものです。どきどきするかもしれませんが、意識して目上の人に敬語で話しかけてみましょう。

みなさんは、敬語を正しく使えますか？　敬語とは、話している相手や、その場にいない第三者に敬意を表す言葉です。敬語には、**尊敬語**・**謙譲語**（けんじょうご）・**丁寧語**（ていねいご）・**美化語**の**四種類**があります。

# 1 敬語の種類

## 尊敬語

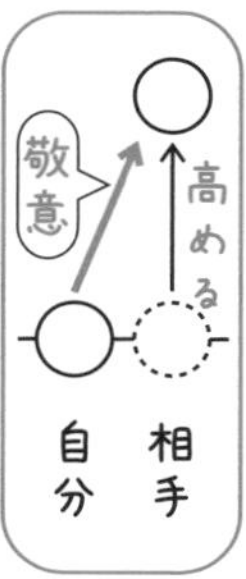


相手や第三者の動作や所有物などに対して用い、高めて言うことで、相手に敬意を表す。

❶ 助動詞**「れる・られる」**という形を用いて表す。

例 先生が話される。

❷ **「お（ご）―になる」「お（ご）―なさる」**という形を用いて表す。

例 お客様がお越し（こ）になる。　例 先生がご確認なさる。

❸ **「お」「ご」などの接頭語**を用いて表す。

例 ご子息・お車・お忙（いそが）しい

❹ 特別な言い方を用いて表す。（2参照）

例 先生が給食を召（め）し上（あ）がる。（「食べる」の尊敬語）

例 朝礼で校長先生が注意事項（じこう）をおっしゃる。（「言う」の尊敬語）

ポイント

**尊敬語とは？**

尊敬語は、相手や第三者の動作や所有物に用いる。誰（だれ）の動作・誰の所有物なのかをよく考えよう。

## 謙譲語

相手
自分
へりくだる
敬意

自分や身内の動作や状態に対して用い、へりくだって言うことで、動作の受け手への敬意を表す。

❶ **「お（ご）―する」「お（ご）―いたす」**という形を用いて表す。

例 かばんをお持ちする。　例 お知らせいたします。

❷ 接頭語・接尾語（せつびご）を用いて表す。

例 拙宅（せったく）・小社・私ども

❸ 特別な言い方を用いて表す。（2参照）

例 明日伺（うかが）います。（「行く」の謙譲語）

例 プレゼントをいただく。（「もらう」の謙譲語）

**謙譲語とは？**

謙譲語は自分や身内の動作に用いる。

さて、身内とはどういう人のことをいうのでしょうか？　例えば、学校の先生に、次のように話したとします。敬語の使い方は、正しいでしょうか。

**例** **お母さんが先生にありがとうございましたとおっしゃっていました。**

「お母さん」や「おっしゃる」は**尊敬語**です。**自分の家族や自分の会社の人は、身内**になるので、第三者に話す場合は**謙譲語**（けんじょうご）を用いなくてはなりませんので、正しくは次の通りです。

**例** **母が先生にありがとうございましたと申していました。**

テクニック

**身内とは？**

第三者に話す場合、家族や会社の人は身内。

### 丁寧語（ていねいご）

文末に**「です」「ます」「ございます」**などを付けて、丁寧な表現にし、相手への敬意を表す。

**例** 駅はこちらです。　雨が降っています。

### 美化語

**「お」「ご」などの接頭語**を付けて丁寧にする言葉。

**例** お茶・お料理・ごはん

注意!!　一般的（いっぱんてき）なものごとに対して付けられている「お」「ご」を美化語といいます。相手の所有物などに「お」「ご」を付けた場合は尊敬語になるので注意しましょう。

## 2 尊敬語と謙譲語の特別な言い方

1の尊敬語の❹・謙譲語の❸で挙げた特別な言い方の例は、次の通りです。

| 一般的な言い方 | 尊敬語 | 謙譲語 |
|---|---|---|
| 言う・話す | おっしゃる | 申す・申し上げる |
| 行く・来る | いらっしゃる | 参る・伺（うかが）う |
| 食べる・飲む | 召（め）し上がる | いただく |
| する | なさる | いたす |
| 見る | ご覧になる | 拝見する |

**チェックテスト**

次の文の——線部を下の（　）の指示に従って、敬語に書き換（か）えましょう。

① 先に食べる。（謙譲語にする）
② 公園に行く。（丁寧語にする）
③ 先生が私の家に来る。（尊敬語にする）
④ 父がよろしくと言っていました。（謙譲語にする）
⑤ 作品を見ます。（謙譲語にする）

①（　　）②（　　）
③（　　）
④（　　）
⑤（　　）

解説は別冊p.17へ

# Lesson 14 のカだめし

授業動画はこちらから 64

解説は別冊p.17へ

**1** 次の各文の、――線部の敬語の種類をあとの**ア**～**ウ**から選び、記号で答えなさい。

(1) 先生が卒業式にご出席なさる。

(2) 休憩所は、こちらにございます。

(3) 来週、大臣が学校に来られるそうだ。

(4) 先生に昨日の試合の様子をお話しする。

(5) それでは、詳しいことをご説明いたします。

(6) このままふたをして五分煮れば、完成です。

**ア** 尊敬語　**イ** 謙譲語　**ウ** 丁寧語

(1)　(2)　(3)　(4)　(5)　(6)

**2** 次の各文のうち、敬語が正しく使われているものを**ア**～**オ**から全て選び、記号で答えなさい。

**ア** 先生が食事を召し上がる。

**イ** お客様、ここで少しお待ちしてください。

**ウ** 父が明日伺うと申しておりました。

**エ** 先生は、明日何時に学校に参りますか。

**オ** では、私がみなさまをご案内いたします。

ハイレベル問題

**3** 次の各文の――線部を、〈　〉の指示に従って、敬語に直しなさい。

(1) 先生が学校に来る。〈尊敬の意味を持つ動詞を使う。〉

(2) 私が料理を食べる。〈謙譲の意味を持つ動詞を使う。〉

(1)

(2)

Lesson 15

# 漢字の成り立ち・二字熟語の構成

Lessonのイントロ

国語といえば、真っ先に「漢字」を思い浮かべる人もいるのではないでしょうか？漢字の面白いところは、一字一字にきちんとした意味や成り立ちがあるところです。「目」は人の目の形から、「鳴」は「口」と「鳥」がくっついて鳴くという意味を表すなど、漢字は実は深い世界をもっているんですよ。このLessonではそんな漢字の成り立ちや熟語の構成を学んでいきましょう。

授業動画はこちらから 65

# 漢字の成り立ち・二字熟語の構成

## 漢字の成り立ち

漢字は、その成り立ちによって、次の**四種類**に分けられます。

❶**象形文字**…**物の形**をかたどった文字。

例 👁(人の目)→ ⊖ → 目

❷**指事文字**…形で表現できないものを、**印などで表した文字**。

例 ・一 → 上(もとの線より上を表した)
木 → 本(木の根もとを表した)

❸**会意文字**…**二つ以上の漢字の意味**を合わせて作った文字。

例 火＋火＝炎(「火」が二つで、大きな「炎」)
口＋鳥＝鳴(「鳥」が「口」で「鳴く」)

❹**形声文字**…**意味を表す部分**と、**音**(おん)**を表す部分**とを合わせて作った文字。漢字の大部分がこれにあたる。

例 花＝艹(くさかんむり)(植物の意味)＋化(カ)(音を表す)
銅＝金(かねへん)(金属の意味)＋同(ドウ)(音を表す)

補足 **転注文字・仮借**(かしゃ)**文字・国字**

**❶〜❹の他に、漢字の使い方による分類である「転注」「仮借」と「国字」もあります。**

転注文字…元の意味を広げて、他の意味に転用した文字。
仮借文字…同音の他の漢字の音だけを借りて表した文字。
国字…漢字を組み合わせて、日本で作られた漢字。

部首の意味を知ることで、漢字の持つ意味がわかりやすくなるよ♪

66

## 二字熟語の構成

二字以上の漢字を組み合わせてできた語を「**熟語**」といいます。そのうち、二字熟語には主に次のような構成があります。

❶**似た意味の漢字を重ねたもの**

例 温暖 温かい＝暖かい
例 減少 減る＝少ない

❷**反対の意味の漢字を重ねたもの**

例 前後 前↔後ろ
例 増減 増える↔減る

❸**上の漢字が下の漢字を修飾**(しゅうしょく)**するもの**

例 青空 青い→空
例 暗示 暗に→示す

## ❹ 下の漢字が上の漢字の目的・対象を表すもの

**例** 登山　登る↑山に

**例** 読書　読む↑書(本)を

## ❺ 主語・述語の関係になるもの

**例** 国営(が)　国が営む

**例** 腹痛(が)　腹が痛い

**注意!!** 主語・述語の関係になる熟語は、上の漢字が主語・下の漢字が述語を表すものです。次のように下を主語、上を述語としないように注意しましょう。

**例** 白鳥 → ×鳥が 白い　(正解は「○白い 鳥」)

**テクニック**

**主語・述語の関係の熟語の見分け方**

上の漢字に「は・が」を付けてみる。付けることができたら主語・述語の関係。

## ❻ 上の漢字が下の漢字を打ち消すもの

**例** 不安　無理　非常　否定　未熟

上の字は「不・無・非・否・未」

## ❼ 接尾語(せつび)が付くもの

**例** 天性　平然　知的　緑化

下の字は「性・然・的・化」など

### 補足 その他の二字熟語の構成

・同じ漢字を重ねたもの(二字目は「々」を使ってもよい)

**例** 日日(日々)・堂堂(堂々)

・長い熟語が省略されたもの

**例** 高校(高等学校)・特急(特別急行)

### チェックテスト

次の熟語の構成をあとから選び、記号で答えましょう。

①外国　②売買　③頭痛　④注意　⑤永久　⑥早朝
⑦就職　⑧母性　⑨地震　⑩未定　⑪寒冷　⑫往復

ア　似た意味の漢字を重ねたもの
イ　反対の意味の漢字を重ねたもの
ウ　上の漢字が下の漢字を修飾(しゅうしょく)するもの
エ　下の漢字が上の漢字の目的・対象を表すもの
オ　主語・述語の関係になるもの
カ　上の漢字が下の漢字を打ち消すもの
キ　接尾語が付くもの

①(　)　②(　)　③(　)　④(　)　⑤(　)
⑥(　)　⑦(　)　⑧(　)　⑨(　)　⑩(　)
⑪(　)　⑫(　)

上の字が下の字を修飾するものと主語・述語の関係になるものと間違えないように!

解説は別冊p.18へ

# Lesson 15 のカだめし

**1** 次の漢字の成り立ちを、あとの**ア**～**エ**から選び、記号で答えなさい。

(1) 明　(2) 月　(3) 三　(4) 個　(5) 岩

(6) 人　(7) 位　(8) 問

**ア** 象形文字　**イ** 指事文字

**ウ** 会意文字　**エ** 形声文字

(1)□　(2)□　(3)□　(4)□　(5)□

(6)□　(7)□　(8)□

**2** 次の形声文字を、意味を表す部分と音を表す部分に分けなさい。

(1) 枝　(2) 固

(1) 意味□・音□

(2) 意味□・音□

**3** 次の熟語の構成を**ア**～**エ**から選び、記号で答えなさい。

(1) 再会　(2) 点滅（てんめつ）　(3) 県営　(4) 負傷

**ア** 反対の意味の漢字を重ねたもの

**イ** 上の字が下の字を修飾するもの

**ウ** 下の字が上の字の目的・対象を表すもの

**エ** 主語・述語の関係になるもの

(1)□　(2)□　(3)□　(4)□

ハイレベル問題

**4** 次の(1)～(4)が熟語になるように、□に当てはまる漢字を**ア**～**エ**から選び、記号で答えなさい。

(1) □人　(2) 酸□　(3) 美□　(4) □快

**ア** 不　**イ** 無　**ウ** 性　**エ** 的

(1)□　(2)□　(3)□　(4)□

授業動画はこちらから

解説は別冊p.18へ

# Lesson 16 読解問題の基礎を知ろう！①

Lessonのイントロ

国語が苦手な人は長い文章の読解問題を見ただけで、「げっ！ 読むの面倒くさい！」と思ってしまうのではないでしょうか？ でも、そんな読解問題こそ、答えのヒントが文章中にたくさんちりばめられているんですよ。Lesson16・17では、読解問題を解く際の、基本のポイントを解説していくので、まずはしっかり基本を押さえましょう。

# 読解問題の基礎

読解とは文字通り、「**文章を読んで、理解すること**」です。これが**読解の大切な基本**です。読解問題では出題されている文章について答えるので、**答えは全て文章の中**にあります。だから、正確に文章を読み取れば、正確に答えられるようになります。

文章の読み取り方については、このあとのLessonでくわしく見ていきます。まずは、読解問題への取り組み方を学んでいきましょう。

ポイント

## 読解問題への取り組み方

**設問を先に読む！**
設問で問われている部分を意識しながら文章を読む。

読解問題とは、**文章を読んで、問題を解くこと**です。文章を読む前に、**設問で何を問われているか**を知っておけば、文章を読む際に**答えを探しながら読む**ことができます。**設問**に先に目を通しておきましょう。

## 問題の指示に正確に答える

仮に文章を正確に読み取れたとしても、**問われている内容**や**条件**など、指示されていることに対して、正確に答えなければ、正解にはなりません。問題には**条件の通りに正確に答える**必要があります。

## 正確に解答するコツ

問題で問われている**内容**、**答え方の条件**には**線を引く！**

問題にはさまざまな**パターン**がありますね。たとえば、

- 〇〇に込(こ)められた気持ちの説明として、適切なものをすべて選び、記号で答えなさい。
- 〇〇の理由を二十字以内で説明しなさい。

問題には、**問う内容**と、**答え方の条件**がはっきりと書いてあります。この内容と条件から少しでも外れると、不正解です。**問われている内容**と**答えの条件**に線を引いて、注意しなければならないことを意識してください。

## 選択問題の基本

**選択問題**が出ると、選ぶだけだから「ラッキー」と思う人が多いと思います。でもだからこそ注意する必要があります。**出題者の立場**だったらどうでしょう。正解に似ている、紛(まぎ)らわしい選択肢(せんたくし)を入れませんか？　**選択問題**は、**正解**と、**正解に似ている誤答**とを区別しなくてはなりません。

## 選択問題を解くコツ

選択肢は**本文の内容と最も合っているもの**を選ぶ。

読解問題の基本は、**文章中に書かれていないことは正解にはならない**ということです。**どんなに本文と似たような内容**であっても、**書かれていないことが含まれているものは選んではいけません**。仮に、どの選択肢の内容も、文章内容と違っていない場合は、問われていることに**最も合う答えとなっているもの**を選びます。

中には、選択肢の文が長いものがありますが、どんなに長くても、**文章中に書かれている内容とすべて合っているもの**を選ぶということは変わりません。長い選択肢の文は**細かく区切って**、部分ごとに、文章のどこに書かれていることなのかを確認しましょう。

**チェックテスト**

次の文章を読んで、文章の内容に合うものをあとのア～ウから一つ選び、記号で答えましょう。

奈良の東大寺南大門には、鎌倉時代に運慶と快慶らが造った金剛力士像が安置されている。口を開けている「あ像」と口を閉じている「うん像」の一対の像であり、鎌倉時代を代表する、木造作品の傑作である。神社で見かける「こま犬」も、このような「あ」と「うん」の一対から成る、けものの像だ。

「あうん」とは、「はく息と吸う息」また、「最初と最後」を表す言葉である。「あうんの呼吸」といえば、いっしょに一つのことをするときの、微妙な心のタイミングを意味する。「二人は、あうんの呼吸でバトンの受け渡しをした。」などと使う。

ア　金剛力士像は、奈良時代に造られた。
イ　金剛力士像は、木造の作品である。
ウ　「あうんの呼吸」は、心の微妙なずれを表す言葉である。

（　　）

解説は別冊p.18へ

## 記述問題の基本

どんなに正確に文章を読み取れていても、**正確に答えられなければ不正解**だということは、先ほど述べましたね。記述の問題では、この「**正確に答える**」という部分でミスをして、点を失う人が意外に多くいます。記述問題の基本をしっかり押さえましょう。

### ❶「書きなさい」か「書き抜きなさい」か

「**書きなさい**」という問題は、文字通り書いて答える問題ですが、ポイントは「**なるべく文章中の言葉を使う**」ことです。文章を読んで、解釈し、自分の言葉で答えると、文章内容とずれてきてしまう場合があります。**なるべく文章中の言葉を使って、答えの文を作る**ようにしましょう。

「**書き抜きなさい**」という問題は、「**文章中の言葉をそっくりそのまま写し書き**」します。難しい漢字が含まれていても、普段使わない言葉づかいであっても、そのまま**書き写して**ください。

## 記述問題の答え方

・「**書きなさい**」→できるだけ**文章中の言葉を使って答える**。
・「**書き抜きなさい**」→**文章中の言葉をそっくりそのまま書き写す**。

### チェックテスト

次の文章を読んで、あとの問いに答えましょう。

平安時代の貴族の恋愛は、現代とは事情が異なります。男女が面と向かって知り合う機会はまずないので、男性は評判だけを頼りに、相手がどんな女性かを想像し、興味をもったら和歌をおくって思いを伝えます。

和歌のできばえは重要でした。自分の歌に自信のない男性は、上手な人に代わりに作ってもらうことも、よくあることでした。歌をもらう女性のほうも、他人に返事用の和歌を作ってもらうことがありました。

どんな相手と恋愛するかは、自分や一族の将来に関わる問題だったので、風流な歌のやり取りも、真剣勝負の側面があったのです。

①相手に興味をもった男女がおくり合ったものは何ですか。文章中から二字で書き抜きましょう。
（　　　）

②どんな相手と恋愛するかは、何に関わったか書きましょう。
（　　　）

解説は別冊p.19へ

## ❷「○字」か「○字以内」か

「○字」という条件をつけられたら、**指定された字数ピッタリ**で答えなくてはいけません。多くても少なくてもいけませんよ。答えに句読点が含まれる場合、普通、句読点も字数に数えます。

「○字以内」という条件の場合、**指定の字数以内で答える**必要があるわけですが、もう一つ、**暗黙のルール**があります。それは、**指定された字数の八割以上は書く**ということです。「二十字以内」であれば十六字以上は書きましょう。

この字数制限のルールには、実は、答える上でのヒントが隠れています。それは**正解には八割の字数が必要だ**ということです。「二十字以内」が十四字で足りるのであれば、条件は「十五字以内」でいいわけですよね。正解を導くためには二十字近く必要だから、「二十字以内」という条件がつけられているということですね。

## 字数制限のある記述問題の答え方

・**○字**→**指定の字数ピッタリ**で答える。
・**○字以内**→**字数制限の八割以上、字数制限内**で答える。

## ③解答の文末の表現

問題には正確に答える必要があります。記述問題の場合、**解答の文末**には注意して答えましょう。

「なぜですか」「どうしてですか」「理由を述べなさい」など、**理由**を問われた場合は、**解答の文末は「〜から。」「〜ため。」「〜ので。」**としなければなりません。

また、**名詞**で聞かれたときには**名詞**で答えましょう。「どんな**こと**ですか」と聞かれたら、「○○○**こと**」、「どんな**もの**ですか」と聞かれたら「○○○**もの**」という文末で答えましょう。

・**理由**を問われた問題→文末は「**〜から。**」「**〜ため。**」「**〜ので。**」
・**名詞**で問われた問題→文末は**名詞**

**補足 書き抜き問題にも当てはまる**

**書き抜き問題の場合でも、問われている内容と、答えとなる文章中の部分の形が対応することが多いです。理由を問われたら、文章中の「〜から・〜ので」などの表現に注意して探すと、正解への近道になります。**

### チェックテスト

次の文章を読んで、あとの問いに答えましょう。

音が聞こえるには、音を伝えるものの存在が必要です。音を出すものが震え、その振動が伝わり、耳に届くことによって、音が聞こえるのです。

日常生活で音が聞こえるのは、空気が音を伝えているためです。だから、すぐ隣にいる人の声ですら、真空である宇宙空間では全く聞こえません。

空気の他に、水や金属も音を伝えます。空気中では、気温によって異なりますが、音はだいたい秒速三百四十メートルくらいで伝わります。空気中よりも、水中や金属の中のほうが、音は速く伝わります。

● ——線部「真空である宇宙空間では全く聞こえません」とありますが、この理由を十五字以内で書きましょう。（句読点も字数に数えます。）

（　　　　　　　　）

解説は別冊p.19へ

# Lesson 16 の力だめし

次の文章を読んで、あとの問いに答えなさい。

＊1内田百閒が一礼してから本を開いたと書いているが、われわれも小学生のころ、ずっと昔のことだが、教室で教科書を開く前にうやうやしく〝＊2おしいただいた〟ものである。それに、①すこしも抵抗はなかった。

文字をふむと〝②学校ができなくなる〟成績が悪くなるとしつけられた。うちにいて、新聞をふんだり、またいだりするのも、いけないことであった。だいたい、新聞を畳の上に置くなどというのは、たしなみのよろしくない家庭である。

いかに軽装版であるにせよ、本をすてるなどというのは、奇想天外である。そういう時代に育った人間は、いまだに書物に対して特別な気持をいだく。無用とわかっていても、つまらぬ内容とわかっていても、とにかくすてては もったいない、と思う。③それがたまって置き場に困っても、なおすてることは思いもせず、書庫をつくろうか、などと考える。

＊1 内田百閒……小説家・随筆家。一八八九〜一九七一年。
＊2 おしいただいた……つつしんで頭の上にささげ持った。

（外山滋比古『「読み」の整理学』〈ちくま文庫〉より。一部省略等がある）

解説は別冊p.19へ

(1) ――線部①「すこしも抵抗はなかった」とありますが、それはどんなことに対してですか。文章中の言葉を使って、二十五字以内で答えなさい。

(2) ――線部②「〝学校ができなくなる〟」とありますが、どういう意味ですか。その意味に最も近い言葉を、文章中から七字で書き抜きなさい。

(3) ――線部③「それ」が指しているものを漢字二字で答えなさい。

Lesson 17

# 読解問題の基礎を知ろう！②

Lessonのイントロ

「それ取って。」や「あれ取って。」などは、人に何かを取ってもらうときに一度は言ったことのある言葉ではないでしょうか？ 初めて「それ」や「あれ」と聞いてもわかりませんが、相手との会話の流れがあれば、「それ」や「あれ」の内容もわかりますね。文章の読解も同じで、前後の文脈から、指示語の内容はわかるんですよ。

# 指示語・接続語の問題

文章の種類に関わらず、**指示語の問題**はよく出題されます。

## 指示語の問題

**ポイント**

**指示語の問題を解く手順**

① **指示語部分**を□で囲む。
② **指示語が指し示す部分**を**直前**から探す。
　直前に見つからない場合のみ、もっと前を探す。
③ **答え**を□部分に入れて、**意味が通じるか確認**する。

では実際に例文を使って、手順を確認してみましょう。

例 **学校に本を忘れてきた。それは兄から借りたものだった。**

さて、――線部「それ」が指すものは何でしょうか。一字で書き抜きましょう。まずは**指示語部分**を□で囲みます。

例 **[それ]は兄から借りたものだった。**

となりますね。次に、**直前に注目**して探すと、**「本」**ということがわかります。□に「本」を入れて確認すると、

例 **本は兄から借りたものだった。**

となり、意味が通じるので、正解は「**本**」になります。

では、同じ例文で、「それ」が指すものを「**十字以内で答えましょう。（句読点は不要。）**」という問題が出されたら、どう答えればいいでしょうか。**指示語部分**を□で囲み、直前から答えを探すのは一緒です。さあ、答えはどうなるでしょう。

「学校に本を忘れてきた」（十字）だと、字数制限の条件には合いますが、これをこのまま□に入れた場合、

例 **[学校に本を忘れてきた]は兄から借りたものだった。**

となり、意味が通じなくなります。正解は、語順を入れ換えて「**学校に忘れてきた本**」（九字）ですね。これなら「[学校に忘れてきた本]は兄から借りたものだった。」となり意味が通じるようになります。

慣れてきたら、ポイント③の確認だけでも必ず行いましょう。それだけでミスを防ぐことができます。

### チェックテスト

① ――線部「それ」は、何を指していますか。文章中から六字で書き抜きましょう。

水溶液の性質は、リトマス紙で調べられます。リトマスとは、リトマスゴケという、地中海沿岸などが原産であるコケからとった名前です。それからとれる色素は、液体の性質によって色が変化します。

（　　　　）

② ――線部「これ」は、何を指していますか。二十五字以内で書きましょう。

「茶の木」という植物の若葉を蒸し、もみながら乾燥させると、緑茶ができます。これに湯を注いで煎じ、飲用とします。

（　　　　）

解説は別冊p.19へ

## 接続語の問題

**接続語**は問題に出されるだけでなく、**文章を読み取る場合のヒント**になります。**接続語**の働きをしっかり押さえましょう。

**接続語**とは**前と後ろをつなぐ働き**をもつ言葉です。**文の頭にある場合**は、**前後の文の関係**を、**段落の頭にある場合**は、**前後の段落の関係**を見て答えましょう。

ポイント

### 主な接続語の働き

| 接続語 | 働き | 説明 |
|---|---|---|
| だから<br>すると<br>それで | 順接 | 前に原因、後ろに結果がくる。 |
| なぜなら<br>というのも | 理由 | 前の文に結果、後ろに原因がくる。 |
| しかし<br>けれども<br>ところが | 逆接 | 前と後では逆のことが示される。 |
| つまり<br>要するに | 要約 | 前の文をまとめて言い換える。 |

### チェックテスト

次の文章を読んで、あとの問いに答えましょう。

この本には、毛利さんが宇宙飛行士になるまでの半生が書かれている。毛利さんは小さい頃、人類が初めて人工衛星を飛ばしたことを知り、宇宙に興味をもった。[A]、科学の面白さにもひかれ、「科学の世界はなんて幅広く、可能性に満ちているのだろう。」と心を打たれた。[B]、大学を卒業した毛利さんは、科学者になった。[C]、宇宙飛行士になりたいという夢は心の中に持ち続けていた。そして、日本人初の宇宙飛行士の募集があると知り、迷わず応募したのだ。

● A～Cにあてはまる言葉の組み合わせとして正しいものをア～エから選び、記号で答えましょう。（　）

ア [A] でも　[B] やがて　[C] しかし
イ [A] また　[B] しかし　[C] そこで
ウ [A] また　[B] やがて　[C] しかし
エ [A] だが　[B] やがて　[C] そこで

解説は別冊p.20へ

## 読解が特に苦手な人へアドバイス

### ❶音読をする

「**文章を正確に読み取る力**」をつけるためには、**文章を声に出して読む**といいですよ。黙読ではダメです。音読をすると、**知らない単語**や**聞きなれない言いまわし**ではつっかえるので自分が意味を理解していないことが明確になります。まずはどんな文章でも**音読してスラスラ読めることを目指しましょう**。

### ❷答えから解説を作る

**読解問題の答え**は**全て文章中に書かれています**。そこで、初めのうちは答えを先に見てしまって、**なぜそれが答えになるのか**を考え、**自分で解答解説を作ってみましょう**。これを繰り返すことで、実際に問題を解く際に、どんなことに注意すると正解にたどりつけるのかがわかるようになってきます。長い文章の中から、**答えを導きだすにはどんなことに気付かなくてはならなかったのか**、というところまで考えてください。

## Lesson 17 の力だめし

解説は別冊p.20へ

次の文章を読んで、あとの問いに答えなさい。

一日・一月・一年という時間の区切りは、太陽や月の運動から得られました。いわば、天文学がもとになっているのです。［①］、もうひとつの時間の区切りである「一週間」は、どのような理由で七日になったのでしょうか。人間は、適当な間隔で休みをとらないと疲れて仕事の能率が上がりません。そこで一週間ごとに「安息日」をもうけたのですが、それが七日になったのは、やはり天体の動きが関係しています。私たちの肉眼で見て、遠くの星に対して動いているように見える星は、太陽と月、そして水星・金星・火星・木星・土星の五つの惑星ですね。そこで、この宇宙は、地球が中心にあり、そのまわりを七つの星が回っていると考えました。それ以外の星は天球に固定され、天球全体がゆっくり回転していると想像したのです。だから、「一週間は七日」は、紀元前一八〇〇年頃のバビロニア人たちの宇宙観（この「天動説」は一七世紀まで信じられていました）を反映しているといえるでしょう。

［②］、人の生活に役立てようと暦がつくられましたが、それは、月や太陽の動き、惑星の運動、星の見える位置などのくわしい観測が基礎になっているのです。天文学が「最古の科学」といわれるのはこのためです。

（池内了『科学の考え方・学び方』〈岩波ジュニア新書〉より）

(1) ［　］①・②にあてはまる言葉を、それぞれ**ア**〜**ウ**から選び、記号で答えなさい。

① **ア** では　**イ** そこで　**ウ** なぜなら

② **ア** したがって　**イ** たとえるなら　**ウ** このように

①［　］　②［　］

(2) 暦は何を基礎にしてつくられましたか。文章中から三十字の部分を探し、初めと終わりの五字を書き抜きなさい。

初め［　］

終わり［　］

Lesson 18

# 説明的文章って？①

話題ロボ
これはどんなロボなの？
なにソレ
ふー…っ
相手の顔を識別してその人にあった話題をするんだ
ポチ
龍之介…
『羅生門』は好きですか
『鼻』は好きですか
顔っていうより名前で判断してる…
芥川龍之介じゃないよ…
ジョディ…
好きな食べ物は何ですか？
食べすぎじゃないですか
太りませんか
ムッ
バキーン
ハ…カセ…
プスン
プスン
ハカセは…髪の毛がないのですか
プス
ガーン
ハカセはちっちゃいですか
ハカセはそんなに怒って楽しいですか
ハカセは…
ダッ
もうやめてくれ——!!

説明的文章と聞くと、なんだか難しそうな印象を受けますね。普段本を読む人でも読む本のジャンルは小説が多いのではないでしょうか。普段あまり触れることのない説明的文章に慣れるためにも、日常的に新聞の中から一つだけでも良いので記事を読んでみたり、雑誌のコラムを読んでみたりしましょう。

授業動画はこちらから

75

# 1 説明的文章とは

説明的文章には「**説明文**」と「**論説文**」などがあります。

説明文とは、**ある事柄についてわかりやすく説明した文章**です。

論説文とは、**ある事柄に対する筆者の意見を述べた文章**です。どちらも読者が理解しやすいように、筋道を立てて述べられています。

問題として出題されるのは中学では圧倒的に論説文のほうが多いので、ここでは論説文を中心に説明的文章の読解のポイントを学んでいきましょう。

# 2 説明的文章の読解ポイント①

先ほども述べた通り、論説文とは、**ある事柄に対する筆者の意見を説明した文章**です。随筆などと違う点は、事実などをもとにして客観的態度をとろうとするところです。

つまり、**論説文**は、**読者に「なるほど」と思ってもらうために根拠を示し、筋道立てて筆者の意見を述べて**いきます。**筆者の意見**はさまざまな形を使って、いたる所に「これが私の意見です！」と出てきます。**論説文**はこの筆者の意見を正確に読み取ることがポイントです。

## 話題を読み取る

**論説文**はある事柄に対する筆者の意見が書かれているわけですから、何が話題になっているかをまず読み取らなくてはなりません。

> **ポイント**
>
> **話題を読み取る方法**
>
> 話題を読み取る際には次の点に注意する。
>
> ①最初の段落
> ②疑問文
> ③繰り返し出てくる言葉

### ❶最初の段落

文章全体の話題が何かがわからないまま話が進むと、読み手にとって文章はとてもわかりにくいものになります。そのため、話題は**早い段階で提示される**場合がほとんどです。最初の段落には話題が書かれていることが多いので、注意して読みましょう。

### ❷疑問文

筆者が文章中に疑問文を設けた場合、**その疑問を解く形で筆者の意見が述べられます。**したがって、疑問文が出てきた場合は、「**今からこの疑問について説明していきますよ。**」というサイン＝話題となります。疑問文は文章の初めのほうに全体の話題を示すために置かれたり、段落間のもっと小さな話題を示すために置かれたりすることもあります。

## ❸繰り返し出てくる言葉

何か一つの事柄について説明する場合、**説明したい事柄は、文章中に繰り返し出てくることが多いです。**文章にざっと目を通したときに**繰り返し出てくる言葉**があれば、それが話題、あるいは話題に関連したキーワードである場合が多いのです。

### チェックテスト

次の文章で筆者が話題にしている事柄が最もよくわかる段落を探し、初めの五字を書き抜きましょう。

私は、時折、捨てられた犬や猫を希望者に譲り渡す「譲渡会」に行っている。本当にたくさんの犬や猫がいて、動物を飼いたいという人がたくさん集まっている。

動物を飼いたいという人が、こんなにたくさんいる一方で、たくさんの犬や猫が捨てられているのは、なぜなのだろう。どうしたら、捨て犬や捨て猫をなくすことができるのだろうか。

そんな疑問が胸にわきおこったとき、私は、こんなふうに考えた。動物を飼うということは、「一つの命の一生を引き受ける」ことなのだと、みんなが深く理解することが大切なのではないだろうか。

（　　　　　）

解説は別冊p.20へ

Lesson 18 のカだめし

次の文章を読んで、あとの問いに答えなさい。

出会いの挨拶とよく似ていて少し違うのが、呼びかけの挨拶です。「もしもし」は、主に電話などで使われますが、声をかけてあなたに「申す」（言う）という言葉から来た「申し、申し」が挨拶言葉になったもので、英語の電話に出るときの〝Hello.〟に対応して使われるようになったと言われています。［①］、自分が電話に出るときにも使います。

一方、ふつう、相手と自分が同じ場所や近いところにいて呼びかけをする場合には、「すみません」を使うことが多いようです。聞いた話ですが、アメリカから来てまだ日本語に慣れていない人が、お店に入って人を呼ぶときに、「もしもし！」と言っていたそうです。〝Hello.〟＝「もしもし」という置き換えをしていたからでしょう。電話ではこの置き換えは正しいのですが、お店で人を呼ぶ時には、「すみません」のような別の言葉を使うほうが普通です。

考えてみると、これもおもしろいことです。「すみません」は謝るときに使われる言葉だからです。［②］、本当に謝っているわけではありません。

（森山卓郎『コミュニケーションの日本語』〈岩波ジュニア新書〉より）

解説は別冊p.21へ

(1) この文章の話題を、文章中から七字で書き抜きましょう。

(2) ［　］①・②には同じ言葉が入ります。その言葉を次のア～エから選び、記号で答えなさい。

**ア** けれども　**イ** たとえば
**ウ** もちろん　**エ** なぜなら

(3) ――線部について、「お店で人を呼ぶ時」には「もしもし」よりも「すみません」のほうが普通なのはなぜですか。その理由がわかる一文を探して、初めの五字を書き抜きなさい。（句読点も字数に含む。）

Lesson 19

# 説明的文章って？②

Lessonのイントロ

読解の基礎でも触れましたが、読解問題の文章の中には、ヒントがたくさんあふれています。「指示語はないかな？」「この接続語はどんな意味かな？」「話題は何かな？」など、ひとつひとつ手がかりを探しながら読み進めていくと、宝探しのように答えにたどり着くことができますよ。

# 説明的文章の読解ポイント②

## 筆者の意見を読み取る

**話題**がつかめたら、それについての**筆者の意見**を読み取りましょう。筆者は自分の意見を読者に伝えたいわけですから、その意見は**強調されて文章中に出てきます**。

ポイント

**筆者の意見は強調されている！**

筆者の意見は、論説文において、筆者がいちばん伝えたいことだから、さまざまな形で文章中に出てくる。

①最後の段落
②逆接・要約の接続語の直後
③言い換え
④対比
⑤具体例

### ❶最後の段落

最後の段落は文章の締めくくりになる段落ですから、今までさまざまな形で述べられてきた**筆者の意見がまとめられることが多い**です。

ただし、**問題では**、それまでに文章中に散りばめられた**筆者の意見が総合的に問われる**ことも多いので、②〜⑤にも注目して読み取りましょう。

### ❷逆接・要約の接続語の直後

**逆接**とは「**しかし**」「**けれども**」といった**接続語**の働きでしたね。逆接を用いることで**逆接の直後は強調される働き**があります。

例 傘はささなかった。

例 雨が降ってきた。しかし、傘はささなかった。

この二つの例文を読み比べた場合、前者より後者の方が、より「傘はささなかった」が**強調**されますね。**筆者は自分の意見を伝えたい**わけですから、**逆接**を用いて**強調する**という方法をとることがあるのです。

**要約**の接続語とは「**つまり**」や「**要するに**」といった接続語です。この接続語の働きは、**前に述べられていることを、まとめて言い換える**ことです。「つまり」や「要するに」の**前後は同じ内容**を述べているのですが、これらの語の**直後の方**が筆者の意見がよりまとめて書かれています。

### ❸言い換え

**筆者の意見は文章中に何度も出てきます**。ただし、同じ言葉をただ繰り返すだけでは、文章がわかりにくくなり、読んでいても面白くありません。そこで**同じ内容を**、**別の表現に言い換えて**、**文章中に何度も登場させる**という方法を使います。これが**言い換え**です。使われている言葉が違っても、言っている内容が同じであれば、筆者が繰り返し伝えたいことなので、注意しましょう。

## ④対比

筆者は、**自分の意見と逆になるような意見**を登場させ、それと**比べたり、打ち消したり**することで、**意見を強調**させる方法を使うこともあります。直接筆者の意見が述べられているわけではありませんが、筆者の意見を読み取るヒントにもなるので、**対比**の対象にも注目して読みましょう。

## ⑤具体例

論説文において、**具体例**はどんな場合に用いられるでしょうか。筆者が説明したい事柄が、少しわかりづらい場合、それを**よりわかりやすくする補足説明**として、**具体例**を用います。たとえば「**緑黄色野菜**」といってピンとこない人には、「**緑黄色野菜**とは、たとえば**トマト**や**かぼちゃ**、**ピーマン**などの**色の濃い野菜**です。」と具体例を示した方がわかりやすくなりますね。具体例は、**筆者が例を示してまで説明したいこと**の表れです。具体例を挙げて、何を言いたかったのかを読み取りましょう。

### チェックテスト

次の文章を読んで、あとの問いに答えなさい。（一〜四は段落番号。）

一 命ということを考えたとき、人間の命も、犬や猫の命も、その他の命も、みんな同じなのではないかと思う。私の家では、捨て犬だった犬を二匹、捨て猫だった猫を三匹飼っている。そういう動物たちと毎日を過ごしていると、心底、そんなふうに感じるのだ。

二 飼っている犬のうち、虐待されていた犬が一匹いる。バーニーズ・マウンテン・ドッグという大型犬なのだが、面倒を見切れなくなった元の飼い主に置き去りにされてしまったらしい。うちに来たばかりの頃は、無表情で、人間と見れば誰彼構わずほえかかる犬だった。

三 初めは飼うのをためらった。しかし、時間がかかっても、じっくりと向き合って育てていけば、必ず打ち解けるはずだと自分に言い聞かせた。確かに時間はかかったが、今では私と散歩に行くことをとても喜ぶようにまでなった。

四 動物を飼っていれば、世話をしなければならないし、大変なことも多い。でも、だからといって、ごみでも捨てるように簡単に捨ててしまうのは、とても悲しいことだ。動物とじっくり向き合い、その命を大切に考えることは、人間に課せられた使命ですらあると思う。その姿勢は、人間を大切にする考え方にもつながるのだ。動物を大切に考えることは、人を大切に思う気持ちと変わりがないのだ。

① この文章を意見が中心の段落と、具体的説明が中心の段落に分け、段落番号で答えましょう。

意見（　　）　具体的説明（　　）

② この文章で述べられている意見として合うものを二つ選び、記号で答えましょう。

ア 動物を飼うことはとても面倒だ。
イ 動物を簡単に捨てるのには反対だ。
ウ 動物の命は、人の命より重い。
エ 動物の命も人の命も同じように大切だ。

（　　）（　　）

解説は別冊p.21へ

## Lesson 19 のカだめし

次の文章を読んで、あとの問いに答えなさい。（一〜四は段落番号。）

一「自分ひとりでもうまく時間をつぶせる」人のことを、「孤独な人」とは言わない。なぜなら、その人の時間はきわめて充実しているからだ。私はつまるところ、①「孤独」を克服し、たったひとりで自分の内面を深めるのは「読書」以外にない。と考えている。

二 また谷川[*1]は前掲書のなかで、自分だけが感じる「楽しさ」をちゃんと見つめることが「成熟」だと言っている。中島[*2]らもの意見と重なるところが大きいことがわかるだろう。

三 基本的に読書は、［②］するものだ。その意味で読書は、「自分が感じる『楽しさ』をちゃんと見つめる」ことに最も適した行為だと思う。そして読書を通して、孤独のなかで楽しみを知る能力を鍛えることができる。だからこそ、読書の習慣のある人は、他人の孤独も理解することができるのだ。

四 孤独なんかこわくない。「読書の楽しみ」を知っている者なら、いつだって胸を張って言えるはずだ。

（岡崎武志『読書の腕前』〈光文社新書〉より）

＊1谷川は前掲書〜…これより前で紹介している谷川俊太郎の『「ん」まであるく』という本を指す。
＊2中島らも…作家。

解説は別冊p.21へ

(1) ――線部①とありますが、筆者は「読書」によって、どのような力が鍛えられると述べていますか。文章中から十五字以内で書き抜きなさい。

(2) ［②］にあてはまる平仮名三字の言葉を文章中から書き抜きなさい。

(3) この文章で筆者が、最も伝えたい意見を、言葉を言い換えて述べているのは、どの段落とどの段落ですか。あてはまる段落の番号を答えなさい。

［　］と［　］

Lesson 20

# 文学的文章って？①

Lessonのイントロ

普段小説を読まない人は、試験で小説の読解問題が出るとどのように思うでしょうか？「あんまり本を読まないから小説の問題は苦手だなぁ」などと考える人もいるのではないでしょうか？でも、そんな人こそ、冷静に読解ができて、小説の読解問題を解く素質を備えているかもしれません。苦手意識を取り払って、小説の読解問題に取り組んでみましょう。

## 1 文学的文章とは

みなさんは普段小説を読みますか？　読む人はどのように読んでいますか？　多くの人は、小説の登場人物に**感情移入**して読んでいるのではないでしょうか。しかし、この読み方を読解問題でやってしまうと**間違いのもと**になります。

**読解問題で大切なこと**は「**文章に書かれていることに関して、問題に答えること**」です。つまり、**感情移入して文章を読み、あなたがどう思ったかではなく、文章を客観的に読んで、そこにどう書かれていたか**を読み取らなくてはなりません。文章を**客観的に、分析しながら読む**ようにしましょう。

## 2 小説

小説とは**作者が独自の世界観**で作り上げた物語のことです。つまり架空のお話ですね。さて、この小説をどう読んでいけばいいでしょうか。

### 設定を読み取る

小説とは、架空の話ですから、どんな設定も作者の自由です。例えば**時代の設定**では**現在・過去・未来**とさまざまなものがあり、**話の舞台**も**日本・外国・宇宙・架空の異世界**など、好きに設定することができます。小説を読むにあたって、まずは作者が**どんな世界を舞台に設定しているのか**を読み取りましょう。

---

ポイント

**設定を読み取る**

小説の読解で、まず確認したい設定は次の三点。

①**いつ**……現在・過去・未来など
②**どこで**……日本・外国・架空の世界など
③**誰が**……登場人物とその人たちの関係・主人公は誰かなど
　→兄弟・友人など

チェックテスト

次の小説の一節を読んで、あとの問いに答えましょう。

竹馬の友、セリヌンティウスは、深夜、王城に召された。暴君ディオニスの面前で、よき友とよき友は、二年ぶりで相会うた。メロスは、友に一切の事情を語った。セリヌンティウスは無言でうなずき、メロスをひしと抱きしめた。友と友の間は、それでよかった。セリヌンティウスは縄打たれた。メロスはすぐに出発した。初夏、満天の星である。

（太宰治『走れメロス』〈学研〉より）

① この場面の登場人物の名前を全て書きましょう。
（　　　　　）

② この場面の季節がわかる一文を書き抜きましょう。
（　　　　　）

解説は別冊p.22へ

# 登場人物の気持ちを読み取る

小説の問題で最もよく問われるのは、**登場人物の気持ち**です。

ポイント

**気持ちの読み取り方**

①**心情表現**
②**会話文**
③**表情・行動**
④**情景**

## ❶心情表現

気持ちを読み取るわけですから、**「嬉しい」**や**「悲しい」**などの、**直接的な心情表現**には注意しなくてはなりません。ただ、小説において、直接的な心情表現はそう多くは出てきません。直接的な心情表現を多用すると小説的には面白くなくなるからです。直接的な心情表現が出てきたときにはもちろん注意しなくてはいけませんが、②～④の**間接的な心情表現**に注意をはらうことが、気持ちを読み取るポイントになります。

### チェックテスト

次の小説の一節を読んで、あとの問いに答えましょう。

それを聞いて王は、残虐な気持ちで、そっとほくそ笑んだ。生意気なことを言うわい。どうせ帰ってこないに決まっている。このうそつきにだまされたふりして、放してやるのもおもしろい。そうして身代わりの男を、三日目に殺してやるのも気味がいい。人は、これだから信じられぬと、わしは悲しい顔をして、その身代わりの男を磔刑に処してやるのだ。世の中の、正直者とかいうやつばらにうんと見せつけてやりたいものさ。

「願いを聞いた。その身代わりを呼ぶがよい。三日目には日没までに帰ってこい。遅れたら、その身代わりを、きっと殺すぞ。ちょっと遅れてこい。おまえの罪は、永遠に許してやろうぞ。」

「なに、何をおっしゃる。」

「はは。命が大事だったら、遅れてこい。おまえの心は、わかっているぞ。」

メロスは悔しく、じだんだ踏んだ。ものも言いたくなくなった。

（太宰治『走れメロス』〈学研〉より）

① この場面での王の心情を表す言葉を六字で書き抜きましょう。（　　）

② この場面でのメロスの心情を一語の形容詞で書きましょう。（　　）

解説は別冊p.22へ

82

## ❷会話文

みなさんは好きな人に好きと伝える場合、どうしますか？ 最も端的な方法は**気持ちを直接伝える**、つまり、告白することだと思います。小説において、登場人物が気持ちを表す場合も同様で、作者は、人物の**気持ち**は**会話文**（つまり「　」）に表す場合が多くあります。気持ちを読み取る場合は、**会話文の内容に注意**しましょう。

### チェックテスト

次の小説の一節を読んで、あとの問いに答えましょう。

「町を暴君の手から救うのだ。」とメロスは、悪びれずに答えた。
「おまえがか？」王は、憫笑した。「しかたのないやつじゃ。おまえなどには、わしの孤独な心がわからぬ。」
「言うな！」とメロスは、いきり立って反駁した。「人の心を疑うのは、最も恥ずべき悪徳だ。王は、民の忠誠をさえ疑っておられる。」
「疑うのが正当な心構えなのだと、わしに教えてくれたのは、おまえたちだ。人の心は、あてにならない。人間は、もともと私欲の塊さ。信じては、ならぬ。」暴君は落ち着いてつぶやき、ほっとため息をついた。「わしだって、平和を望んでいるのだが。」

（太宰治『走れメロス』〈学研〉より）

● この場面に表れている王の心情として最もふさわしいものを、次から選び、記号で答えましょう。

ア　メロスの正義感に対する強い憎しみの心情。
イ　民の忠誠を得ようとする野心に満ちた心情。
ウ　人間の心が信じられないという孤独な心情。

（　　）

解説は別冊p.22へ

83

## ❸表情・行動

会話がなければ、気持ちは伝わらないものでしょうか？ 答はノーですね。**会話以外でも気持ちを伝える方法**はいくらでもあります。例えば…

例　鼻歌を歌いながら、スキップをしている。

この文からはどんな気持ちが読み取れますか？「悲しい」と感じた人はいないでしょう。「**楽しい**」「**嬉しい**」といった気持ちが読み取れると思います。また、

例　うつむいて、石を蹴りながら、トボトボ歩いた。

この文からは「**悲しい**」「**落ち込んでいる**」といった気持ちが読み取れるでしょう。

このように、直接的な心情表現がなくても、**表情や行動**から気持ちは読み取ることができるので、注意して読んでください。

## チェックテスト

次の小説の一節を読んで、あとの問いに答えましょう。

　メロスはその夜、一睡もせず十里の道を急ぎに急いで、村へ到着したのは明くる日の午前、日は既に高く昇って、村人たちは野に出て仕事を始めていた。メロスの十六の妹も、今日は兄の代わりに羊群の番をしていた。よろめいて歩いてくる兄の、疲労困憊の姿を見つけて驚いた。そうして、うるさく兄に質問を浴びせた。

「なんでもない。」メロスは無理に笑おうと努めた。「町に用事を残してきた。またすぐ町に行かなければならぬ。明日、おまえの結婚式を挙げる。早いほうがよかろう。」

　妹は頬を赤らめた。

「うれしいか。きれいな衣装も買ってきた。さあ、これから行って、村の人たちに知らせてこい。結婚式は明日だと。」

　メロスは、またよろよろと歩き出し、家へ帰って神々の祭壇を飾り、祝宴の席を調え、まもなく床に倒れ伏し、呼吸もせぬくらいの深い眠りに落ちてしまった。

（太宰治『走れメロス』〈学研〉より）

● メロスの妹が喜ぶ気持ちを表している一文を書き抜きましょう。

（　　　　　　　　　　）

解説は別冊p.22へ

## ④ 情景

　小説は架空の話です。したがって、**情景も自由に描くことができます**。サスペンスドラマなどで、殺人が起こるときに、雷が鳴ったり、雨が降ったりする場面を見たことがあると思います。また、事件が解決する場面では、日が差し込んできたり、虹がかかったりする、などという場面もあるでしょう。小説でも同様に、**登場人物の心情と情景をリンクさせて表現する**ことがあるので、情景にも注意を払いましょう。

## チェックテスト

次の小説の一節を読んで、あとの問いに答えましょう。

　その泉に吸い込まれるようにメロスは身をかがめた。水を両手ですくって、一口飲んだ。ほうと長いため息が出て、夢から覚めたような気がした。歩ける。行こう。肉体の疲労回復とともに、わずかながら希望が生まれた。義務遂行の希望である。我が身を殺して、名誉を守る希望である。斜陽は赤い光を木々の葉に投じ、葉も枝も燃えるばかりに輝いている。日没までには、まだ間がある。私を待っている人があるのだ。少しも疑わず、静かに期待してくれている人があるのだ。

（太宰治『走れメロス』〈学研〉より）

● ――線部の登場人物の心情を反映している情景描写を、一文で書き抜きましょう。

（　　　　　　　　　　）

解説は別冊p.22へ

# Lesson 20 の力だめし

次の文章を読んで、あとの問いに答えなさい。

夏の終わりの、おだやかな午後だった。

心平は、川への道を小走りに走っていた。手にはヤス*と、水中メガネを入れた布袋を持っていた。眼は、陽光を反射して明るく光っている瀬と同じ色をたたえ、精気がみなぎっていた。

心平は立ち止まって森の中を透かしみた。アケビのつるが実をつけているかどうかを確かめたかったのだが、暗くてよくみえなかった。心平はすぐに走り出した。アケビのことよりも、心は［①］にあった。

杉林の黒い森を抜けると、明るく広がる野原があった。［②］微風が吹いていていて、一帯は牛乳のような香ばしいかおりがした。

野原は小さな牧場で、道に沿って鉄線が張りめぐらされてあった。ゆるやかな起伏があり、数頭の牛と山羊がのんびりと草を食んでいた。

心平は立ち止まった。

「おおい、牛くんたち！」

と、呼んで手を振った。

（川上健一『雨鱒の川』〈集英社〉より）

＊ヤス…魚を突き刺してとる道具。

解説は別冊p.23へ

(1) この場面の季節がわかる一文を書き抜きなさい。

(2) ［①］にあてはまる漢字一字の言葉を、文章中から書き抜きなさい。

(3) ［②］にあてはまる言葉を**ア**～**ウ**から選び、記号で答えなさい。

**ア** じっとりとした　**イ** 凍りつくような　**ウ** 気持ちのいい

(4) ――線部のような行動をとる理由がわかる情景が書かれている、一続きの二文を探し、初めと終わりの五字を書き抜きなさい。（句読点も字数に数えます。）

初め

終わり

Lesson 21

# 文学的文章って？②

さあて
そろそろおやつに
しましょうか

いいね

わーい

まって
ました

ジョディは
ダイエット中
じゃなかったのか？

た…
食べたい時が
食べる時って
ハカセが言って
いたので
食べます

そういえばそのお菓子
バターたっぷり使ってるよね

砂糖も
たくさん
入ってますよ

……

……

おやつは
なし

えーーーっ!!

さあみんな
ジョディの気が
変わってしまった
のはなーぜじゃ？

ふふ…

話題の感動作！といわれる小説を読んで泣いたことはありますか？小説を読むときは思わず感情移入してしまい、感動して泣いたり、共感してワクワクしたりしてしまいますよね。でも、国語の文学的文章を読むときには、クールな気持ちが大事です。自分の感情は無視して、文章に書かれていることを冷静に読んでみましょう。

# 1 登場人物の気持ちの変化

## 気持ちが変化した「きっかけ」を読み取る

**小説で登場人物の心情・気持ちと同じくらいよく問われるの**は、「**なぜそういう気持ちになったのか**」という理由です。

みなさんが「嬉しい」とか「悲しい」といった気持ちを感じるときには、必ずそういう気持ちになるきっかけがあると思います。

例 テストで満点が取れたから嬉しい。

例 親友とささいなことでけんかしてしまい悲しい。

など、気持ちの変化には「テストで満点が取れた」、「親友とささいなことでけんかした」のように、**気持ちが変化する**「**きっかけ**」があります。

気持ちが変化する**きっかけ**となる出来事に注意しよう!!

**気持ちが変化したきっかけ**が直接、問題になる場合もありますし、問題で問われなくても、気持ちを読み取る上できっかけはヒントになります。

### チェックテスト

次の小説の一節を読んで、あとの問いに答えましょう。

正義だの、信実だの、愛だの、考えてみればくだらない。人を殺して自分が生きる。それが人間世界の定法ではなかったか。ああ、なにもかもばかばかしい。私は醜い裏切り者だ。どうとも勝手にするがよい。やんぬるかな。——四肢を投げ出して、うとうと、まどろんでしまった。

ふと耳に、せんせん、水の流れる音が聞こえた。そっと頭をもたげ、息をのんで耳を澄ました。すぐ足下で、水が流れているらしい。よろよろ起き上がって、見ると、岩の裂け目からこんこんと、何か小さくささやきながら清水がわき出ているのである。その泉に吸い込まれるようにメロスは身をかがめた。水を両手ですくって、一口飲んだ。ほうと長いため息が出て、夢から覚めたような気がした。歩ける。行こう。

（太宰治「走れメロス」〈学研〉より）

● ——線部をきっかけにして、メロスの心情にどのような変化が生まれていますか。十五字以内で書きましょう。

（　　　　　　　　　　）

解説は別冊p.23へ

## 補足　小説を客観的に読む

**例**　私が初めて作った料理の出来はひどいものだった。見た目は焦げてまっ黒、匂いもお世辞にもいいとはいえない。弟はそんな私の料理を一口食べるとにっこり笑って「おいしい！」と言った。

さて、例文を読んで、弟の気持ちを読み取ってみましょう。ひどい出来の料理を食べた弟は、「にっこり笑って」いますし、「おいしい！」と言っています。この文章だけからは**マイナスの気持ちは読み取れません**ね。読み取れる弟の気持ちは、「姉の料理を食べて、おいしいという気持ち」なのです。

　まっ黒に焦げて、いい匂いもしないわけですから、おいしいわけはないとみなさんは感じると思います。しかし、ここで大事なのは、「弟」が「おいしい！」と言ったこの文章の中での「**表現**」なのです。つまり、「**あなたがどう思ったか**」ではなく、「**文章にどう書かれていたか**」を読み取ることが、何より大切なのですね。

87

## 2 随筆

**随筆**は**エッセイ**とも言い、**筆者が体験したことや感じたことを、自由に表現した文章**です。

　**随筆**は筆者が「**自由**」に表現したものですから、文章の形態もさまざまです。「　」を多く用い、**会話を多用して場面の描写に味わいのある随筆**は**小説のような形態**になりますし、筆者が感じたことを**論理的に表現した随筆**は**論説文のような形態**になります。そのため**随筆**はその**文章の形態に合わせて**、**小説のポイント**と**論説文のポイント**とを使い分けて読むことが大切になってきます。

**随筆の読解ポイント①**

**随筆**は、**小説と論説文の読み方**のポイントを、使い分けて解く。

また、文章の形態に関わらず、筆者の文章の展開のしかたにも注目して、筆者独自の考え方をとらえることも重要です。

**随筆の読解ポイント②**

形式段落ごとに要点をとらえて、筆者の文章の展開のしかたをつかむ。

# Lesson 21 力だめし

次の文章を読んで、あとの問いに答えなさい。

午後になって少年の家を訪ねてきた客は、初めて見る顔だった。背広に黒いネクタイを締めているのは、朝から入れ替わり立ち替わりやって来る他の客と同じだったが、家の外にいた親戚に挨拶するときの①言葉づかいが違った。「このたびは、どうもご愁傷さまです」――テレビでしか聞いたことのない東京の言葉だった。

祭壇のすぐ前に座っていた②父は、そのひとが来たのを知ると、玄関まで迎えに出た。

「よう来てくれました。ほんまに、お忙しいのに……」

父はうれしそうで、懐かしそうだった。ひさしぶりにお兄さんに会った弟のように、自分より少し年上の客を、まぶしそうに見つめていた。

「十二年ぶりになるのかな」

「もう、そげんなりますか……」

父はそばにいた少年の肩を抱いて、「ほな、コレが生まれる前いうことですか」と言った。

「息子さん？」

父は少年の名前を客に告げ、小学五年生なんだとも伝えて、「ほれ、挨拶せんか」と少年の背中を軽く押した。

〈重松清「タオル」『小学五年生』〈文藝春秋〉より〉

(1) ――線部①「言葉づかい」について、どのような言葉づかいであったのかを、文章中から二十字以内で書き抜きなさい。

(2) ――線部②について、この部分の父の心情がわかる一文を文章中から探し、初めの五字を書き抜きなさい。

(3) この場面での「父」の少年に対する様子からわかることとして、最も適切なものを**ア**～**ウ**から選び、記号で答えなさい。

**ア** 父は、少年のことを物足りなく感じている。
**イ** 父は、少年のことをとてもかわいがっている。
**ウ** 父は、少年のことを気の毒に思っている。

解説は別冊p.23へ

# Lesson 22 韻文（いんぶん）って？①（詩）

Lessonのイントロ

みなさんは、「詩」にどんなイメージを持っていますか？「リズムがある詩は面白い！」「たとえがよくわからない…」などと思う人もいるのではないでしょうか？詩には色々な表現の仕方があるので、使われている表現技法によって、詩の雰囲気も変わってきますよ。詩の中に込められている作者の思いを想像しながら読むと楽しく読めるかもしれません。

**韻文**とは、**詩・短歌・俳句**など、リズムを持った文や文章の総称で、多くは一定の形式のもとに作られています。このLessonでは、韻文のうち、「詩」の種類や表現技法について学びましょう。

## ❶ 詩とは

みなさんは**詩**に対して、どんなイメージを持っていますか。読み取りづらい？　リズムがあって楽しい？

詩とは、**日常生活で感じた作者の深い感動や心情・思い**を、作者独自の言葉や表し方で書いた比較的短い文章のことです。

**国語の世界での「感動」**とは、楽しいなどの、**プラスの感情**だけでなく、悲しいなど**マイナスの感情**も含みます。

独自の表現で、なおかつ短いわけですから、読み取る側は少し難しく感じるかもしれません。しかし、詩の構成や表現技法をしっかりと押さえれば、作者が何を一番伝えたいかを読み取ることができますよ。

## ❷ 詩の構成

詩では、言葉の印象を強めるために改行されることが多く、内容のまとまりごとに連を作り、その連を重ねていく構成がよく見られます。

ハカセの頭

龍之介

第一連　第二連

**詩**……日常生活で感じた感動を作者が独自に表現した短い文章。

**行**

**連**……数行が一まとまりになったもの。連と連の間は一行程度あける。

## ❸ 詩の種類

詩は、**言葉・形式・内容**によって分類すると次のようになります。

### 言葉による分類

❶ **文語詩**……**昔の言葉遣い**（文語）で書かれた詩。

❷ **口語詩**……**現在の言葉遣い**（口語）で書かれた詩。

古文などで使われている言葉を文語というんだね。
そして、わしらが普段話している言葉を口語というんじゃ！

## 形式による分類

### ❶定型詩……音数や行数にきまりのある詩。

山のあなた　カール・ブッセ　上田敏訳

山のあなたの空遠く、
「幸」住むと人のいふ。
ああ、われひとと尋めゆきて、
涙さしぐみ、かへりきぬ。
山のあなたになほ遠く、
「幸」住むと人のいふ。

**補足 音数の数え方**
音数とは、文字通り「音の数」のことです。字数とは違いますよ。

**ポイント**
**促音・伸ばす音・撥音便・拗音の音数の数え方**
・促音（小さい「っ」）・伸ばす音（ー）・撥音便（ん）
→一つの音
・拗音（小さい「ゃ」「ゅ」「ょ」）
→上の音を含めて一つの音

| 言葉 | 音数 | 字数 |
|---|---|---|
| イチゴ | 3音 | 3字 |
| チョコレート | 5音 | 6字 |
| パイナップル | 6音 | 6字 |

「りゅうのすけ」は5音だね！

### ❷自由詩……音数や行数にきまりのない詩。現代の詩の多くは自由詩。

朝日をよめる歌　その十　室生犀星

朝日がおとづれるときに
何処か遠いところで
眩ゆいばかりの重い書物の一頁が
そよかぜのやうに音もなく開かれて行く。

### ❸散文詩……一見、普通の文章（＝散文）のように見える詩。

竹　萩原朔太郎

光る地面に竹が生え、
青竹が生え、
（中略）

青空のもとに竹が生え、
竹、竹、竹が生え。

**補足 詩の種類の問われ方**
詩の種類が問題に出される場合は、言葉と形式による分類を組み合わせて次のような名称が多く使われます。

**文語定型詩**……昔の言葉遣いで書かれ、音数にきまりのある詩。
**口語自由詩**……今の言葉遣いで書かれ、音数にきまりのない詩。
**口語散文詩**……今の言葉遣いで書かれ、普通の文章のように見える詩。

### 内容による分類

❶**叙情詩**…**作者の気持ち**や**感動**が中心に書かれている詩。

❷**叙景詩**…**景色**が中心に書かれている詩。

❸**叙事詩**…**歴史**や**物語**、**伝説**などが書かれている詩。長編で客観的。

## 4 表現技法

詩では、短い言葉の中で**感動**を表すために、様々な**表現技法**が用いられます。それぞれの表現技法の特徴を覚え、詩の読解・鑑賞に役立てましょう。

### 比喩

**比喩**…あるものを**何かにたとえる**方法。比喩には**三種類**あります。

❶**直喩（明喩）**…「**（まるで）～ようだ**」などを**用いて**たとえる方法。

例 **彼女は天使のようだ**

❷**隠喩（暗喩）**…「**（まるで）～ようだ**」などを**用いず**、間接的にたとえる方法。

例 **彼女は天使だ**

❸**擬人法**…**人間以外のものを人間の動作や状態にたとえる**方法。

例 **お花が笑った**

花が咲く様子を「笑う」という動作にたとえている。

### 倒置法

**倒置法**…**言葉の順序を入れ替えて**、強調する方法。

例 **行こう、あの栄光を目指して**

言葉の順序を入れ替えることで「行こう」が強調される。

### 対句法

**対句法**…**対（セット）になる言葉**を用いて、似たような文を組みにして置く方法。

例 **おじいさんは　山へ　芝刈りに**
**おばあさんは　川へ　洗濯に**

対（セット）になる言葉を用いて「誰が、どこに、何をしに（行った）」という構造の文を並べている。

### 反復法

**反復法**…**同じ言葉をくり返して**用いる方法。

例 **チューリップの花が　咲いた　咲いた**

### 体言止め

**体言止め**…**文末を体言**で終わらせる方法。強調したり、余韻を残したりします。

例 **思い出つまった学び舎**

### 連用中止法

**連用中止法**…**用言や助動詞の連用形**で文をいったん中止して、また言葉を重ねる方法。流れるような印象を出したり、余韻を残したりします。

例 **水は澄み　川は流れ**

**押韻**（おういん）…**行や句**の初めや終わりの**音を同じにする**方法。**「韻をふむ」**ともいいます。調子を整えたり、リズム感を出したりする。押韻には**二種類**あります。

❶ **頭韻**（とういん）…行や句の**頭**を同じ音にする方法。

例 **あめんぼ　あかいな　あいうえお**

❷ **脚韻**（きゃくいん）…行や句の**終わり**を同じにする方法。

例 **驚**（おどろ）**き　桃**（もも）**の木　山椒**（さんしょう）**の木**

91

チェックテスト

次の①～⑤に用いられている表現技法を、あとのア～ケからすべて選び、記号で答えましょう。

①風が泣いている　（　　　）

②まるでダイヤモンドのような氷　（　　　）

③鋼鉄の肉体を作り上げる　（　　　）

④凍（い）てつく寒さ　（　　　）

⑤探そう、ただ一つの宝島を　（　　　）

ア　対句法（ついくほう）　イ　直喩（ちょくゆ）　ウ　反復法　エ　脚韻

オ　擬人法（ぎじんほう）　カ　隠喩（いんゆ）　キ　体言止め　ク　倒置法（とうちほう）

ケ　頭韻

解説は別冊p.24へ

# Lesson 22 の力だめし

**1** 次の詩の形式を**ア**〜**ウ**から選び、記号で答えなさい。

(1)

初恋　島崎藤村

まだあげ初めし前髪の
林檎のもとに見えしとき
前にさしたる花櫛の
花ある君と思ひけり

やさしく白き手をのべて
林檎をわれにあたへしは
薄紅の秋の実に
人こひ初めしはじめなり

（後略）

(2)

紙風船　黒田三郎

落ちて来たら
今度は
もっと高く
もっともっと高く
何度でも

打ち上げよう

美しい
願いごとのように

**ア**　文語定型詩　**イ**　口語定型詩
**ウ**　口語自由詩

(1)
(2)

## ハイレベル問題

**2** 次の詩を読んで、あとの問いに答えなさい。

道程　高村光太郎

僕の前に道はない
僕の後ろに道は出来る
ああ、自然よ
父よ
僕を一人立ちにさせた広大な父よ
僕から目を離さないで守る事をせよ
常に父の気魄を僕に充たせよ
この遠い道程のため
この遠い道程のため

(1)　この詩の内容による分類を**ア**〜**ウ**から選び、記号で答えなさい。

**ア**　叙情詩　**イ**　叙景詩　**ウ**　叙事詩

(2)　この詩の一・二行で用いられている表現技法を、**ア**〜**ウ**から選び、記号で答えなさい。

**ア**　倒置法　**イ**　対句法
**ウ**　擬人法

(1)
(2)

解説は別冊p.24へ

# Lesson 23 韻文って？②（短歌・和歌）

過去にとんできちゃいました！
うちの姫からです
？
…ヨメナイ
和歌ね？
和歌は平安時代の重要な恋愛におけるコミュニケーションのひとつだったのよ
よし!!
試しに返事書いてみる！
じゃーーん
夏の空 とんぼがとんで 雪が降る
できた
和歌が苦手な人は代筆を頼むこともあったんですって
ジョディがかいたら？

Lessonのイントロ

短歌・和歌は、五・七・五・七・七という決められた字数、形式で詠まれる詩です。和歌は、さまざまな表現の仕方を使って、作者の思いや情景を詠むものだったので、昔は、恋愛で自分の思いを伝えるための手段として使われていました。たった三十一文字の中に自分の気持ちを詰め込む。そう考えるとちょっとロマンチックですね。

授業動画はこちらから

92

# 1 短歌

**短歌**は**五・七・五・七・七**の**五句三十一音**で、自然の風物などを通して、作者の感動・心情を表現した**定型詩**です。**「三十一文字(みそひともじ)」**ともいいます。一首(いっしゅ)・二首(にしゅ)と数えます。

**補足 和歌とは**

日本で昔から歌われてきた定型詩のことを和歌といいます。「大和(やまと)の国の歌」という意味で、短歌は和歌の種類の一つです。和歌には短歌以外に旋頭歌(せどうか)や長歌(ちょうか)などがあります。

・旋頭歌…五・七・七、五・七・七の六句で構成された定型詩。

・長歌……五・七の形を三回以上くり返したあと、最後を五・七・七で結ぶ定型詩。

# 2 形式

短歌の音数上の形式は、**五・七・五・七・七**の五句三十一音です。

| 上(かみ)の句 | | | 下(しも)の句 | |
|---|---|---|---|---|
| 初句 | 二句 | 三句 | 四句 | 結句 |
| みちのくの | 母の命を | 一目見ん | 一目見んとぞ | ただにいそげる |
| 五音 | 七音 | 五音 | 七音 | 七音 |

斎藤茂吉(さいとうもきち)

**補足 字余りと字足らず**

短歌は音数がきまっていますが、例外もあります。三十一音より音数が多いものを「字余り」、音数が少ないものを「字足らず」といいます。

**Lesson 22をふりかえり!**

●**音数の数え方**

①促音(そくおん)(っ)、伸(の)ばす音(ー)・撥音便(はつおんびん)(ん)

→一つの音

**例** パイナップル → 六音

②拗音(ようおん)(小さい「ゃ」「ゅ」「ょ」)

→上の音とくっついて一つの音

**例** チョコ → 二音

93

# 3 句切れ

結句以外の句で意味の流れが切れるところを**句切れ**といいます。いったん句点(。)が付けられるところです。句切れのあるところには作者の感動の中心があることが多いですよ。

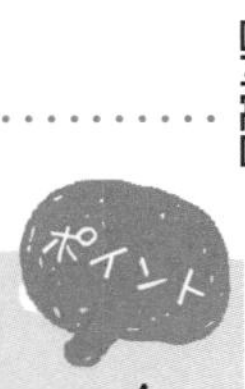


**句切れのおこるところ**

・感動を表す言葉が使われているところ

→**けり・かな・かも** など

・途中(とちゅう)に**終止形**が使われているところ

句切れの位置により次の五つに分けられます。

## 初句切れ……初句で切れる。

例 その子二十（はたち）／櫛（くし）にながるる黒髪（くろかみ）の
おごりの春のうつくしきかな　（字余り）　**与謝野晶子（よさのあきこ）**

通釈　その娘（むすめ）は二十歳（さい）である。櫛に流れる黒髪は誇れる青春の美しさだなぁ。

## 二句切れ……二句で切れる。

例 ふるさとの訛（なまり）なつかし／
停車場（ていしゃば）の人ごみの中に
そを聴（き）きにゆく　（字余り）　**石川啄木（いしかわたくぼく）**

通釈　ふるさとのなまりがなつかしい。停車場（この場合は上野駅のこと）の人ごみの中にそれを聞きに行く。

## 三句切れ……三句で切れる。

例 友がみなわれよりえらく見ゆる日よ／
花を買ひ来て
妻としたしむ　**石川啄木**

通釈　友人たちがみな自分よりも偉（えら）く見える日。そんな日は花を買って帰って、妻と、花を愛（め）でながら寂（さび）しさを紛（まぎ）らすことだ。

## 四句切れ……四句で切れる。

例 金色（こんじき）のちひさき鳥のかたちして
銀杏（いちょう）ちるなり／夕日の岡（おか）に　**与謝野晶子**

通釈　金色の小さい鳥のような形をして銀杏が散っている。夕日の丘（おか）に。

## 句切れなし

例 砂原と空と寄り合ふ九十九里の
磯（いそ）行く人ら蟻（あり）のごとしも／（字余り）　**伊藤左千夫（いとうさちお）**

通釈　砂の浜辺と空が接して一つになり、どこまでも続いている九十九里浜の波打ち際を歩く人たちは、まるでアリのように見えるよ。

### チェックテスト

次の短歌は何句切れか、答えましょう。

①草わかば色鉛筆（えんぴつ）の赤き粉（こ）の
ちるがいとしく寝（ね）て削（けず）るなり　北原白秋（きたはらはくしゅう）

②牡丹花（ぼたんくわ）は咲（さ）き定まりて静かなり
花の占（し）めたる位置のたしかさ　木下利玄（きのしたりげん）

③あたらしく冬きたりけり鞭（むち）のごと
幹ひびき合ひ竹群（たかむら）はあり　宮　柊二（みやしゅうじ）

①（　　）②（　　）
③（　　）

解説は別冊p.24へ

## 4 和歌の表現技法

和歌独特の表現技法に枕詞・掛詞・縁語があります。しっかり覚えましょう。

**枕詞**……**ある特定の言葉を導き**、調子を整える。大部分は**五音の語**。解釈しなくてよい。

例 **ひさかたの光のどけき春の日にしづ心なく花の散るらむ**　紀友則

ポイント

**主な枕詞と導く語**

あかねさす→日・昼・照る・紫・君　など
あしひきの→山・峰
あをによし→奈良
うつせみの→命・身・世・人
からころも→着る・裁つ・紐・裾・袖
くさまくら→旅・露・結ぶ・かりそめ
しろたへの→衣・帯・袖・袂・たすき・雲
たらちねの→母・親
ひさかたの→天・雨・月・空・光・雲

**掛詞**……**一つの語**に、**二つ以上の意味**を持たせる表現技法。解釈するときには、それぞれの意味がわかるようにする。

例 **花の色は　うつりにけりな　いたづらに我が身世にふる　ながめせしまに**　小野小町

「**ふる**」は「降る」と「経る（＝経過する）」の意味を、「**ながめ**」は「長雨」と「眺め」の意味を掛けた掛詞です。

通釈　花の色はすっかりあせてしまったなぁ。私が降る長い雨をぼんやりとながめている間に時が経って、私も桜も古びてしまった。

**縁語**……歌の中に意味の上で**関連する言葉**を用いる表現技法。

例 **玉の緒よ　絶えなば絶えね　ながらへば忍ぶることの弱りもぞする**　式子内親王

「緒」は「ひも」のことです。「**玉の緒**」は「魂をつなぎとめている緒」という意味になります。「**絶え**」「**ながらへ**」「**弱り**」は「緒」の**縁語**です。

通釈　魂をつなぎとめている緒（＝命）よ、絶えるなら絶えてしまえ。生き長らえると、恋を忍ぶ力が弱って人に知られてしまうから。

## 5 三大和歌集

奈良時代から鎌倉時代にかけて、日本を代表する三つの和歌集が成立しました。それぞれの和歌集に関する知識をしっかり覚えましょう。

## 万葉集

❶ **成立年代**……**奈良時代**

❷ **主な編者**……**大伴家持**

❸ **主な歌人**……天智天皇・額田王・柿本人麻呂・山上憶良・大伴旅人・山部赤人・大伴家持など

❹ **特徴**……現在残っている**日本最古の和歌集**。力強く、素朴で男性的（**「ますらおぶり」**）。五七調が中心で写実的な歌が多い。万葉仮名を使用。短歌以外の形式の歌も収められている。

## 古今和歌集

❶ **成立年代**……**平安時代**

❷ **主な編者**……紀友則・**紀貫之**

❸ **主な歌人**……在原業平・僧正遍昭・喜撰法師・大友黒主・文屋康秀・小野小町（この六人を「**六歌仙**」という）

❹ **特徴**……**醍醐天皇**の命で作られた、**最初の勅撰和歌集**。優美で理知的、女性的な歌が多い（**「たおやめぶり」**）。七五調が中心。

## 新古今和歌集

❶ **成立年代**……**鎌倉時代**

❷ **主な編者**……**藤原定家**

❸ **主な歌人**……西行法師・藤原俊成・式子内親王・藤原定家

❹ **特徴**……**後鳥羽上皇**の命により作られた、**八番目の勅撰和歌集**。繊細で優美。七五調の歌が中心。

### 補足 五七調と七五調

句切れの位置により、五七調や七五調に分けられます。

| 五七調 | 五七／五七／七（二句切れ）<br>五七 五七／七（四句切れ） | 力強く、素朴で男性的な印象になる。『万葉集』に多く見られる。 |
|---|---|---|
| 七五調 | 五／七五 七七（初句切れ）<br>五 七五／七七（三句切れ） | 優美で繊細、女性的な印象になる。『古今和歌集』や『新古今和歌集』に多く見られる。 |

### チェックテスト

次の表の空欄を埋めましょう。

| 歌集 | 時代 | 主な編者 | 特徴 |
|---|---|---|---|
| 万葉集 | 奈良時代 | （　　） | 日本最古の和歌集。力強く、素朴で男性的。＝（　　）ぶり |
| 古今和歌集 | （　　）時代 | 紀貫之 | 最初の勅撰和歌集。優美で理知的で、女性的。＝（　　）ぶり |
| 新古今和歌集 | （　　）時代 | （　　） | 繊細で優美。七五調の歌が中心。 |

解説は別冊p.24へ

# Lesson 23 の力だめし

授業動画はこちらから

解説は別冊p.25へ

**1** 次の短歌を読んで、あとの問いに答えなさい。

**ア** おりたちて今朝の寒さを驚きぬ露しとしとと柿の落ち葉深く　伊藤左千夫

**イ** 金色のちひさき鳥のかたちして銀杏ちるなり夕日の岡に　与謝野晶子

**ウ** 海恋し潮の遠鳴りかぞへては少女となりし父母の家　与謝野晶子

**エ** 白鳥は哀しからずや空の青海のあをにも染まずただよふ　若山牧水

(1) 次の①～④の場所に句切れがある短歌を**ア**～**エ**から選び、記号で答えなさい。

① 初句切れ　[　]
② 二句切れ　[　]
③ 三句切れ　[　]
④ 四句切れ　[　]

(2) 字余りの句がある短歌を**ア**～**エ**から一つ選び、記号で答えなさい。　[　]

**2** あとの①～③の表現技法を用いている短歌をA～Cから選び、記号で答えなさい。

A 花の色はうつりにけりないたづらに我が身世にふるながめせしまに　小野小町
＊いたづらに…無駄に。

B 玉の緒よ絶えなば絶えねながらへば忍ぶることの弱りもぞする　式子内親王
＊忍ぶる…耐え忍ぶ。

C ひさかたの光のどけき春の日にしづ心なく花の散るらむ　紀友則
＊しづ心…落ち着いた心。

① 枕詞　[　]
② 掛詞　[　]
③ 縁語　[　]

**3** 次の和歌集の成立年代を選び、記号で答えなさい。

(1) 万葉集
(2) 古今和歌集
(3) 新古今和歌集

**ア** 平安時代　**イ** 奈良時代　**ウ** 鎌倉時代

(1) [　]
(2) [　]
(3) [　]

Lesson 24

# 韻文(いんぶん)って？③（俳句）

Lessonのイントロ

俳句も、五・七・五という決められた字数、形式で詠(よ)まれる詩のひとつです。十七文字の中に季節の言葉を盛りこんで、情景や感動を表現するというのは、なかなか難しいものですよね。でも、ドラマなどの格好いいセリフは、だらだら言うよりも、たった一言で決めたほうが、格好がつきませんか？　そう思うと、俳句もちょっと格好いいもののひとつに思えてくるのではないでしょうか？

## 1 俳句

**俳句**は**五・七・五**の**三句十七音**で、季節の情景や、季節を背景にした作者の感動・思いを表現した、**定型詩**です。

## 2 形式

俳句の音数上の形式は、**五・七・五**の三句十七音です。

**例**

| 初句 | 二句 | 結句 |
|---|---|---|
| **いくたびも** | **雪の深さを** | **尋ねけり** |
| 五音 | 七音 | 五音 |

**正岡子規**

**補足** **字余りと字足らず**

十七音より音数が多いものを「字余り」、十七音より音数が少ないものを「字足らず」といいます。

98

## 3 季語

俳句は**季節感を基礎にしています**から、**句の中に必ず一つ**季節を表す言葉（＝季語）を入れるというきまりがあります。

### 季節の区分

俳句では、季節の区分は旧暦を用います。旧暦は現在の暦とはおよそ一か月のずれがあります。

**ポイント** 季節の区分

| 季節 | 旧暦 | 現代 |
|---|---|---|
| 春 | 一～三月 | 二～四月 |
| 夏 | 四～六月 | 五～七月 |
| 秋 | 七～九月 | 八～十月 |
| 冬 | 十～十二月 | 十一～一月 |

俳句の季節の区分は、旧暦を用いるので難しいと感じるかもしれませんが、**自然に関係する季語**は、だいたい**今の感覚で季節を区別**してかまいません。例えば「**夕立**」というと、いつの季節を思い浮かべますか？　そう、「**夏**」ですね。

**旧暦で注意が必要**なのは、**行事や行事に関するもの**です。例えば「**元旦**」の季節はいつでしょうか。「元旦」は一月一日ですね。今の感覚だと、一月は冬ですが、**旧暦で考える**ので「**春**」**の季語**になります。（新年の季語として独自にまとめられることもあります。）

行事に関する季語のときは注意をするんじゃ。

**歳時記**……季語を集めて、季節ごとに分類したもの。

**季重なり**……一句に二つ以上の季語を用いること。

**補足 有季定型と自由律俳句**

句の中に季語があり、五・七・五の定型で詠んだ句を「有季定型」といいます。一方、季語や五・七・五の定型にとらわれず、自由に詠んだ句を「自由律俳句」といいます。

例 **咳をしてもひとり**　**尾崎放哉**

**分け入っても分け入っても青い山**　**種田山頭火**

## 季語一覧

次の表に代表的な季語をまとめました。しっかり覚えましょう。

| 季節 | 季語 |
|---|---|
| 春 | 猫の恋　蛙　鶯　梅　桜　馬酔木　若草　蒲公英　雛　春雨　春風　梅見 |
| 夏 | 雨蛙　金魚　蛍　蟬　青葉　若葉　牡丹　桐の花　梅雨　夕焼　浴衣　団扇　風鈴　滝 |
| 秋 | 天の川　名月　残暑　野分　月見　七夕　蜻蛉　啄木鳥　朝顔　無花果　桐一葉 |
| 冬 | 霜柱　雪　山茶花　落葉　都鳥　熊　狐　たき火　大根 |
| 新年（正月） | 新春　若水　門松　若菜　松の内　伊勢海老 |

## 4 句切れ

俳句の途中で意味が切れるところを**句切れ**といいます。いったん句点（。）が付けられるところです。俳句も短歌と同様に、句切れのあるところには作者の**感動の中心**があることが多いです。

**句切れのおこるところ**

・切れ字（＝感動を表す言葉）が使われているところ
　**や・けり・かな・か**　など
・途中に**終止形**が使われているところ
・体言止めがあるところ

句切れの位置により次の四つに分けられます。

**初句切れ**……初句で切れる。

例 **啄木鳥や／落葉をいそぐ牧の木々**　**水原秋櫻子**

（季語：啄木鳥・秋）

「通釈 啄木鳥の木をつつく音が高原に響いている。周りの木々は葉を落とすことを急いでいるかのように散ってゆく。」

## 二句切れ……二句で切れる。

例 **やせ馬のあはれ機嫌や／秋高し**　**村上鬼城**

（季語：秋高し・秋）

通釈　天高く馬肥ゆる秋だが、あのやせ馬は秋晴れが嬉しいのか、機嫌よさそうにいないないている、なんとなく痛々しいな。

## 中間切れ……二句の途中で切れる。

例 **万緑の中や／吾子の歯生え初むる**　**中村草田男**

（季語：万緑・夏）

通釈　生命があふれだす初夏の万緑の中、私の子どもの白い歯も生え始めた。

## 句切れなし

例 **桐一葉日当たりながら落ちにけり**　**高浜虚子**

（季語：桐一葉・秋）

通釈　明るい静けさの中、風も無いのに桐の大きな葉の一枚がはらりと枝から離れ、日の光を浴びながら地面に落ちた。秋への移ろいをしみじみ感じるものだ。

# 5 覚えておきたい俳人

まずは、江戸時代に活躍した代表的な俳人を覚えておきましょう。

## 松尾芭蕉

❶**時代**……江戸時代前期

❷**代表的な作品**……『**おくのほそ道**』『笈の小文』

❸**特徴**……「**わび**」「**さび**」を重んじ、独自の自然観を歌った。その作風は「**蕉風**」ともいわれる。

## 与謝蕪村

❶**時代**……江戸時代中期

❷**代表的な作品**……『**新花摘**』

❸**特徴**……俳人であり、画家である。**絵画的な句**が多い。

## 小林一茶

❶**時代**……江戸時代後期

❷**代表的な作品**……『**おらが春**』

❸**特徴**……弱者や幼いもの、動物などへの**ユーモア**あふれる、人間味のある句が多い。

松尾芭蕉・与謝蕪村・小林一茶は江戸の三大俳人といわれているわ。

次に、近代以降に活躍した代表的な俳人を覚えましょう。

### 正岡子規

❶**時代**……明治時代

❷**代表的な句集**……『子規句集』

❸**特徴**……それまで「俳諧」と呼ばれていた俳句を**「俳句」**と命名。俳句の復興革新運動を始める。**写生主義**。

### 高浜虚子

❶**時代**……明治～昭和時代

❷**代表的な句集**……『虚子句集』

❸**特徴**……**子規の門人**。俳句の革新運動に協力した。

### 河東碧梧桐

❶**時代**……明治～昭和時代

❷**代表的な句集**……『新傾向句集』

❸**特徴**……有季定型にとらわれない**自由律俳句**の代表的俳人。

## チェックテスト

次の表の空欄を埋めましょう。

| 俳人 | 時代 | 代表的な作品 | 特徴 |
| --- | --- | --- | --- |
| 松尾芭蕉 | （　　）時代 | 『おくのほそ道』『笈の小文』 | 「わび」「（　　）」を重んじ、独自の自然観を表現した。その作風は「（　　）」といわれた。 |
| 与謝蕪村 | （　　）時代 | 『（　　）』 | 俳人であり、画家である。絵画的な句が多い。 |
| 小林一茶 | （　　）時代 | 『（　　）』 | 弱者や幼いもの、動物などへのユーモア溢れる句が多い。 |
| 正岡子規 | 明治時代 | 『子規句集』 | それまで「（　　）」と呼ばれていたものを「俳句」と命名。 |
| 高浜虚子 | 明治～昭和時代 | 『虚子句集』 | （　　）の門人。俳句の革新運動に協力した。 |
| 河東碧梧桐 | 明治～昭和時代 | 『新傾向句集』 | 定型や季語を用いない自由律俳句の代表的俳人。 |

解説は別冊p.25へ

# Lesson 24 のカだめし

授業動画はこちらから 101

解説は別冊p.25へ

**1** 次の俳句を読んで、あとの問いに答えなさい。

**ア** 柿くへば鐘が鳴るなり法隆寺　正岡子規

**イ** 六月や峰に雲置く嵐山　松尾芭蕉

**ウ** 遠山に日の当りたる枯野かな　高浜虚子

**エ** やせ蛙負けるな一茶これにあり　小林一茶

(1) **ア**～**エ**の俳句を、詠まれている季節によって、春・夏・秋・冬の順に並べかえて、記号で答えなさい。

春［　］・夏［　］・秋［　］・冬［　］

(2) 次の①～③の句切れの俳句を記号で答えなさい。

① 初句切れ［　］　② 二句切れ［　］

③ 中間切れ［　］

**2** 次の俳人の作品を選び、記号で答えなさい。

(1) 松尾芭蕉　(2) 与謝蕪村　(3) 小林一茶

**ア**『おらが春』　**イ**『おくのほそ道』　**ウ**『新花摘』

(1)［　］　(2)［　］　(3)［　］

**3** 次の季語が表す季節（春・夏・秋・冬）を答えなさい。

① 梅雨　② 雪解　③ 梅　④ 七夕

⑤ 夕立　⑥ 時雨　⑦ 月見　⑧ 落葉

①［　］　②［　］　③［　］　④［　］　⑤［　］

⑥［　］　⑦［　］　⑧［　］

# Lesson 25 古文①（歴史的仮名遣い・古語・古文常識）

Lessonのイントロ

古文って、日本語なのになんで読みづらいのだろうと思ったことはありませんか？まず、今の仮名遣いと違うものが多いですね。でも、仮名遣いのルールさえ覚えて、今の仮名遣いに置き換えれば、現代の文章に近づいて、少し読みやすくなりますよ。まずは、歴史的仮名遣いを学んで、古文を読むワンステップを踏みましょう！

# 1 歴史的仮名遣い（かなづかい）

**古文**とは、江戸（えど）時代までに書かれた文章のことをいいます。平安（へいあん）時代の言葉をもとにした書き言葉（**文語**）で書かれているので、言葉の意味や文法が、今の言葉（**口語**）とは違（ちが）います。

そのため、古文が苦手という人も少なくないでしょう。古文を学習するための近道は、とにかく古文に慣れることです。まずは声に出して読むことをオススメします。

**補足 古文と古典**
古文の中でも、文学的価値が高く、現代まで読み継（つ）がれてきたものを古典といいます。

## 歴史的仮名遣いのきまり

古文に使われている歴史的仮名遣いを読むには、いくつかのきまりがあります。

### ❶ 語頭以外の「は行」は、「わ・い・う・え・お」と読む。

は→わ　ひ→い　ふ→う　へ→え　ほ→お

例 言ふ → 言う
例 あはれ → あわれ
例 かほ（顔） → かお

### ❷ 「ゐ」「ゑ」「を」は、「い」「え」「お」と読む。

ゐ→い　ゑ→え　を→お

例 ゐる → いる
例 こゑ → こえ
例 をかし → おかし

### ❸ 「ぢ」「づ」は、「じ」「ず」と読む。

ぢ→じ　づ→ず

例 もみぢ → もみじ
例 めづらし → めずらし

### ❹ 「くわ」「ぐわ」は、「か」「が」と読む。

くゎ→か　ぐゎ→が

例 くゎんげん（管弦） → かんげん
例 ぐゎんじつ → がんじつ

歴史的仮名遣いは、黙読（もくどく）だと難しく感じますが、音読することで何となく意味がわかってきますね。

## ⑤母音（a・i・e・o）＋「u」→ô・yû・yô・ô と読む。

ô ← au
yû ← iu
yô ← eu
ô ← ou

例 あふさか

あふさか
↓
あうさか
au saka
↓
ôsaka
↓
おおさか

例 きふに

きふに
↓
きうに
kiu
↓
kyû
↓
きゅうに

例 てふ

てふ
↓
てう
teu
↓
tyô
↓
ちょう

⑤は特に難しく感じるかもしれませんね。初めのうちは、少し戸惑(とまど)うかもしれませんが、とにかくたくさん声に出して読むようにしてください。慣れてくれば、自然と読めるようになります。声に出すことがポイントですよ!!

### チェックテスト

次の言葉の読み方を、歴史的仮名遣いに気をつけて現代仮名遣いに直しましょう。

①よろづ（　　　）
②いにしへ（　　　）
③にふだう（　　　）
④くゎんぱく（　　　）
⑤やうやう（　　　）
⑥ゆゑん（　　　）
⑦まうす（　　　）
⑧いとほし（　　　）

解説は別冊p.26へ

104

## 2 古語

古文で用いられている言葉を**古語**といいます。古文では、今は言葉自体がすでに使われていないものや、今でも使うけれども、意味が異なるものがあります。いずれも語意がそのまま問題になることもありますし、理解していないと、読解の際に読み取りを誤ることもあります。しっかり覚えてください。

### 今では使われていない語

| 単語 | 意味 | 単語 | 意味 |
|---|---|---|---|
| いと | とても・非常に | うし | いやだ・つらい |
| おはす | いらっしゃる | げに | 実際に・本当に |
| さらなり | もちろんだ・言うまでもない | つきづきし | 似つかわしい・ふさわしい |
| つとめて | 早朝 | つゆ | すこしも |
| やむごとなし | 高貴だ・尊い | | |

### 今も似た言葉があるが意味が異なる古語

| 単語 | 意味 | 単語 | 意味 |
|---|---|---|---|
| あさまし | 驚（おどろ）くほどだ・意外だ | あした | 朝・翌朝 |
| あはれなり | しみじみとした趣（おもむき）がある | あやし | ふしぎだ・身分が低い・みすぼらしい |
| ありがたし | めったにない・めずらしい | うつくし | かわいらしい |
| すさまじ | 興味が感じられない | むつかし | 不快だ・気味が悪い |
| やがて | すぐに | をかし | 趣がある |

**チェックテスト**

次の古語の意味をそれぞれア～ウから選び、記号で答えましょう。

① いと
ア 少し　イ 必ず　ウ とても

② つゆ
ア 実に　イ 少しも　ウ ひどく

③ をかし
ア 滑稽（こっけい）だ　イ 変だ　ウ 趣がある

①（　　）　②（　　）　③（　　）

解説は別冊p.26へ

# 3 古文常識

古文では、一月〜十二月までの呼び名や、時刻、方位などが今とは違います。問題で直接問われることもありますし、問われなくても読解の際に必要な知識です。しっかり覚えましょう。

## 月の異名

江戸時代までは**旧暦（太陰太陽暦）**が用いられていました。**Lesson24で触れたように、今の季節感とはおよそ約一か月のずれ**があります。

| 月 | 異名 | 季節 | 月 | 異名 | 季節 |
|---|---|---|---|---|---|
| 一月 | 睦月 | 春 | 七月 | 文月 | 秋 |
| 二月 | 如月 | 春 | 八月 | 葉月 | 秋 |
| 三月 | 弥生 | 春 | 九月 | 長月 | 秋 |
| 四月 | 卯月 | 夏 | 十月 | 神無月 | 冬 |
| 五月 | 皐月 | 夏 | 十一月 | 霜月 | 冬 |
| 六月 | 水無月 | 夏 | 十二月 | 師走 | 冬 |

**補足 神在月と神無月**

旧暦の十月は「神無月」ですが、出雲では「神在月」と言われます。十月は日本中の神様が出雲大社に集まるからです。出雲以外の土地では、神様が留守になるので「神無月」と言われます。

## 時刻

時刻には**十二支**を用います。午前0時を挟む二時間を子の刻とし、二十四時間を十二に分けます。一刻は二時間です。

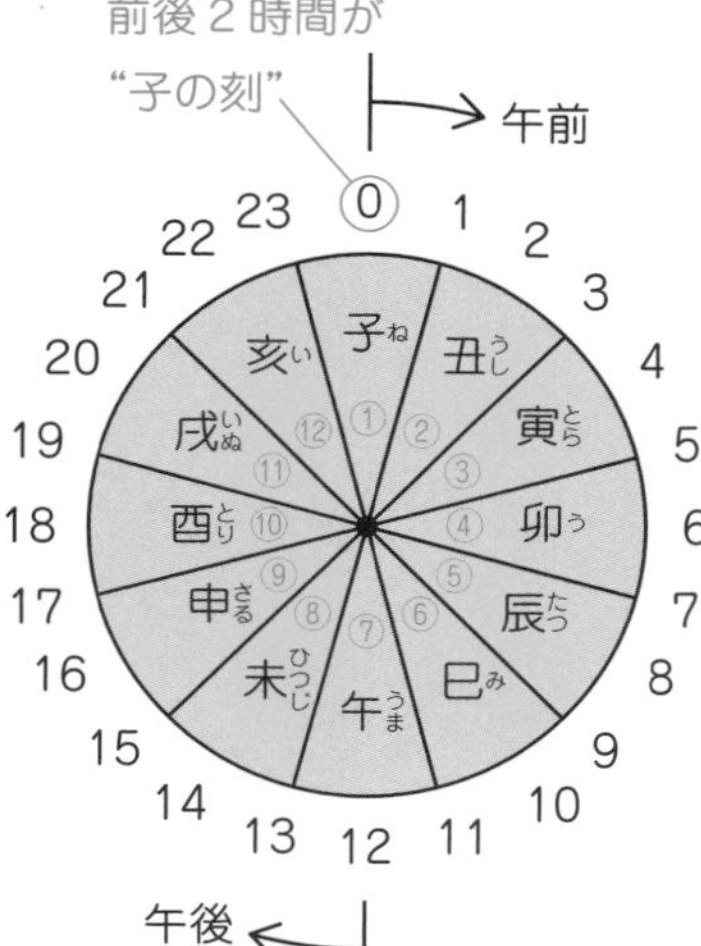

午前とか午後と言いますね。

**補足 さらに細かい時刻の呼び方**

一刻をさらに四等分したものを「一つ」と呼びます。「丑三つ時」とは丑の刻の三つ目ですから、午前二時半頃ということですね。

## 方位

……方位も時刻と同じように**十二支**を用いて表します。

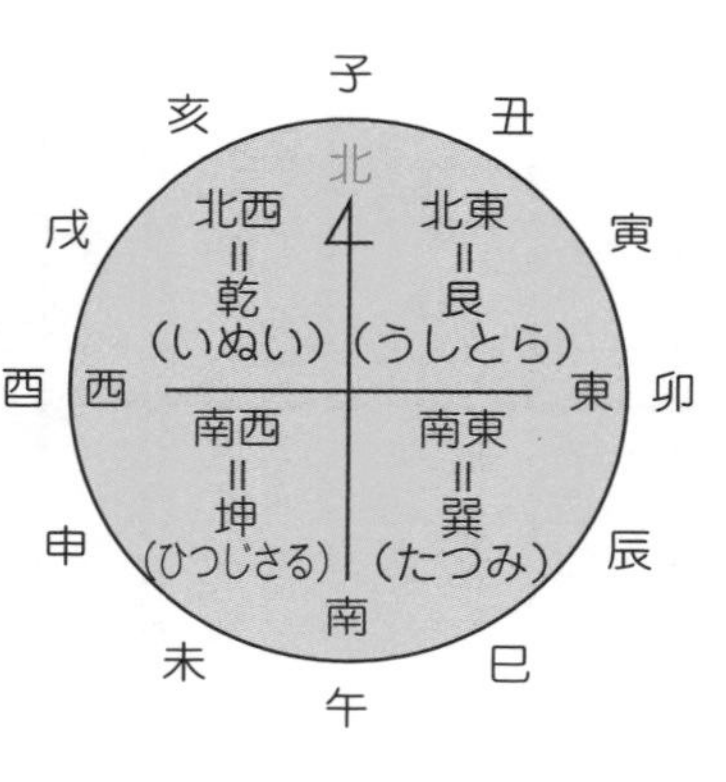

## Lesson 25 の力だめし

授業動画はこちらから 106

解説は別冊p.26へ

**1** 次の――線部を、歴史的仮名遣い（かなづか）は現代仮名遣いに直して、すべて平仮名で書きなさい。

(1) をかし　(2) あはれなり　(3) やうやう

(4) 舟（ふね）に乗りてわたらむ。

(5) 揺（ゆ）り上げ揺りすゑ漂（ただよ）へば…。

(6) はた言ふべきにあらず。

(7) この矢はづさせたまふな。

(1) ［　］ (2) ［　］ (3) ［　］ (4) ［　］ (5) ［　］ (6) ［　］ (7) ［　］

**2** 次の月の異名を**ア**〜**エ**から選び、記号で答えなさい。

(1) 二月　(2) 四月　(3) 九月　(4) 十二月

**ア** 長月（ながつき）　**イ** 師走（しわす）　**ウ** 卯月（うづき）　**エ** 如月（きさらぎ）

(1) ［　］ (2) ［　］ (3) ［　］ (4) ［　］

**3** 次の古語の意味を、それぞれ**ア**〜**ウ**から選び、記号で答えなさい。

(1) ありがたし

**ア** うれしい　**イ** かわいい　**ウ** 珍（めずら）しい

(2) つきづきし

**ア** つらい　**イ** おかしい　**ウ** 似つかわしい

(1) ［　］ (2) ［　］

Lesson 26

# 古文②（係り結び・会話文・敬語）

Lessonのイントロ

さて、歴史的仮名遣（かなづか）いを学ぶと、今の文章には出てこないような用語が気になりますよね。「〜こそ〜あれ」や「をかし」など、聞きなれない言葉が多いかと思います。このLessonでは、古文を読む上でのルールや、古文で出てくる単語を詳しく学んでいきましょう。

古文の文法に関する問題では、**係り結びの法則**についての問題がよく出題されます。また、係り結び以外にも、読解の際に誤った解釈をしないために覚えておかなければいけない文法事項があります。覚えてしまえば得点につながるので、頑張って覚えましょう。

## 1 係り結びの法則

現代文の普通の文は**終止形**で終わります。古文の場合も原則として、文の終わりは終止形ですが、ある一定の**係助詞**が用いられると、文末が**連体形**や**已然形**に変わります。

**補足 已然形**

**口語文法での活用形は「未然形・連用形・終止形・連体形・仮定形・命令形」の六つでしたが、古典文法では仮定形が、已然形になります。したがって活用形は「未然形・連用形・終止形・連体形・已然形・命令形」の六つになります。**

係り結びの目印になるのが「**ぞ・なむ・や・か・こそ**」です。この係助詞が文中にあると、文末は終止形ではなく、連体形か已然形になります。

**ポイント**

**係り結びの目印**

「ぞ・なむ・や・か・こそ」の五単語。

108

ではもう少しくわしく係り結びの法則を見ていきましょう。

| 係助詞 | 文末（結び） | 意味 |
|---|---|---|
| ぞ | 連体形 | 強意（現代語訳にははっきりと表れないこともある） |
| なむ | 連体形 | 強意（現代語訳にははっきりと表れないこともある） |
| や | 連体形 | 疑問または反語 |
| か | 連体形 | 疑問または反語 |
| こそ | 已然形 | 強意（現代語訳にははっきりと表れないこともある） |

### 疑問と反語

「や」「か」を含む文を疑問として解釈する場合は「？」の文にすればいいですね。では反語はどうでしょう。反語とは一見、疑問のように見えるけれども、裏にそれとは逆の「いや、〜ではない（いや、—だ）」という意味が隠されている文のことです。

例 **いずこにかさある人ある。**

訳 **どこにそんな人がいるというのか。**

**（いや、どこにもそんな人はいない）**

このように、裏には**反対の意味**が隠されているのです。**疑問**か**反語**かは、主に文脈で判断するしかありません。**係助詞「や」「か」**が文中にある場合は、特に注意して文章を読んで、正しく解釈できるようにしましょう。

## チェックテスト

次の和歌や古文を読んで、――線部の文末の活用形を答えましょう。

①秋来ぬと目にはさやかに見えねども
風の音にぞ驚かれぬる （　　）

②……もと光る竹なむ一筋ありける。（　　）

③花や咲きける。（　　）

④いづれか歌をよまざりける。（　　）

⑤神へ参るこそ本意なれ。（　　）

解説は別冊p.26へ

## 2 「ば」の用法

まずは例文を見てみましょう。

例
a 雨降らば行かむ。
b 雨降れば行かむ。

現代語では「(もし)～ならば」という意味で使われる「ば」ですが、**古文の場合**は大きく分けて**二つの用いられ方**があり、それぞれで解釈の仕方が異なります。

さて、例文aとbの違いは何でしょう。それは、**「ば」の直前**が「**降ら**」なのか「**降れ**」なのかです。ここが見分け方のポイントになります。

ポイント

### 「ば」の見分け方

「ば」の直前の活用形に注目。

●**未然形**（ア段音）＋ば → もし～ならば

●**已然形**（エ段音）＋ば → ～ので・～と・～ところ

ではa、bをそれぞれ解釈してみましょう。「行かむ」の「む」は「～しよう」という意味を表す助動詞です。

まずaは、**「ば」の直前**が**未然形**なので、「**もし～ならば**」ですね。

bは、**「ば」の直前**が**已然形**なので「**～ので**」「**～と**」「**～ところ**」のいずれかで解釈します。

したがって…

例
a 訳 もし雨が降れば行こう。
b 訳 雨が降るので行こう。

古文では**未然形＋「ば」**が仮定形に、現代語と見かけが同じ**已然形＋「ば」**が「～ので」などの意味になるので要注意です。

# 3 「の」の用法

これもまずは例文で見ていきましょう。

例
a よろづのことに使ひけり。
b 蛍の多く飛びちがひたる。

この二つの例文を解釈するとどうなるでしょうか。

aの文中の「よろづ」は「万」と書き、「いろいろ」という意味の古語です。「けり」は伝聞過去を表す助動詞で、「〜だということだ」という意味です。

bの「たる」は完了・存続の助動詞「たり」の連体形で、ここでは「〜ている」という意味です。例文bの「の」が現代語では、「が」になることに気付いたでしょうか。ここでの「の」は**主語を表す「の」**です。

例
a 訳 よろづ（いろいろ）のことに使ったということだ。
b 訳 蛍が多く飛びちがっている。

aの連体修飾語を作る「の」、bの**主語を作る「の」**は口語文法でも学習しましたね。bの「の」には特に注意しましょう。

ポイント

**「の」の見分け方**

● 直後の体言を修飾する。（「の」はそのまま）→連体修飾語を表す「の」。
● 「の」を「が」に言い換えられる。→主語を表す「の」。

補足 **連体修飾語を表す「が」**

「が」の中には、現代語の連体修飾語を表す「の」にあたるものがあります。

例 我がこころなぐさめかねつ
（訳 私の心をなぐさめることができない。）

111

# 4 会話文の見つけ方

古文では会話に「　」の符号が付いていないことがあります。そんな場合、会話の部分を見つけるにはどうしたらよいでしょうか。

基本的には、**会話文は文脈**で判断しますが、**会話文の終わり**には**「と」**や**「とて」**という言葉があることが多いのが手がかりになります。

次の例文を使って、会話文の見つけ方を学びましょう。

例 翁いふやうわれ朝ごと夕ごとに見る竹の中におはするにて知りぬ。子になりたまふべき人なめりとて手にうち入れて、家へ持ちてきぬ。

この文の中から翁の会話部分を探してみると、まず「**翁いふやう**」という、発言の**始まり**を意味する言葉がありますね。なので、この直後からが**会話**になります。

では、**会話の終わり**はどこでしょうか。「**とて**」に気付くことができたでしょうか。この**「とて」の直前までが会話文**です。

よって、解釈すると、「翁が言うには『私が毎朝、毎晩見る竹の中にいらっしゃるのでわかりました。あなたは私の子となりなさるべき人でしょう。』と言って、手に抱いて家へ持ってきた。」です。

**会話文の見つけ方**

●会話の始まり…**「〇〇いはく」「〇〇いふやう」の直後**、または文脈で判断。

●会話の終わり…**「と」「とて」の直前**、または文脈で判断。

**チェックテスト**

次の古文を読んで、――線部①・②について問いに答えましょう。

この児、定めておどろかさむずらむと待ち居たるに、僧の、物申しさぶらはむ、おどろかせ給へと①いふを、うれしとは思へども、ただ一度に答へむも待ちけるかともぞ思ふとて、今一声呼ばれて答へむと念じて寝たるほどに、や、な起こし奉りそ。幼き人は寝入り給ひにけりと②いふ声のしければ、あなわびしと思ひて、今一度起こせかしと思ひ寝に聞けば…

① 「いふ」の内容を抜き出しましょう。

② 「いふ声のしければ」とありますが、その内容を抜き出しましょう。

①（　　　）

②（　　　）

解説は別冊p.27へ

112

## 5 呼応の表現

古文にも呼応の表現があります。現代語では使われていないものですので、解釈の仕方をしっかり覚えましょう。

**え―打ち消し**（訳 ―することができない）

例 え読まず（訳 読むことができない）

**な―そ**（訳 ―するな）

例 な鳴きそ（訳 鳴くな）

**つゆ―打ち消し**（訳 全く―ない）

例 つゆまどろまれず（訳 全く眠ることができない）

## 6 敬語表現

古文にも、現代語と同じように、**尊敬語**、**謙譲語**、**丁寧語**の三種類の敬語があります。正しくとらえることで、**登場人物の身分の上下関係や行為の動作主**などを読み取ることが出来ます。

### 代表的な敬語と使い方

| 種類 | 語句 | 例文 | 解釈 |
|---|---|---|---|
| 尊敬語 | 給ふ | 泣き給ふ | お泣きになる |
| 尊敬語 | おはす | 聖おはしけり | 聖がいらっしゃった |
| 謙譲語 | 申す | 文にて申す | 手紙で申し上げる |
| 謙譲語 | まゐる | 東宮にまゐる | 東宮に参上する |
| 丁寧語 | 待り | 果たし待りぬ | 果たしました |
| 丁寧語 | さぶらふ | 恥を見さぶらふ | 恥をかきます |

# Lesson 26 の力だめし

授業動画はこちらから 113

解説は別冊p.27へ

**1** 次の和歌から、係り結びを作る係助詞（かかりじょし）を抜き出しなさい。

(1) 人はいさ心も知らずふるさとは花ぞ昔の香（か）ににほひける　紀貫之（きのつらゆき）

(2) 月見ればちぢに物こそ悲しけれ我が身一つの秋にはあらねど　大江千里（おおえのちさと）

(3) 忍（しの）ぶれど色に出（い）でにけり我が恋（こひ）は物や思ふと人の問ふまで　平兼盛（たいらのかねもり）

(1)

(2)

(3)

**2** 次の古文を読んで、あとの問いに答えなさい。

さて、かたへの人にあひて、①年ごろ思ひつること、果たしはべりぬ。聞きしにも過ぎて、尊（たふと）くこそおはし^A^けれ。そも、参りたる人ごとに山へ登りしは、②何事かありけん、ゆかしかりしかど、神へ参るこそ本意（ほい）なれと思ひて、山までは見ずとぞ言ひ^B^ける。

（『徒然草（つれづれぐさ）』第五十二段より）

(1) 係り結びに注意して、＝線部A・Bの活用形を**ア**～**エ**から選び、記号で答えなさい。

**ア** 連用形　**イ** 終止形　**ウ** 連体形　**エ** 已然（いぜん）形

A

B

(2) ——線部①の会話文の始まりに対する終わりの部分を、五字で抜き出しなさい。

(3) ——線部②の現代語訳として適切なものを**ア**～**エ**から選び、記号で答えなさい。

**ア** たとえ何事があろうとも

**イ** 何事もなかったかのように

**ウ** 何も用がなかったので

**エ** 何があったのだろうか

# Lesson 27 漢文①（漢文の読み方）

Lessonのイントロ

漢文をみて、漢字が嫌（きら）いな人は「ギョッ！」としませんでしたか？「平仮名が全くなくて、漢字ばっかりじゃ読めないよ！」と思ったのではないでしょうか？昔の中国の人は、この漢字ばかりの文を使って、物事を伝え合っていたんですよ。漢文もルールさえ覚えれば読めるようになります。早速学んでいきましょう。

漢文とは中国の文章・文学のことです。特に漢・唐・宋の時代のものを指します。また、漢文の語法に従って漢字でつづった日本の文章も漢文と呼ばれます。

授業動画はこちらから

# 漢文を読む

漢文は中国の文章なので、漢字のみで書かれています。**漢字のみの元の文**を「**白文**」といいます。この**白文**を日本語の文として読むために、**送りがなや句読点・返り点**を付けたものを「**訓読文**」といい、さらに**訓読文**を**漢字仮名交じり文**に書き改めたものを「**書き下し文**」といいます。

●**白文** → 漢字のみの元の文。

例 学而時習之不亦説乎。

●**訓読文** → 白文に送り仮名や句読点・返り点をつけたもの。

例 学ビテ而時ニ習レフ之ヲ、不ニ亦説一バシカラ乎。

●**書き下し文** → 訓読文を漢字仮名交じり文に書き改めたもの。

例 学びて時に之を習ふ、亦説ばしからずや。

115

## 送り仮名

漢字に添える助詞や助動詞、活用語尾などは、**漢字の右下**にカタカナで書きます。歴史的仮名遣いで書かれます。

例 学ビテ而時ニ習フ之ヲ、不ニ亦説一バシカラ乎。

## 返り点

漢文は、中国語の文法に従って書かれています。それを日本語読みに直すときに、先に下の字を読んでから上へ返ることが必要になる場合があります。**返り点**とは、その**読む順序を表すための符号**で、**漢字の左下**に書きます。

❶ **レ点**… **一字だけ上に返って**読むことを表します。レ点の付いた字の下の字を読んでから、レ点の付いた字を読みます。

例 学ビテ而時ニ習レフ之ヲ → 学びて時に之を習ふ

① ※ ② ④ ③

※「而」は置き字。訓読しない。

（①②…は、読む順序。以下も同じ。）

❷ **一・二点**… **二字以上返って**読むことを表します。一点の付いた字を読んでから、二点の字を読みます。

例 不ニ亦説一バシカラ乎 → 亦説ばしからず（不）や（乎）。

③ ① ② ④

この一・二点を難しく感じる人も多いでしょう。でも難しく考えなくて大丈夫(だいじょうぶ)です。返り点が読む順序を表しているものだということを意識しましょう。

まず、**返り点が付いていないものは上から下に順に読む**だけです。二点が付いている漢字が出てきたら、それをとばして一点が出てくるまで読めばいいのです。**一点を読んだあとに、二点の字**を読んでください。

もう一つ例を挙げて確認しましょう。

**例** 処(しょ)処(しょニ)聞(ク)二啼(てい)鳥(てうヲ)一

「**処処**」には返り点が付いていないのでそのまま読みます。次の「聞」には**二点が付いている**ので、ひとまず**とばし**、下の「**啼**」を読みます。

次に「**鳥**」には**一点が付いている**ので、「**鳥**」を読んだあと、「**聞**」に返ります。

さて、読む順序はどうなったでしょう。

**例** 処① 処② 聞⑤ 啼③ 鳥④ →処処に啼鳥を聞く

正しい順序で読めましたか。

一・二点の二点は、最初は読まないのがポイントですね！

### ❸ 上・（中・）下点…一・二点だけでは足りない場合に、一・二点を付けた部分を挟(はさ)んで使う符号(ふごう)。**上点→（中点）→下点**の順に読みます。

一・二点に加えて、上・（中・）下点があると、さらに複雑に感じるかもしれません。しかし、考え方は一・二点のときと同じで、**下点**が出てきたら**ひとまずとばして**、**上点（または中点）のあとに下点**を読みましょう。

**例** 有(リ)下朋(ともノ)自(よリ)二遠方一来(タル)上。

「**有**」には**下点**が付いているため、**とばして**、「**朋**」を読みます。次の「**自**」には**二点**が付いているので、これも**とばします**。「**遠方**」と読んで、「**方**」に**一点**が付いているので、**次は二点**の「**自**」を読んで、「**来**」を読みます。

「**来**」には**上点**が付いていますね。**上点を読んだら下点**の付いている「**有**」に返ります。

さて、読む順序はどうなったでしょう。

**例** 有⑥ 朋① 自④ 遠② 方③ 来⑤ →朋の遠方よ（自）り来たる有り。

## 返り点のまとめ

①レ点……**一字だけ**上に返って読む。
②一・二点……**二字以上**返って読む。
③上・（中・）下点……一・二点では足りない場合に使う。

**補足 ㆑点（いちれ）**

**一点とレ点が一緒（いっしょ）になったものを㆑点といいます。この場合、レ点を読んでから一点を読み、二点を読みます。**

**例** 為（なル）二人ノ所（ト）㆑制（スル）。→人の制する所と為る。
④①③②

### チェックテスト

次の返り点に従って、読む順序を、□に数字で書きましょう。

① □□レ□□
② □□二□□□一
③ □下□二□□□一□□上
④ □二□□□㆑□

解説は別冊p.27へ

## 再読文字

**一つの漢字を二度読む字**のことを「**再読文字**」といいます。**一度目の読み仮名（がな）、送り仮名**は**右側**に書き、**二度目**は**左側**に書きます。

**一度目は返り点を無視**して、出てきた時に**右側**の送り仮名と一緒に読みます。**二度目は返り点に従って**、**左側**の送り仮名と一緒に読みます。

**例** 未（いまダ／ざルレ）聞（カ）也（なり）。

**再読文字**は「**未**」です。**一度目は返り点を無視**するので「**いまだ**」と読みます。次に**レ点**があるので「**聞**」を読んでから、**再び**「**未**」を読みます。今度は左側の送り仮名と一緒に「**ざる**」と読みましょう。最後に「**也**」を読みます。

**例** 未（いまダ／ざルレ）聞（カ）也。→未だ聞かざるなり。（**解釈** まだ聞かない）
③①　②　④

ポイント

## 主な再読文字

| 再読文字 | 読み | 解釈（かいしゃく） |
|---|---|---|
| 未 | いまダ～ず | まだ～していない |
| 将・且 | まさニ～す | 今まさに～しようとする |
| 応 | まさニ～ベシ | きっと～だろう |
| 宜 | よろシク～ベシ | ～するのがよい |
| 猶・由 | なホ～ごとシ | ちょうど～のようなもの |

## 置き字

**漢文の中に出てくるけれど、訓読する時には読まない字**のことを「置き字」といいます。読まないので、文章中に出てきた時にはとばして読んでしまってかまいません。

ポイント

### 主な置き字

而・於・乎・于・矣

ただし、次のように、訓読して意味を添（そ）える場合もあります。

例 人不(ず)ㇾ知(シテ)ラ而不ㇾ慍(うら)マ、不二亦(また)君子(ナラ)一乎(や)。
→人知らず(不)して慍まず(不)、亦君子ならず(不)や(乎)。

117

## 書き下し文

**訓読文を漢字仮名（かな）交じり文に書き改めたもの**を「書き下し文」といいます。書き下し文のルールを確認していきましょう。

ポイント

### 書き下し文のルール

①送り仮名は**平仮名**に直して、そのまま書く。
例 **春(しゅん)眠(みん)不(ず)ㇾ覚(エ)ㇾ暁(あかつき)ヲ → 春眠暁を覚えず。**

②助詞、助動詞は**平仮名**で書く。
例 **春眠不ㇾ覚(エ)ㇾ暁ヲ → 春眠暁を覚えず。**

③再読文字の二度目の読みは**平仮名**で書く。
例 **老イ将(まさニ)(す)ㇾ至(いたラント) → 老い将に至らんとす。**

チェックテスト

次の訓読文を書き下し文に直しましょう。

①空山不ㇾ見ㇾ人ヲ
②但(ただ)聞(ク)二人語(ノ)響(ひびき)ヲ一
③返景入(リ)二深林ニ一
④復(また)照(ラス)二青(せい)苔(たい)ノ上ヲ一

①（　　　　）
②（　　　　）
③（　　　　）
④（　　　　）

解説は別冊p.28へ

# Lesson 27 のかだめし

**1** 例にならって、返り点に従って読む順番に合うように、□の中に数字を書きなさい。

例 [1][3]レ[2][4]。

(1) □□レ□レ□。

(2) □二□□□□一。

(3) □レ□二□□□一。

(4) □二□□□一レ□。

(5) □下□二□□□□□一□上。

**2** 次の漢文を、書き下し文に直して書きなさい。

(1) 一寸ノ光(こう)陰(いん)不レ可レ軽(かろ)ンズ。

(2) 宋(そう)人(ひと)ニ有二リ耕レス田ヲ者一。

(1)

(2)

**3** 次の書き下し文になるように、漢文に返り点と送り仮名を書きなさい。

(1) 遂(つひ)に其(そ)の酒を飲む。

遂 飲 其 酒。

(2) 百聞は一見に如(し)かず。

百 聞 不 如 一 見。

ハイレベル問題

**4** 次の漢文を、書き下し文に直して書きなさい。

(1) 学ビテ而時ニ習レフ之(これ)ヲ、不二亦(また)説(よろこ)バシカラ一乎(や)。

(2) 学生宜(よろ)シク二勉学ス一(ベシ)。

(1)

(2)

授業動画はこちらから 118

解説は別冊p.28へ

Lesson 28

# 漢文②（漢詩）

Lessonのイントロ

漢詩は、短歌や俳句と同様に、字数や形式が決まっている詩です。漢詩の読み方は、漢文のルールと同じなので、前のLessonのことを思い出してみましょう。漢詩までマスターできれば、国語のLessonは全て終わりです！最後までしっかりと学んでいきましょう！

漢詩とは主に中国の古い時代の詩のことです。唐の時代以前の詩は**「古体詩」**といい、**句数やきまりごとが比較的自由**な詩です。唐時代以降の詩は「近体詩」といい、句数に制限のある定型詩です。

一般に漢詩というと、この**近体詩**のことを指します。今回は近体詩を学習していきましょう。

# 1 漢詩の形式

## 五言と七言

漢詩の一行を「句」といいます。一句（つまり一行）が五字のものを**「五言」**、一句が七字のものを**「七言」**といいます。

## 絶句と律詩

一句が五言または七言の**四行詩**を**「絶句」**、**八行詩**を**「律詩」**といいます。律詩は、二句を一つの聯とした四聯の詩です。

❶ 絶句

○○○○○○○→**起句**（第一句）……書き出し
○○○○○○○→**承句**（第二句）……起句を受け発展させる
○○○○○○○→**転句**（第三句）……内容を一転させる
○○○○○○○→**結句**（第四句）……詩をまとめる

❷ 律詩

○○○○○○○
○○○○○○○ →**首聯**（第一聯）
○○○○○○○
○○○○○○○ →**頷聯**（第二聯）
○○○○○○○
○○○○○○○ →**頸聯**（第三聯）
○○○○○○○
○○○○○○○ →**尾聯**（第四聯）

120

**ポイント**

**漢詩の形式**

漢詩の形式を問われたら、一句の字数と句数（行数）を見て「五言絶句」や「七言律詩」という形で答えます。

① **五言絶句→**一句が**五字**からなる**四行詩**
② **五言律詩→**一句が**五字**からなる**八行詩**
③ **七言絶句→**一句が**七字**からなる**四行詩**
④ **七言律詩→**一句が**七字**からなる**八行詩**

# 2 押韻

漢詩では詩の形式によって、**特定の句の末尾に韻**をふむ（**＝押韻**）というきまりがあります。韻は中国語で発音した時に母音がそろうことをいいますが、日本語の音読みでもほぼつかむことができます。どこで韻がふまれるのか、位置を覚えておきましょう。

**五言**の場合は偶数の句、**七言**の場合は一句 ＋ 偶数句が押韻します。

**押韻**

① 五言絶句…二句・四句の末尾
② 七言絶句…一句・二句・四句の末尾
③ 五言律詩…二句・四句・六句・八句の末尾
④ 七言律詩…一句・二句・四句・六句・八句の末尾

**例** 絶句　杜甫

江碧鳥逾白
山青花欲然（zen）
今春看又過
何日是帰年（nen）

江は碧にして鳥は逾よ白く
山は青くして花は然えんと欲す
今春看す又過ぐ
何れの日か是れ帰る年ぞ

## 3 対句

漢文でいう対句とは同じ構造の句（＝返り点の場所が一緒）を繰り返すことです。必ず用いるのは三句と四句、五句と六句ですが、それ以外の聯には用いても用いなくてもよいので、他の聯にも対句がある場合もあります。

**例**

江 ↔ 山
碧 ↔ 青
鳥 ↔ 花
逾 ↔ 欲
白 ↔ 然

句全体も、句の中の各語も、互いに対応している。

**律詩**の場合、頷聯（三句と四句）、頸聯（五句と六句）は対句を用いるというきまりがあります。

## 4 代表的な詩人

### 李白（七〇一～七六二年）

唐時代の詩人。中国を代表する詩人の一人。諸国を放浪し、一時、玄宗皇帝に仕えたが、再び放浪生活に戻った。自由な作風で、自然や友情についての詩が多い。

代表作は「黄鶴楼にて孟浩然の広陵に之くを送る」「静夜思」など。絶句を得意とし**「詩仙」**と呼ばれる。

### 杜甫（七一二～七七〇年）

唐時代の詩人。中国を代表する詩人の一人。律詩を得意とし、**「詩聖」**と呼ばれる。李白と並べて「李杜」と称される。生涯を通じて不遇であったが写実的で格調高い詩を書いた。代表作は「春望」「絶句」「登高」など。芭蕉や西行に大きな影響を与えた。

### チェックテスト

次の漢詩を読んで、あとの問いに答えましょう。

春暁　孟浩然

春眠不レ覚レ暁ヲ　　春眠暁を覚えず
処処聞ク二啼鳥ヲ一　　処処に啼鳥を聞く
夜来風雨ノ声　　夜来風雨の声
花落ツルコト知ル多少　　花落つること知る多少

①この詩の形式は何ですか。
②韻を踏んでいる字をすべて書き抜きましょう。

①（　　　　）　②（　　　　）

解説は別冊p.28へ

# Lesson 28 の力だめし

授業動画はこちらから 122

解説は別冊p.28へ

次の漢詩を読んで、あとの問いに答えなさい。

国破レテ山河在リ

城春ニシテ草（そう）木（もく）深シ

感ジテハレ時ニ花ニモ濺（そそ）ギレ涙（なみだ）ヲ

恨（うら）ンデハレ別レヲ鳥ニモ驚（おどろ）カスレ心ヲ

烽（ほう）火（か）連ナリ二三月ニ一

家（か）書（しょ）抵（あた）ル二万（ばん）金（きん）ニ一

白頭掻（か）ケバ更（さら）ニ短ク

渾（す）ベテ欲（ほっ）スレ不（ざ）ラントレ勝（た）ヘレ簪（しん）ニ

【書き下し文】

国破れて山河在り

城春にして草木深し

時に感じては花にも涙を濺ぎ

別れを恨んでは鳥にも心を驚かす

烽火三月に連なり

家書万金に抵る

白頭掻けば更に短く

［　　］

(1) この詩の形式を**ア**～**エ**から選び、記号で答えなさい。

**ア** 五言絶句　**イ** 七言絶句　**ウ** 五言律詩

**エ** 七言律詩

(2) 押韻（おういん）している句末の文字を全て書きなさい。

(3) この詩の一・二句、三・四句、五・六句に用いられている表現技法を**ア**～**エ**から選び、記号で答えなさい。

**ア** 体言止め　**イ** 対句　**ウ** 倒置（とうち）法

**エ** 反復法

(4) ［　］に当てはまる書き下し文を書きなさい。

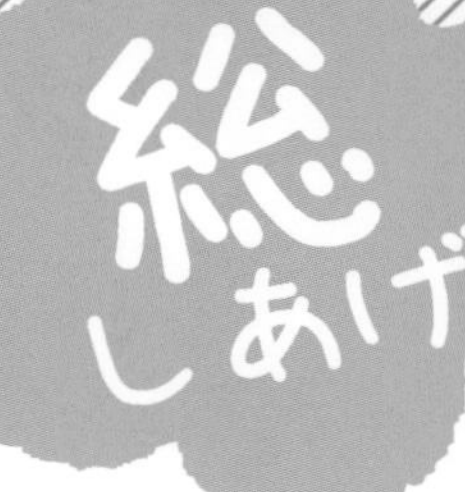


# 入試問題に挑戦(ちょうせん)！

解説は別冊p.29〜32へ

それでは、ここまで学習してきた総しあげとして、実際の高校入試の問題を解いてみましょう。難しいと思う問題もあるかもしれませんが、今まで学んだ知識を使って解けば、必ず解ける問題です。わからなかった問題や間違えてしまった問題は、Lessonに戻(もど)って復習すると、しっかりと身につきますよ。

## 1 文節に区切る問題

次の文は、いくつの文節に区切ることができるか。文節の数を算用数字で書きなさい。〈北海道・改〉

●全く予想もしなかったこと。

## 2 主語を抜き出す問題

次の文中の「叫(さけ)んだ」の主語は何か。抜き出して書きなさい。〈岐阜県・改〉

●隣(となり)の友達が私の顔を見てから、大きな笑みを浮(う)かべて、叫んだ。

## 3 動詞の活用形の識別の問題

次の——線部の動詞ア～エのうち、一つだけ活用形の異なるものがある。ア～エから選び記号で答え、その活用形を書きなさい。〈千葉県・改〉

ア 言えば　イ 解いて
ウ あり、　エ 得(え)た

記号

活用形

## 4 動詞の活用の種類と活用形の識別の問題

「理由はわからない」の「わから」は動詞であるが、その活用の種類と活用形の組み合わせとして、適当なものを次のア～エから一つ選び、記号で答えなさい。〈三重県・改〉

ア 五段活用——未然形
イ 五段活用——連用形
ウ 上一段活用—未然形
エ 上一段活用—連用形

## 5 文に合った副詞の選択問題

次の文の□にあてはまる最も適切な語を、次のア～エから一つ選び、記号で答えなさい。〈和歌山県・改〉

●仕事の途中に来客対応は気が進まなかったが、□部屋のトビラを開けて挨拶した。

ア　しぶしぶ
イ　ふいに
ウ　なんとなく
エ　やっと

## 6 品詞の識別の問題

(1)　――線部が助動詞であるものを次のア～エから一つ選び、記号で答えなさい。〈高知県・改〉

ア　最初に読んだときに、違和感を覚えた。
イ　彼は同級生であり、親友である。
ウ　どういうことかというと、好きではない。
エ　鳥の視点を得て、空を飛ぶ気分を味わう。

(2)　次の文の「に」と意味・用法が同じ「に」を含む文をア～エから一つ選び、記号で答えなさい。〈富山県〉

●サクラの木に茂っている緑の葉っぱ。

ア　傷がつかずに生きている緑の葉っぱ。
イ　質問のように、なぜ桜もちの香りがしたのか。
ウ　サクラの木の根もと付近にたまっている。
エ　落ち葉はカラカラに乾いている。

(3)　「自然科学的なベクトルはもたない。」の「ない」と同じ品詞であるものを、次のア～エから一つ選び、記号で答えなさい。〈山口県・改〉

ア　表情があどけない。
イ　最後まであきらめない。
ウ　それほど寒くない。
エ　今日は予定がない。

(4) 次のア〜エの――線部の中に、品詞が他と異なるものが一つある。ア〜エから選び、記号で答えなさい。

〈三重県・改〉

ア こっちは楽しくやっている。
イ それだけ言うと、走り去った。
ウ これ、友達からのプレゼント。
エ その拍子(ひょうし)に額を机の角にぶつけた。

(5) 「情けなく」と品詞が同じものを、次のア〜エから選び、記号で答えなさい。

〈和歌山県・改〉

ア まっすぐ
イ 暗い
ウ 入る
エ 痛み

(6) 次の文の「ない」と品詞の分類からみて異なる「ない」を含む文はどれか、次のア〜エから一つ選び、記号で答えなさい。

〈京都府・改〉

●何物にも置き換(か)えることができない。

ア 彼らは日々の努力を惜(お)しまないだろう。
イ この季節にはまだ雪は降らないだろう。
ウ この辺りには大きな建物はないだろう。
エ このチームはおそらく負けないだろう。

## 7 敬語への書き換え問題

次の文の「くれる」を「指導員の方」に対する敬意を表す表現に換えて、一文を書き直しなさい。

〈静岡県・改〉

●指導員の方が教えてくれる。

## 8 熟語の構成の問題

「衰退(すいたい)」の熟語の成り立ち（構成）を説明したものとして最も適当なものを、次のⅠ群ア～エから一つ選び、記号で答えなさい。また、「衰退」と同じ成り立ち（構成）の熟語として最も適当なものを、あとのⅡ群カ～ケから選び、記号で答えなさい。〈京都府・改〉

Ⅰ群

ア　上の漢字が下の漢字を修飾(しゅうしょく)している。
イ　上の漢字と下の漢字が主語と述語の関係にある。
ウ　上の漢字と下の漢字が似た意味を持っている。
エ　下の漢字が上の漢字の目的や対象を示している。

Ⅱ群

カ　洗顔
キ　探求
ク　多数
ケ　雷鳴

Ⅰ［　　］　Ⅱ［　　］

## 9 説明的文章の読解

次の文章を読み、あとの問いに答えなさい。〈高知県・改〉

人間には、身体的なエネルギーだけではなく、心のエネルギーというのもある、と考えると、ものごとがよく了解できるようである。同じ椅子(いす)に一時間坐(すわ)っているにしても、一人でぼーと坐っているのと、客の前で坐っているのとでは疲(つか)れ方がまったく違(ちが)う。身体的には同じことをしていても「心」を使っていると、それだけ心のエネルギーを使用しているので疲れるのだ、と思われる。

このようなことは誰(だれ)しもある程度知っていることである。そこで、人間はエネルギーの節約に努めることになる。仕事など必要なことに使うのは仕方ないとして、不必要なことに、心のエネルギーを使わないようにする、となってくると、人間が何となく［　　］になってきて、生き方に潤(うるお)いがなくなってくる。他人に会う度に、にこにこしていたり、相手のことに気を使ったりするとエネルギーの浪費(ろうひ)になるというわけである。ときに、役所の窓口などに、このような省エネ(注)の見本のような人を見かけることがある。まったくもって無愛想に、じゃまくさそうに応対をしているのである。そのくせ、疲れた顔をしたりしているところが、面白いところである。

これとは逆に、エネルギーがあり余っているのか、と思う人もいる。仕事に熱心なだけではなく、趣味(しゅみ)においても大いに活躍(かつやく)している。他人に会うときも、いつも元気そうだし、いろいろと心づかいをしてくれる。それでいて、それほど疲れているようではない。むしろ、人よりは元気そうである。

　このような人たちを見ていると、人間には生まれつき、心のエネルギーを沢山もっている人と、少ない人とがあるのかな、と思わされる。いろいろな能力において、人間に差があるように、心のエネルギー量というのにも生まれつきの差があるのだろうか。これは大問題なので、今回は取りあげないことにして、もう少し他のことを考えてみよう。

　他との比較ではなくて、自分自身のことを考えてみよう。たとえば、自分が碁が好きだとして、碁を打っているために使用される心のエネルギーを節約して、もう少し仕事の方に向けようと考えてみるとしよう。そこで、友人と碁を打つ回数を少なくして、仕事に力を入れようとして、果してうまくゆくだろうか。あるいは、今まで運動などまったくしなかったのに、ふと友人に誘われてテニスをはじめると、それがなかなか面白い。だんだんと熱心にテニスの練習に打ち込むようになる。そんなときに、仕事の方は、以前より能率が悪くなっているだろうか。あんがい、以前と変わらないことが多い。テニスの練習のために、以前よりも朝一時間早く起きているのに、仕事をさぼるどころか、むしろ、仕事に対しても意欲的になっている、というときもあるだろう。

　もちろん、ものごとには限度ということがあるから、趣味に力を入れれば入れるほど、仕事もよく出来る、などと簡単には言えないが、ともかく、エネルギーの消耗を片方で押さえると、片方で多くなる、というような単純計算が成立しないことは了解されるであろう。片方でエネルギーを費やすことが、かえって他の方に用いられるエネルギーの量も増加させる、というようなことさえある。

1　以上のことは、人間は「もの」でもないし「機械」でもない、生きものである、という事実によっている。人間の心のエネルギーは、多くの「鉱脈」のなかに埋もれていて、新しい鉱脈を掘り当てると、これまでとは異なるエネルギーが供給されてくるようである。このような新しい鉱脈を掘り当てることなく、「手持ち」のエネルギーだけに頼ろうとするときは、確かに、それを何かに使用すると、その分だけどこかで節約しなければならない、という感じになるようである。

　このように考えると、エネルギーの節約ばかり考えて、新しい鉱脈を掘り当てるのを怠っている人は、宝の持ちぐされのようなことになってしまう。あるいは、掘り出されないエネルギーが、底の方で動くので、何となくイライラしていたり、時にエネルギーの暴発現象を起こしたりする。これは、いつも無愛想に、感情をめったに表に出さない人が、ちょっとしたことで、カッと怒ったりするような現象としてあらわれたりする。

　自分のなかの新しい鉱脈をうまく掘り当ててゆくと、人よりは相当に多く動いていても、それほど疲れるものではない。それに、心のエネルギーはうまく流れると効率のいいものなのである。他人に対しても、心のエネルギーを節約しようとするよりも、むしろ、上手に流してゆこうとする方が、効率もよいし、そのことを通じて新しい鉱脈の発見に至ることもある。2心のエネルギーの出し惜しみは、結果的に損につながることが多いものである。

（河合隼雄『こころの処方箋』による）

（注）省エネ＝省エネルギーの略。

(1) 文章中の□に当てはまる言葉として適切なものを、文章中から漢字三字でそのまま抜き出して書きなさい。

(2) 文章中の――線部1に「以上のこと」とあるが、これはどういうことを指しているか。その内容を次のような一文にまとめるとき、Ⅰ・Ⅱに当てはまる適切な言葉を、それぞれ十五字以内で書きなさい。ただし、句読点その他の符号も数えるものとする。

> 趣味に使うエネルギーを減らしても、仕事に使うエネルギーがⅠし、趣味に使うエネルギーを増やすと、仕事に使うエネルギーがⅡということ。

Ⅰ

Ⅱ

(3) 文章中の――線部2に「心のエネルギーの出し惜しみ」とあるが、人がこのような行動をとるのはどういう考えがあるからか。それについて、筆者が考える理由を次のような一文で説明するとき、□内に当てはまる言葉を、文章中から十一字でそのまま抜き出して書きなさい。ただし、句読点その他の符号も字数に数えるものとする。

> 「心のエネルギーの出し惜しみ」をする人は、新しい鉱脈の発見よりも、エネルギーを節約して□のみに依存しようとする考えがあるから。

(4) この文章で述べられている内容と合っているものを、次のア～エから一つ選び、その記号を書きなさい。

ア 人間には、身体的エネルギーだけでなく、心のエネルギーというものがあり、この心のエネルギーはうまく使うほうがよいのである。

イ 人間には、生まれもった心のエネルギーの量があり、一生のうちに使える量が決まっているので、配分を考えて用いるほうがよいのである。

ウ　人間は「もの」でもないし「機械」でもない、命あるものだという事実こそ人間のかくれた可能性を引き出す鉱脈なのである。

エ　人間は時にイライラしたり暴発したりしながらも、他人に対して効率的に対応することで、心の鉱脈を発見できるのである。

## 10 文学的文章の読解

次の文章には、「私」が五歳くらいの頃、母と弟と共に風呂屋に行き、膝に抱いた見知らぬ赤ん坊に浴衣を汚されてから後のことが書かれている。この文章を読んで、あとの問いに答えなさい。〈静岡県・改〉

母は私の汚れた着物を持って、

「すぐに迎えに来るから、ここで待っていなさい。」

と、弟を連れて行った。夏のことで、浴衣一枚しか来ていなかったから、その一枚を持って帰られると、着るものがなかった。だが、裸で帰るわけにもいかず、私は家人の迎えを待っていた。私は子供だったから、わが家からはなかなか迎えに来てはくれない。短い時間が長く思われたのかも知れない。私は裸でいつまでもその場にいるのが不安になった。私はついに帰ることにした。帰るといっても着るものはない。真っ裸で帰るわけにはいかない。と、どうしたことか、母は私の着物だけを持って、私の注①三尺帯を置いて行ったことに気づいた。私はその三尺帯を肩から斜めに体に巻きつけた。か細い子供の体である。幅広い三尺帯である。ゆったりと膝のあたりまで巻きつけることが出来た。あの時の、注②橙色のちりめんの帯の感触は今も私は覚えている。多分その姿は、珍妙であったにちがいない。風呂屋にいる人たちが笑っているのを子供心に感じながら、私はまだ明るい夕方の街に出た。

銭湯のすぐそばで、半裸の男が道路に水を撒いていた。男は驚いて、二メートルほどの長い柄の柄杓を持ったまま、まじまじと私の姿をみつめた。私は広い道路の真ん中を、悠々と歩いて帰って行った。恥ずかしい気がした。が、一方、裸ではないのだという気持ちがあって、誇らしい思いもあったような気がする。つまり、三尺帯を巻きつけるとは、われながら［　］と言いたいところだったのだろう。

家まで、あと注③半丁という所まで来た時、風呂敷包みを抱えて、私を迎えに来た姉に出会った。姉は私の奇妙な姿を見て、

「まあ！」

と、実に何ともいえない優しい笑顔を見せた。そして[1]ふだんより何倍も優しい語調で私を慰め、太い柳の木の下で、ぐるぐる巻きの帯を取り、風呂敷の中の浴衣を着せてくれた。私はこの時、初めて姉の姉らしさに触れたのである。私がようやく、自分以外の人間を意識する年齢になっていたからであ

ろうか。きょうだい愛をたっぷりと私は浴衣と共に着たのであった。

その後、この姉らしさはたびたび感ずるようになった。それは必ずしも「優しさ」となって現れるとは限らなかった。これはその翌年くらいの頃のことであったろうか。夏休みで、近郊に住む従姉妹たちが私の家にしばらく来ていた。彼女たちの住む家のそばには、注④滔々たる注⑤灌漑溝があって、従姉妹たちは水泳が巧みであった。が、私の家に来ては、そう手近な所に水遊びをする場所はない。一キロほど離れた辺りに注⑥忠別川が流れていた。そこにみんなで行ったわけだが、私には生まれて初めての遠距離であった。帰り道、私は水遊びと太陽の暑さで疲れていた。歩き方がおぼつかなかったのだろう。姉と同じ齢の従姉が、いきなり私に背を向けて屈み、

「さ、綾ちゃん、おんぶしてあげる。」

と言ってくれた。やれうれしやと、私はためらわずに従姉の肩に手をかけた。途端に姉の百合子の声が飛んだ。

「恵美ちゃん、おんぶしないで！　癖になるから。」

注⑦毅然とした声だった。いつもの優しい姉の声ではなかった。私はひどくきまりの悪い思いで、今かけた手を従姉の肩からはなした。

「そうかい。」

従姉も立ち上がった。私は、

「おんぶしないで！　癖になるから。」

と言った言葉を、その時実によく納得がいって受け入れた。私は疲れてはいたが、歩けば歩くことが出来た。疲れてはいたが、誰かに背負って欲しい思うほどではなかった。だから私が従姉に背負われようとしたことは甘えであった。私は子供なりに、姉の言った「癖になる」という言葉を、誤りなく受け取ったように思う。自分はもうだいぶ大きくなったのだ。いつまでも人におんぶしてもらってはならないのだ、という自覚があの時与えられたような気がする。その後私は、誰かがおんぶしてあげようと言っても、「癖になるから」と、姉の言葉をそっくり使って、ことわるようになった。私にとって、裸に三尺帯を巻きつけて歩いたときよりも、2姉にこの言葉を言われた時のほうが恥ずかしかった。そして、優しい姉にもまして、この時のきびしい姉に、姉らしさを感じたのだった。

（三浦綾子『草のうた』による）

（注）①長さ約百十四センチメートルの子供用の帯。
②表面に細かなしわのある織物。
③約五十メートル。
④水がさかんに流れる様子。
⑤田畑に水を引き入れるための水路。
⑥北海道にある川の名。
⑦意志が強く動じないさま。

（1）次のア～エの中から、本文中の□に補う語として最も適切なものを一つ選び、記号で答えなさい。

ア　失敗　イ　異様　ウ　名案　エ　親切

(2) 姉が——線部1のようにしたことによって、このときの「私」のどのような気持ちが慰められたと考えられるか。本文中の、「私」の気持ちを表す言葉を用いて書きなさい。

(3) 「私」が——線部2のように感じたのはなぜか。そのように感じるきっかけとなった姉の言葉を「私」がどのような意味に理解したかを含めて、六十字程度で書きなさい。

## 11 韻文の読解

次は、「鉄棒」という詩と、その詩の魅力を紹介する文章である。 Ⅰ に入る言葉を「鉄棒」という詩の中から抜き出しなさい。また、 Ⅱ に入れるのに最も適している言葉をア〜エから一つ選び、記号で書きなさい。

〈大阪府・改〉

鉄棒

僕は地平線に飛びつく
僅かに指さきが引つかかつた
僕は世界にぶら下がつた
筋肉だけが僕の頼みだ
僕は赤くなる　僕は収縮する
足が上つてゆく
おお　僕は何処へ行く
大きく世界が一回転して
僕が上になる
高くからの俯瞰
ああ　両肩に柔軟な雲

村野四郎『体操詩集』

【紹介する文章】

この詩に書かれているのは鉄棒の逆上がりの運動の様子です。ここではまず、鉄棒を［Ⅰ］と表現しています。さらに、顔を真っ赤にして体を引き上げ、鉄棒の上に静止するまでの様子を〈大きく世界が一回転して〉ということばを使って表現しています。そして、この詩全体からは、空間的な広がりと［Ⅱ］とがよく伝わってきます。

ア　逆上がりの運動の難しさ
イ　「僕」の動きの力強さ
ウ　大空の雲のやわらかさ
エ　「世界」全体の複雑さ

Ⅰ［　　］　Ⅱ［　　］

## 12 古文の読解

次のA・Bの古文を読み、あとの問いに答えなさい。〈和歌山県・改〉

A　あらそふべき時あらそひ、随ふべき時随ふ、これを忠とす、これを孝とす。（『十訓抄』から）

B　物に争はず、己をまげて人に従ひ、我が身を後にして、人を先にするには及かず。（『徒然草』から）

(1)　Aの文中のあらそひを現代仮名遣いに改めなさい。［　　］

(2)　「言うべきことを率直に言うことまで控えます」の内容に最も近いのは、どれですか。次のア～エの中から選び、その記号を書きなさい。

ア　随ふべき時随ふ
イ　これを忠とす、これを孝とす
ウ　物に争はず、己をまげて人に従ひ
エ　我が身を後にして、人を先にするには及かず

［　　］

## 13 漢文の読解

次の文章を読んで、あとの問いに答えなさい。〈群馬県・改〉

宋人得玉、献諸司城子罕。子罕不受。献玉者曰、以示玉人、玉人以為宝、故献之。子罕曰、我以不貪為宝。爾以玉為宝。若以与我、皆喪宝也。不若人有其宝。

（『蒙求』による）

宋人玉を得て、諸を司城の子罕に献ず。子罕受けず。玉を献ずる者曰く、以て玉人に示すに、玉人以て宝と為す、故に之を献ずと。子罕曰く、我は貪らざるを以て宝と為す。爾は玉を以て宝と為す。若し以て我に与へなば、皆宝を喪ふなり。若かず人其の宝を有たんにはと。

（注）玉……宝石。
司城……役職の一つ。
子罕……宋国の人の名前。
玉人……宝石職人。
貪……欲深く物を欲しがる。
喪……失う。
不若～……～のほうがよい。

文中――線部「示玉人」に、書き下し文の読み方になるように訓点を書きなさい。

# Epilogue

［エピローグ］

最近
龍之介
遊びに来ない
わね
寂しいですね
悲しいですね
ふんっ
わしは
寂しくないぞ
郵便
でーす
ハガキが
届きました
龍之介
からです!!
スピーチ大会に
出るん
ですって!!
なにー!?
それは応援しに
行かなきゃならん
うおおぉ…
寂しくないって
言ってたのにね

スピーチ大会当日…
全校スピーチ大会
『僕の大切な日々』
ボキッ

ジョディ…
デスコ！　マスコ！
ロボットたち…
みんな
ありがとう!!
パチ
パチ
パチ
パチ
わあっ…！
呼ばれてなーい！
ふる
ふる
わしが…
ふる
やっぱり
こうで
なくっちゃね
わー

# 古典文学の流れ

| 時代 | 成立年 | 作品名（作者・編者） | ジャンル |
|---|---|---|---|
| 奈良時代 | 七一二 | **古事記**（太安万侶） | 神話・史書 |
| | 七一三 | **風土記編さんの勅命くだる** | 地誌 |
| | 七二〇 | **日本書紀**（舎人親王ら） | 神話・史書 |
| | 七五一 | **懐風藻** | 漢詩集 |
| | 七七〇頃 | **万葉集**（大伴家持ら） | 歌集 |

## 主な作品・作者 ― 特色と内容

### 古事記

稗田阿礼が暗誦した伝説や歌謡を、太安万侶が記録した。**全三巻**。**神話**や**伝説**を、**大和朝廷を中心とした歴史書**にまとめ上げたものだが、古代人の生き生きとした精神が反映された伝説・物語集として大きな価値がある。

**作品の内容**

**伝説のヒーロー・倭建命の遠征**

荒い気性の皇子・小碓命は、父天皇に西国の熊襲建を討つように命じられた。命は女装して建に近づき、剣で刺した。それ以来、命の武勇をたたえて、倭建命とよぶようになった。

その後も次々と賊の討伐を命じられた命は、西に東に、各地の賊を討つために出かけるのだが……。

### 風土記

日本各地の風土・産物・伝説などを集めた地誌。現存するものは、常陸（茨城県）、播磨（兵庫県）、出雲（島根県）、豊後（大分県）、肥前（佐賀県）の五か国のものだけ。

### 日本書紀

中国の歴史の書にならって日本の歴史を編集したもの。内容は『古事記』と共通する部分も多いが、**歴史書**として、史実の記録に重点をおいて記されている。**全三十巻**。

### 万葉集

複数の人々の手を経て、天皇や貴族、兵士、農民など**全国各地の広い階層の人々の歌**がまとめられたと考えられる。現存する最古の和歌集。

## 平安時代

|  |  |  |
|---|---|---|
| 九〇〇頃 | **竹取物語** | 物語 |
| 九〇五頃 | **古今和歌集**（紀貫之ら） | 歌集 |
| 九三〇頃 | **伊勢物語** | 歌物語 |
| 九三五頃 | **土佐日記**（紀貫之） | 日記 |
| 九五一頃 | **大和物語** | 歌物語 |
| 九七四頃 | **蜻蛉日記**（藤原道綱母） | 日記 |
| 一〇〇一頃 | **枕草子**（清少納言） | 随筆 |

### 竹取物語

平安時代に紫式部が書いた『源氏物語』の中で、「**物語の出で来はじめの祖**」と紹介され、当時、すでに古い物語と考えられていたことがわかる。

### 古今和歌集

**醍醐天皇**の命令で作られた、**最初の勅撰和歌集**（天皇の命令で作られた和歌集）。

### 伊勢物語

和歌を中心とした**最初の歌物語**。ある「男」を主人公にした物語の連作で、約百二十五の段からなる。

作品の内容

**歌物語の代表的な作品**

多くの段が「昔、男ありけり」で始まっている。この「男」とは在原業平と思われる人物で、物語の中で在原業平の作った和歌が最も多く引用されている。「歌物語」とは、ある和歌について、その和歌がどういう事情や経緯で詠まれたかを短い物語にし、それを集めて一つの物語にしたもの。『伊勢物語』では、「男」の元服から死までの一生をゆるやかに描いている。

### 土佐日記

男性である作者が、「女性の書いた平仮名の日記」の形で書いた、平安朝の日記文学の先駆け。

作品の内容

**五十五日間の旅を平仮名で記した日記**

『土佐日記』の冒頭には、「男もすなる日記といふものを、女もしてみむとて、するなり」とあり、男でなく女が書いたことになっている。当時、男性は日記を漢文で書き、平仮名は女性の使う文字だった。紀貫之は、平仮名で日記文を書きたくて、この形をとったとされる。土佐の国司の任期を終えた作者が、土佐から京に帰るまでの旅の出来事を、和歌を交えて細やかにつづっている。

### 枕草子

『源氏物語』と同時期に成立した、平安文学を代表する**随筆集**。執筆の動機は、作者が仕えていた**中宮定子**のすばらしさをたたえるためと考えられている。

## 平安時代

| 時代 | 成立年 | 作品名（作者・編者） | ジャンル |
|---|---|---|---|
| 平安時代 | 一〇〇八頃 | **源氏物語**（紫式部） | 物語 |
| | 一〇三〇頃 | **栄花物語** | 歴史物語 |
| | 一〇五五頃 | **堤中納言物語** | 短編物語集 |
| | 一〇六〇頃 | **更級日記**（菅原孝標女） | 日記 |
| | 一一一五頃 | **大鏡** | 歴史物語 |

### 主な作品・作者 ― 特色と内容

#### 源氏物語

全五十四帖からなる**長編物語**。主人公の**光源氏**の華やかな一生が、宮廷生活を背景に描かれている。

作品の内容

**平安朝女流文学を代表する長編物語**

桐壺帝と桐壺更衣との間に生まれた光源氏は、幼くして母を失ってしまうが、輝くばかりに美しい男性に成長する。光源氏は数々の女性と恋をし、宮中で高い位を得て栄華を極める。しかし、その栄華の世界もやがてかげりを見せ、光源氏の死へと続く。華麗にして哀切な光源氏の一生が描かれている。

#### 堤中納言物語

風変わりな姫君が虫をかわいがる「虫めづる姫君」など、十編の短編物語からなる。

#### 更級日記

作者が十三歳で父の任地上総国（現在の千葉県）から上京するところから書き起こされた、**約四十年間の人生の回想記**。物語に憧れる夢多き少女が、さまざまな現実に直面して大人になり、年老いていく姿が回想的につづられている。

#### 大鏡

老人の歴史語りに若侍の聞き手が加わって、**対話形式**で話が進められていく。政権をめぐる貴族たちのドラマが、**藤原氏の栄華**を中心に語られている。

作品の内容

**藤原道長を頂点とした藤原摂関家の歴史**

藤原兼家の死後、藤原氏の権力争いは、道隆、道長兄弟の間で繰り広げられる。初めは不遇であった道長が、やがて道隆・伊周親子を圧倒していく。

| 時代 | 年 | 作品 | ジャンル |
|---|---|---|---|
| 平安時代 | 一一二〇頃 | **今昔物語集** | 説話集 |
| | 一一七〇頃 | **今鏡** | 歴史物語 |
| | 一一九〇頃 | **山家集**（西行） | 歌集 |
| 鎌倉・室町時代 | 一二〇五頃 | **新古今和歌集**（藤原定家） | 歌集 |
| | 一二一二 | **方丈記**（鴨長明） | 随筆 |
| | 一二一九頃 | **宇治拾遺物語** | 説話集 |
| | 一二四〇以前 | **平家物語** | 軍記物語 |
| | 一二五四 | **古今著聞集**（橘成季） | 説話集 |
| | 一三三一頃 | **徒然草**（兼好法師） | 随筆 |
| | 一三七一頃 | **太平記** | 軍記物語 |

### 今昔物語集

インド・中国・日本の三部からなり、**全三十一巻**、約千話が集められている。当時の貴族、武士、庶民など、あらゆる人々の姿が生き生きと描かれている。

作品の内容

**不思議な話を集めた説話集**

説話集とは、伝説や昔の出来事などを集めた一種の短編集。説話は、仏教思想を普及させるための仏教説話と、大衆の生活を題材にした世俗説話に分けられる。各話は、「今は昔」で書き始められている。『今昔物語集』は、芥川龍之介の『羅生門』『鼻』のように、近代文学の作品の素材にもされている。

### 山家集

西行の**私家集**（個人の和歌集）。**三巻、約千五百五十首の和歌**からなる。

### 新古今和歌集

**後鳥羽上皇**の命令によって作られた、八番目の**勅撰和歌集**。

### 方丈記

火事・飢饉・地震などの災厄を描いて、この世の無常を説き、俗世を離れた山中の草庵生活での安らぎがつづられている。

### 宇治拾遺物語

日本・インド・中国の説話百九十七話からなる。**仏教説話**が多いが、『こぶとり爺さん』『舌切り雀』などの民話的な話や滑稽な話も収められている。

### 平家物語

合戦を中心に描いた**軍記物語**。歴史の表舞台に登場した**武士の姿**を、躍動的に描いている。

### 徒然草

**鎌倉幕府の衰退**、**朝廷の分裂**など、混乱の時代の中に書かれた、無常観が全体を貫く**随筆集**。

### 太平記

鎌倉幕府滅亡から南北朝の対立に至る約五十年の動乱を描いた軍記物語。

| 時代 | 成立年 | 作品名（作者・編者） | ジャンル | 主な作品・作者 ― 特色と内容 |
|---|---|---|---|---|
| 鎌倉・室町時代 | 一四〇〇頃 | **風姿花伝**（世阿弥） | 能楽書 | **風姿花伝** 能の稽古の様子、演技の方法、心得などについて論じている。『花伝書』ともいわれている。 |
| 江戸時代 | 一六二三 | **醒睡笑**（安楽庵策伝） | 噺本 | |
| | 一六八八 | **日本永代蔵**（井原西鶴） | 浮世草子 | **井原西鶴** 浮世草子の作者。作品は江戸時代の社会を背景に、恋愛を扱った好色物、義理堅い武士を描いた武家物、町人の生活を描いた町人物など、人々の悲喜劇を鋭く生き生きと描いている。 |
| | 一六九二 | **世間胸算用**（井原西鶴） | 浮世草子 | |
| | 一六九四頃 | **おくのほそ道**（松尾芭蕉） | 俳諧紀行文 | **松尾芭蕉** 俳人。俳諧の新しい道を探り、それまで滑稽味が強かった俳諧を芸術の域まで高め、「蕉風」を確立した。 |
| | 一七〇三 | **曾根崎心中**（近松門左衛門） | 浄瑠璃 | **近松門左衛門** 浄瑠璃・歌舞伎作者。作品は、歴史や伝説をもとにした時代物（『国性爺合戦』など）と、町人社会を題材とした世話物（『曾根崎心中』など）に分けられる。 |
| | 一七一五 | **国性爺合戦**（近松門左衛門） | 浄瑠璃 | |
| | 一七七六頃 | **雨月物語**（上田秋成） | 読本 | **上田秋成** 浮世草子・読本の作者。国学や医学を学び、物語のストーリーの面白さをねらった読本にも力を注いだ。『雨月物語』は怪異小説の傑作とされる。 |
| | 一七九七 | **新花摘**（与謝蕪村） | 俳諧・俳文 | **与謝蕪村** 俳人・画家。絵画的な句の他、近代感覚あふれる句も多い。 |
| | 一七九八 | **古事記伝**（本居宣長） | 古事記注釈書 | **本居宣長** 国学者。『古事記』の注釈を行い、全四十四巻の『古事記伝』を完成させた。晩年に書いた随筆『玉勝間』も有名。 |
| | 一八〇二 | **東海道中膝栗毛**（十返舎一九） | 滑稽本 | **十返舎一九** 滑稽本の作者。『東海道中膝栗毛』で、滑稽本の全盛時代を築いた。 |
| | 一八一四 | **南総里見八犬伝**（曲亭馬琴） | 読本 | **曲亭馬琴** 読本作者。滝沢馬琴ともいう。作品は、正義が悪を滅ぼすという勧善懲悪をテーマとしている。 |
| | 一八一九 | **おらが春**（小林一茶） | 俳諧・俳文 | **小林一茶** 俳人。俗語や方言なども使った、素朴で飾り気のない句が特色である。 |

# 近現代文学の流れ（明治・大正）

| 時代 | 成立年 | 文学作品【ジャンル】 | 作者 |
|---|---|---|---|
| 明治時代 | 一八八五（明治18） | 小説神髄【文学論】 | 坪内逍遥 |
| | 一八八七（20） | 浮雲【小説】 | 二葉亭四迷 |
| | 一八九〇（23） | 舞姫【小説】 | 森鷗外 |
| | 一八九五（28） | たけくらべ【小説】 | 樋口一葉 |
| | 一八九八（31） | 歌よみに与ふる書【歌論】 | 正岡子規 |
| | 一九〇一（34） | みだれ髪【歌集】 | 与謝野晶子 |
| | 一九〇五（38） | 吾輩は猫である【小説】 | 夏目漱石 |
| | 一九〇六（39） | 破戒【小説】 | 島崎藤村 |
| | | 坊っちゃん【小説】 | 夏目漱石 |
| | 一九〇七（40） | 蒲団【小説】 | 田山花袋 |
| | 一九一〇（43） | 一握の砂【歌集】 | 石川啄木 |
| 大正時代 | 一九一四（大正3） | こゝろ【小説】 | 夏目漱石 |
| | 一九一五（4） | 羅生門【小説】 | 芥川龍之介 |
| | 一九一六（5） | 高瀬舟【小説】 | 森鷗外 |
| | 一九一七（6） | 月に吠える【詩集】 | 萩原朔太郎 |
| | 一九一九（8） | 恩讐の彼方に【小説】 | 菊池寛 |
| | 一九二四（13） | 春と修羅【詩集】 | 宮沢賢治 |
| | 一九二六（15） | 伊豆の踊子【小説】 | 川端康成 |

## 主要文学思潮

**写実主義**

政治や啓蒙の手段としてではなく、人間のあるがままの姿を写すことを文学の目的とする考え方。坪内逍遥が提唱した。

**坪内逍遥・二葉亭四迷**

**自然主義**

人間や社会の暗い面、醜い面もありのままに表現しようという考え方。西洋では19世紀後半に起こり、日本では明治30年代末から広がった。のちに私小説のもととなる。

**島崎藤村・田山花袋**

**反自然主義**

自然主義に反発し、相次いで現れた反対勢力の総称。具体的には「耽美派」「白樺派」の作家、そして森鷗外・夏目漱石がこれにあたる。

**志賀直哉・森鷗外・夏目漱石**

**新現実主義**

理知の目をもって人間を観察し、知的な手法で人間の小ささと醜さを描こうとする立場。

**芥川龍之介・菊池寛**

# 近現代文学の流れ（昭和・平成）

| 時代 | 成立年 | 昭和 | 文学作品【ジャンル】 | 作者 |
| --- | --- | --- | --- | --- |
| 昭和時代 | 一九二七 | 2 | **河童**【小説】 | 芥川龍之介 |
| | 一九二九 | 4 | **夜明け前**【小説】 | 島崎藤村 |
| | | | **蟹工船**【小説】 | 小林多喜二 |
| | 一九三〇 | 5 | **機械**【小説】 | 横光利一 |
| | | | **測量船**【詩集】 | 三好達治 |
| | 一九三三 | 8 | **春琴抄**【小説】 | 谷崎潤一郎 |
| | 一九三五 | 10 | **雪国**【小説】 | 川端康成 |
| | 一九三六 | 11 | **風立ちぬ**【小説】 | 堀辰雄 |
| | 一九四〇 | 15 | **走れメロス**【小説】 | 太宰治 |
| | 一九四一 | 16 | **智恵子抄**【詩集】 | 高村光太郎 |
| | 一九四二 | 17 | **山月記**【小説】 | 中島敦 |
| | 一九四三 | 18 | **細雪**【小説】 | 谷崎潤一郎 |
| | 一九四六 | 21 | **白痴**【小説】 | 坂口安吾 |
| | 一九四七 | 22 | **斜陽**【小説】 | 太宰治 |
| | 一九四八 | 23 | **俘虜記**【小説】 | 大岡昇平 |
| | 一九四九 | 24 | **夕鶴**【戯曲】 | 木下順二 |
| | 一九五一 | 26 | **ガラスの靴**【小説】 | 安岡章太郎 |
| | 一九五二 | 27 | **真空地帯**【小説】 | 野間宏 |
| | 一九五四 | 29 | **ひかりごけ**【小説】 | 武田泰淳 |

## 主要文学思潮

**プロレタリア文学**

一九一七年のロシア革命の影響を受けて生まれた社会主義の文学。資本主義社会を批判し、労働者や農民の解放をめざした。昭和初期に絶頂を迎えるも、激しい弾圧を受け崩壊する。

**小林多喜二**

**新感覚派**

雑誌『文芸時代』を拠点とした作家たち。プロレタリア文学と対立しつつ既成文学にも反抗、大胆な表現改革を試みた。

**横光利一・川端康成**

**戦争と文学**

日中戦争以降、言論統制が強化され、文学の空白時代が訪れる。政府は戦意を高めるための戦争文学を奨励した。

| 時代 | 年 | 元号年 | 作品 | 作家 |
|---|---|---|---|---|
| 昭和時代 | 一九五六 | 31 | **金閣寺**［小説］ | 三島由紀夫 |
| | 一九五七 | 32 | **裸の王様**［小説］ | 開高健 |
| | | | **死者の奢り**［小説］ | 大江健三郎 |
| | | | **天平の甍**［小説］ | 井上靖 |
| | | | **おとうと**［小説］ | 幸田文 |
| | | | **海と毒薬**［小説］ | 遠藤周作 |
| | | | **点と線**［小説］ | 松本清張 |
| | 一九五八 | 33 | **飼育**［小説］ | 大江健三郎 |
| | | | **樅ノ木は残った**［小説］ | 山本周五郎 |
| | 一九六〇 | 35 | **忍ぶ川**［小説］ | 三浦哲郎 |
| | 一九六二 | 37 | **砂の女**［小説］ | 安部公房 |
| | 一九六四 | 39 | **楡家の人びと**［小説］ | 北杜夫 |
| | 一九六五 | 40 | **黒い雨**［小説］ | 井伏鱒二 |
| | 一九六八 | 43 | **安土往還記**［小説］ | 辻邦生 |
| | | | **坂の上の雲**［小説］ | 司馬遼太郎 |
| | 一九七七 | 52 | **枯木灘**［小説］ | 中上健次 |
| | 一九七八 | 53 | **父の詫び状**［随筆］ | 向田邦子 |
| | 一九八七 | 62 | **サラダ記念日**［歌集］ | 俵万智 |
| | | | **ノルウェイの森**［小説］ | 村上春樹 |
| | | | **キッチン**［小説］ | 吉本ばなな |
| 平成時代 | 一九八九 | 平成 1 | **孔子**［小説］ | 井上靖 |
| | 一九九〇 | 2 | **文学部唯野教授**［小説］ | 筒井康隆 |
| | 二〇〇二 | 14 | **海辺のカフカ**［小説］ | 村上春樹 |

**無頼派**

第二次世界大戦直後の数年間に活躍した、織田作之助、坂口安吾、太宰治ら一群の作家たちに与えられた名称。敗戦後の混迷した社会状況のなか、既成の文学観や手法、古いリアリズムを無効であると認識し反逆した。

**太宰治・坂口安吾**

**戦後派**

第二次世界大戦後、それぞれの戦争体験をもとに新しい手法をもって登場した作家たちの総称。登場の時期に応じ、「第一次戦後派」「第二次戦後派」とよぶこともある。

**野間宏・三島由紀夫**

**第三の新人**

第一次、第二次の「戦後派」に続き、一九五二～五三年ごろ登場した作家たちの総称。私小説的な手法で日常生活を描いた。

**遠藤周作・安岡章太郎**

**内向の世代**

一九七〇年前後に登場した、「戦後派」と現代作家の中間に位置する作家たちの総称。政治や社会より、自己の内面を深く見つめようとする。代表作家に阿部昭、黒井千次、古井由吉らがいる。

# 用言・助動詞活用表

## 動詞の活用 （→p.30）

| 活用の種類 | 基本形 | 語幹 | 未然形 | 連用形 | 終止形 | 連体形 | 仮定形 | 命令形 | 要点 |
|---|---|---|---|---|---|---|---|---|---|
| 続き方 | | | ない・よう・う | た(だ)・て(で)・ます | 。(句点) | こと | ば | 。(句点) | |
| 五段活用 | 話す | はな | さ そ | し | す | す | せ | せ | 打消しの助動詞「ない」を付けると、「ない」の直前が「話さない」のようにア段の音になる。 |
| | 泳ぐ | およ | が ご | ぎ い | ぐ | ぐ | げ | げ | |
| | 買う | か | わ お | い っ | う | う | え | え | |
| | 飛ぶ | と | ば ぼ | び ん | ぶ | ぶ | べ | べ | |
| 上一段活用 | 起きる | お | き | き | きる | きる | きれ | きろ きよ | 打消しの助動詞「ない」を付けると、「ない」の直前が「起きない」のようにイ段の音になる。 |
| | 煮る | ○ | に | に | にる | にる | にれ | にろ によ | |
| 下一段活用 | 食べる | た | べ | べ | べる | べる | べれ | べろ べよ | 打消しの助動詞「ない」を付けると、「ない」の直前が「食べない」のようにエ段の音になる。 |
| | 出る | ○ | で | で | でる | でる | でれ | でろ でよ | |
| カ変 | 来る | ○ | こ | き | くる | くる | くれ | こい | 「来る」一語のみ。 |

| 活用の種類 | 基本形 | 語幹 | 未然形 | 連用形 | 終止形 | 連体形 | 仮定形 | 命令形 | 要点 |
|---|---|---|---|---|---|---|---|---|---|
| サ変 | する | ○ | させし | し | する | する | すれ | しろ せよ | 「する」と「○○する」の形をとる複合動詞のみ。未然形「せ」は「ヌ」に、未然形「さ」は「レル」に続く。 |
| | 勉強する | べんきょう | させし | し | する | する | すれ | しろ せよ | |

## 形容詞の活用 （→p.41）

| 活用の種類 | 基本形 | 活用形 語幹／続き方 | 未然形 う | 連用形 た・ない・なる | 終止形 。（句点） | 連体形 とき・ので | 仮定形 ば | 命令形 。（句点） | 要点 |
|---|---|---|---|---|---|---|---|---|---|
| （一種類） | 高い | たか | かろ | かっ く う | い | い | けれ | ○ | 活用の種類は一種類で、命令形はない。語幹は「し」の付くものと付かないものがある。 |
| | 優しい | やさし | かろ | かっ く う | い | い | けれ | ○ | |

## 形容動詞の活用 （→p.44）

| 活用の種類 | 基本形 | 活用形 語幹／続き方 | 未然形 う | 連用形 た・ない・なる | 終止形 。（句点） | 連体形 とき・ので | 仮定形 ば | 命令形 。（句点） | 要点 |
|---|---|---|---|---|---|---|---|---|---|
| （二種類） | きれいだ | きれい | だろ | だっ で に | だ | な | なら | ○ | 活用の種類は二種類で、命令形はない。「～です」の形には仮定形もない。 |
| | きれいです | きれい | でしょ | でし | です | （です） | ○ | ○ | |

## 助動詞の活用 （→p.53）

| 意味 | 基本形 | 用例＼活用形 | 未然形 | 連用形 | 終止形 | 連体形 | 仮定形 | 命令形 | 主な接続 |
|---|---|---|---|---|---|---|---|---|---|
| 受け身<br>尊敬<br>自発<br>可能 | れる | 呼ばれる | れ | れ | れる | れる | れれ | れろ<br>れよ | 動詞の未然形（五段・サ変） |
| | られる | 来られる | られ | られ | られる | られる | られれ | られろ<br>られよ | 動詞の未然形（上一段・下一段・カ変） |
| 使役 | せる | 読ませる | せ | せ | せる | せる | せれ | せろ<br>せよ | 動詞の未然形（五段・サ変） |
| | させる | 着させる | させ | させ | させる | させる | させれ | させろ<br>させよ | 動詞の未然形（上一段・下一段・カ変） |
| 推量<br>意志<br>勧誘 | う | 語ろう | ○ | ○ | う | （う） | ○ | ○ | 未然形（五段・形容詞・形容動詞） |
| | よう | 見よう | ○ | ○ | よう | （よう） | ○ | ○ | 動詞の未然形（五段以外） |
| 打ち消しの推量<br>打ち消しの意志 | まい | 降るまい | ○ | ○ | まい | （まい） | ○ | ○ | 動詞の終止形（五段）<br>動詞の未然形（五段以外） |
| 打ち消し | ない | 行かない | なかろ | なかっ<br>なく | ない | ない | なけれ | ○ | 動詞の未然形 |
| | ぬ（ん） | ならぬ<br>（ならん） | ○ | ず | ぬ（ん） | ぬ（ん） | ね | ○ | |
| 過去<br>完了<br>存続 | た（だ） | 行った | たろ<br>（だろ） | ○ | た（だ） | た（だ） | たら<br>（だら） | ○ | 連用形（動詞・形容詞・形容動詞） |

| | | | | | | | | | |
|---|---|---|---|---|---|---|---|---|---|
| 希望 | たい | 書きたい | たかろ | たかっ<br>たく | たい | たい | たけれ | ○ | 動詞の連用形 |
| | たがる | 眠たがる | たがら<br>(たがろ) | たがり<br>たがっ | たがる | たがる | たがれ | ○ | |
| 断定 | だ | 本だ | だろ | だっ<br>で | だ | (な) | なら | ○ | 体言 |
| | です | 本です | でしょ | でし | です | (です) | ○ | ○ | |
| 丁寧 | ます | 明けます | ませ<br>ましょ | まし | ます | ます | ますれ | ませ<br>まし | 動詞の連用形 |
| 様態 | そうだ<br>(様態) | 降りそうだ | そうだろ | そうだっ<br>そうで<br>そうに | そうだ | そうな | そうなら | ○ | 動詞の連用形<br>形容詞・形容動詞の語幹 |
| | そうです<br>(様態) | 降りそうです | そうでしょ | そうでし | そうです | (そうです) | ○ | ○ | |
| 伝聞 | そうだ<br>(伝聞) | 降るそうだ | ○ | そうで | そうだ | ○ | ○ | ○ | 終止形(動詞・形容詞・形容動詞) |
| | そうです<br>(伝聞) | 降るそうです | ○ | そうでし | そうです | (そうです) | ○ | ○ | |
| 推定<br>たとえ | ようだ | 降るようだ | ようだろ | ようだっ<br>ようで<br>ように | ようだ | ような | ようなら | ○ | 連体形(動詞・形容詞・形容動詞)<br>助詞「の」 |
| | ようです | 降るようです | ようでしょ | ようでし | ようです | (ようです) | ○ | ○ | |
| 推定 | らしい | 降るらしい | ○ | らしかっ<br>らしく | らしい | らしい | (らしけれ) | ○ | 終止形(動詞・形容詞)<br>形容動詞の語幹　体言 |

# まるごと漢字チェック①〔小学のおさらい〕

／100点

解答・解説は別冊p.32へ

**1** 次の――線部の漢字の読み方を書きなさい。〈各2点〉

(1) **明細**を確認する。

(2) **育児**休暇(きゅうか)をとる。

(3) **考古**学を研究する。

(4) 授業の内容について**質問**する。

(5) **至上**命令が下る。
※必ず従わなければいけない命令のこと。

(6) **広告**の言葉に注目する。

(7) 環境(かんきょう)問題に**関心**をもつ。

(8) 天体観測に**絶好**の機会がくる。

(9) スマホの使い方を**説明**する。

(10) **人類**の起源について調べる。

(11) **晴耕**雨読の日々を過ごす。

(12) 毎日少しずつ**努力**する。

(13) **警報**が鳴り響(ひび)く。

(14) **腹**が痛くなり早退する。

(15) **鏡**に映った顔を見る。

(16) **潮時**の判断をする。

(17) アサガオを毎日**観察**する。

(18) **往復**切符(きっぷ)を買う。

(19) **定**められた規則に従う。

(20) 技術を**革新**する。

**2** 次の――線部のカタカナを適切な漢字に直して書きなさい。〈各3点〉

(1) **ジキュウ**走のタイムが縮む。
(2) **ケイザイ**活動が活発になる。
(3) **ボウカン**のためコートを着る。
(4) 歴史についての**コウギ**を聞く。
(5) **タイジュウ**が増える。
(6) 宅配便の**フザイ**票が届いた。
(7) 災害支援（しえん）のために**キフ**をする。
(8) 問題について**シアン**する。
(9) 水玉**モヨウ**の傘（かさ）をさす。
(10) 彼（かれ）は**ウラオモテ**のない性格だ。
(11) ピアノを**エンソウ**する。
(12) **レイゾウコ**のドアを閉める。

**3** 次の――線部のカタカナを適切な漢字に直して書きなさい。〈各2点〉

(1)
① 大きな**シ**命がある。
② 生**シ**の境をさまよう。

(2)
① 犬も歩けば**ボウ**に当たる
② 予**ボウ**注射を打つ。

(3)
① 故**キョウ**へ錦（にしき）を飾（かざ）る
② **キョウ**室が静まり返る。

(4)
① **ク**労して料理を作る。
② 語**ク**の意味を調べる。

(5)
① **セン**争の歴史を学ぶ。
② **セン**門家の話を聞く。

(6)
① 職場の環境（かんきょう）を**カイ**善する。
② お土産（みやげ）に**カイ**産物を買う。

# まるごと漢字チェック②

〔中学の重要漢字〕

／100点

解答・解説は別冊p.33へ

**1** 次の――線部の漢字の読み方を書きなさい。〈各2点〉

(1) テレビには大きな**影響**力がある。
(2) **丹精**して花を育てる。
(3) 陸上選手が**跳躍**する。
(4) 話が**脱線**する。
(5) **謙譲**語を学ぶ。
(6) 質問を受けて、**即時**に答える。
(7) 本の内容に**啓発**される。※人が気づかない問題について、教え示すこと。
(8) **澄**んだ湖で泳ぐ。
(9) **漫画**を読む。
(10) 勲章(くんしょう)を**授与**される。

(11) **恋愛**相談を受ける。
(12) **廊下**を掃除(そうじ)する。
(13) **模範**的な行動をする。
(14) 爪(つめ)をかむ**癖**を直す。
(15) ブドウの**房**を摘(つ)む。
(16) **衝撃**の事実を知る。
(17) **堅牢**な家を建てる。※じょうぶなこと。
(18) **壮麗**な宮殿(きゅうでん)に目を見張る。
(19) **魅力**的な提案を受ける。
(20) 芸術を**擁護**する。

## 2 次の――線部のカタカナを適切な漢字に直して書きなさい。〈各3点〉

(1) 部屋を**ソウショク**する。
(2) **ヒマ**を持て余す。
(3) **レイギ**作法を身につける。
(4) 突然（とつぜん）の**カミナリ**に驚（おどろ）く。
(5) 彼（かれ）は**ボウケン**心が旺盛（おうせい）だ。
(6) 病院でけがを**チリョウ**する。
(7) 好きな曲を**ク**り返し聞く。
(8) 二つの国の文化を**ヒカク**する。
(9) **ジュウドウ**の技を覚える。
(10) **ニモノ**の作り方を教わる。
(11) 資料を**エツラン**する。
(12) **レットウカン**に苦しむ。

| (1) | (2) | (3) | (4) | (5) | (6) | (7) | (8) | (9) | (10) | (11) | (12) |
|---|---|---|---|---|---|---|---|---|---|---|---|
| | | | | | | | | | | | |

## 3 次の――線部を正しい漢字に直して、送り仮名とともに書きなさい。〈各2点〉

(1) 富士山（ふじさん）が湖面に**写る**。
(2) 反対派が多数を**締める**。
(3) 鍋（なべ）の湯を**湧かす**。
(4) **手固く**勝負をする。
(5) 稚魚（ちぎょ）を川に**離す**。
(6) 友達のために時間を**裂く**。
(7) 一切の連絡（れんらく）を**裁つ**。
(8) 気持ちを顔に**現す**。
(9) 怒（いか）りを**押さえる**。
(10) 遅刻（ちこく）したことを**誤る**。
(11) 大河の周辺に文明が**起こる**。
(12) 小売店に品物を**下ろす**。

| (1) | (2) | (3) | (4) | (5) | (6) | (7) | (8) | (9) | (10) | (11) | (12) |
|---|---|---|---|---|---|---|---|---|---|---|---|
| | | | | | | | | | | | |

# まるごと漢字チェック③

〔中学の重要漢字〕

／100点

解答・解説は別冊p.33へ

**1** 次の——線部の漢字の読み方を書きなさい。〈各2点〉

(1) 猫（ねこ）が草むらに**潜**んでいる。

(2) **既知**の友人について話す。
※すでに知っていることや知られていること。

(3) 人間関係を**円滑**にする。

(4) 議論の**概要**をまとめる。

(5) **穏健**な意見を述べる。
※おだやかで、行き過ぎがないこと。

(6) 大豆を**発酵**させる。

(7) **宴会**の準備をする。

(8) **山岳**地帯を訪れる。

(9) 幅広（はばひろ）く意見を**募**る。

(10) **鶏**を飼育する。

(11) 足の**甲**を椅子（いす）にぶつける。

(12) **肝臓**は沈黙（ちんもく）の臓器とも呼ばれる。

(13) 文章の要点に**傍線**を引く。

(14) 地面の**傾**きを測る。

(15) クラスの目標を**掲示**する。

(16) 栄養を十分に**摂取**する。

(17) **魂**を込（こ）めて彫刻（ちょうこく）を作る。

(18) **酔**い止めを飲んでバスに乗る。

(19) 気の**緩**みが事故につながる。

(20) 熱で空気が**膨張**する。

**2** 次の――線部のカタカナを適切な漢字に直して書きなさい。〈各3点〉

(1) デパートの**サイジ**場を訪れる。
(2) 恐竜(きょうりゅう)の**ゼツメツ**について調べる。
(3) 過去の失敗を**ク**やむ。
(4) **ネバ**り強く課題に取り組む。
(5) 水田で**イナサク**を行う。
(6) 困難な事業を成し**ト**げる。
(7) **アセ**る必要はない。
(8) ごみを**フクロ**に入れて持ち帰る。
(9) **キンチョウ**しながら発表する。
(10) 気温が連日**ジョウショウ**する。
(11) **ソウギ**に参列する。
(12) **イッカン**した態度をとる。

**3** 次の――線部を、音読みや訓読みが同じである正しい漢字に直して書きなさい。〈各2点〉

(1) 庭に雑草が**煩**茂(も)する。
(2) 乾(かわ)いた**攻**野を歩く。
(3) 一**旬**の出来事を見逃(みのが)す。
(4) 仕事の**居**点を確保する。
(5) 実った麦を**借**り取る。
(6) 水**采**絵の具で絵を描(か)く。
(7) 仕事に**紡**殺される。
(8) 雨水が地面に**侵**透(とう)する。
(9) **賸**争心に火がつく。
(10) 被災地(ひさいち)で救**煙**活動を行う。
(11) 歩いて**却**力を鍛(きた)える。
(12) 注意事**考**を伝える。

# まるごと漢字チェック④

〔中学の重要漢字〕

／100点

解答・解説は別冊p.33へ

**1** 次の――線部の漢字の読み方を書きなさい。〈各2点〉

(1) **巨匠**の作品に感心する。
(2) **自虐**的な態度をたしなめる。
※自分で自分を責めること。
(3) 食物**繊維**が豊富な食品をとる。
(4) 鉛筆（えんぴつ）の**軸**が折れる。
(5) 数学を**基礎**から復習する。
(6) 節分に**鬼**のお面をつける。
(7) **奇妙**な事件が起こる。
(8) **軒先**に干し柿（がき）をつるす。
(9) 道をアスファルトで**舗装**する。
(10) **猛暑**で体調を崩（くず）す。

| (1) | (2) | (3) | (4) | (5) | (6) | (7) | (8) | (9) | (10) |
|---|---|---|---|---|---|---|---|---|---|
| | | | | | | | | | |

(11) 創作の**幅**が広がる。
(12) 小説の**原稿**を執筆（しっぴつ）する。
(13) **信仰**を深める。
(14) **名誉**を守るために裁判を起こす。
(15) **薄目**で様子をうかがう。
(16) 勝負のために力を**蓄**える。
(17) 国会を**召集**する。
(18) 携帯（けいたい）電話が**圏外**になる。
(19) ポイントを**獲得**する。
(20) オンラインで**販売**する。

| (11) | (12) | (13) | (14) | (15) | (16) | (17) | (18) | (19) | (20) |
|---|---|---|---|---|---|---|---|---|---|
| | | | | | | | | | |

**2** 次の――線部のカタカナを適切な漢字に直して書きなさい。〈各3点〉

(1) **ゴウカイ**な笑い声が響(ひび)く。

(2) 強い**キョウフ**を感じる。

(3) **クモ**りがちの天気が続く。

(4) **ウラナ**いには古い歴史がある。

(5) 現場の**サンジョウ**に胸を痛める。

(6) 城の**アトチ**を調査する。

(7) 虎(とら)の**オ**を踏(ふ)む心地がする。

(8) **メズラ**しい本を手に入れる。

(9) 故人の冥福(めいふく)を**イノ**る。

(10) 権利の侵害(しんがい)に**テイコウ**する。

(11) **コウレイ**の行事に参加する。

(12) **ジシン**に備えて家具を固定する。

**3** 次の――線部のカタカナを適切な漢字に直して書きなさい。〈各2点〉

(1)
① 葉の気**コウ**を観察する。
② **コウ**外に引っ越(こ)す。

(2)
① **ジュン**法意識が高まる。
② 植物の土を湿(しっ)**ジュン**に保つ。

(3)
① **ヒ**屈(くつ)な態度をとる。
② 石**ヒ**を建てる。

(4)
① 波**ロウ**警報が発表される。
② 情報の**ロウ**えいを防ぐ。

(5)
① 英文を**ホン**訳する。
② 会議の準備に**ホン**走する。

(6)
① 山で**リョウ**をする。
② 食**リョウ**事情を改善する。

# まるごと漢字チェック⑤
〔中学の重要漢字〕

／100点

解答・解説は別冊p.34へ

**1** 次の――線部の漢字の読み方を書きなさい。〈各2点〉

(1) 熱心に**鍛錬**に取り組む。
(2) **偶然**の巡(めぐ)り合わせに驚(おどろ)く。
(3) **架空**の世界を想像する。
(4) 親からの**束縛**を嫌(いや)がる。
(5) 歴史を**如実**に表した絵を見る。
(6) **濃霧**で前方が見えなくなる。
(7) **柄**にもないことを言う。
(8) **恥**を忍(しの)んで助けを借りる。
(9) **日陰**に入って涼(すず)む。
(10) 新しい**惑星**を発見する。

(11) **月賦**でパソコンを購入(こうにゅう)する。
※何回かに分けて月ごとに支はらうこと。
(12) 花を本に挟(はさ)んで**押**し花を作る。
(13) 銀の食器が光り**輝**く。
(14) **暦**の上では春になった。
(15) 読書を**途中**で中断する。
(16) 裁判で**被告**人を弁護する。
※うったえを起こされた者のこと。
(17) 交通違反(いはん)を**処罰**する。
(18) 船が港に**停泊**する。
(19) 空気が**振動**して音となる。
(20) 複数のシステムを**連携**させる。

**2** 次の――線部のカタカナを適切な漢字に直して書きなさい。〈各3点〉

(1) 粗大(そだい)ごみを**ハイキ**する。
(2) 部活の**コモン**の先生に相談する。
(3) 作文の中の**カタ**い表現を直す。
(4) 水をかけて**ホノオ**を消す。
(5) 草木が**ヨツユ**にぬれる。
(6) **シンロウ**新婦を祝福する。
(7) 教室が**バクショウ**に包まれる。
(8) 試合の**シュウバン**で力尽(つ)きる。
(9) 英語を**クシ**して説明する。
(10) **ソウナン**者を保護する。
(11) **トツゼン**の出来事に驚(おどろ)く。
(12) 伝統を**ケイショウ**する。

**3** 次の――線部のカタカナを適切な漢字に直して書きなさい。〈各2点〉

(1) ① 将来について**ソウゾウ**する。
② **ソウゾウ**的な作業を好む。
(2) ① 優れた技術に**カンシン**する。
② 子供の**カンシン**を買う。
(3) ① 食品の**フハイ**を防ぐ。
② **フハイ**の記録を誇(ほこ)る。
(4) ① **チュウショウ**画を鑑賞(かんしょう)する。
② **チュウショウ**に苦しむ。
(5) ① 成功を**カクシン**する。
② **カクシン**をつく。
(6) ① **イゼン**とは違(ちが)う姿。
② **イゼン**として謎(なぞ)が残る。

# まるごと漢字チェック⑥

〔入試でよく出る漢字〕

／100点

解答・解説は別冊p.34へ

**1** 次の――線部の漢字の読み方を書きなさい。〈各2点〉

(1) 高い所から景色を**眺**める。

(2) 難しい言葉を**注釈**する。

(3) 病院で**打撲**と診断(しんだん)される。

(4) 先輩(せんぱい)を**模倣**して練習する。

(5) **厄介**な問題が起こる。

(6) **養蚕**の様子を見学する。

※絹の原料となるまゆを取るために蚕を飼うこと。

(7) 中華(ちゅうか)料理店で**酢豚**を注文する。

(8) 世界で**唯一**の宝物を見つける。

(9) 羊毛に**酷似**した化学繊維(せんい)を使う。

※きわめてよく似ていること。

(10) 絵を**額縁**に入れて飾(かざ)る。

(11) コンクールへの応募(おうぼ)を**奨励**する。

(12) **添加**物が少ない食品を選ぶ。

(13) 汚(よご)れたシャツを**漂白**する。

(14) 新曲を**試聴**する。

(15) 失敗して**挫折**しそうになる。

(16) **芝居**の配役を決める。

(17) **渋柿**から干し柿を作る。

(18) 小説の**執筆**のために徹夜(てつや)する。

(19) 彼女(かのじょ)の思想に**共鳴**する。

(20) 体力を**消耗**する。

**2** 次の――線部のカタカナを適切な漢字に直して書きなさい。〈各3点〉

⑴ デントウのやり方に従う。
⑵ 鉛筆（えんぴつ）でリンカクを描（えが）く。
⑶ ヘイコウ感覚に優れている。
⑷ ムジュン点を指摘（してき）する。
⑸ 人の流れがトドコオる。
⑹ 自分の行動をナイセイする。
⑺ 登山の途中（とちゅう）でハイクを詠（よ）む。
⑻ 小説のキョコウの世界を楽しむ。
⑼ オリンピックがヘイマクする。
⑽ 生徒会長のセキムを果たす。
⑾ 相手のキゲンを損なう。
⑿ 知識を貪欲（どんよく）にキュウシュウする。

**3** 次の――線部を正しい漢字に直して、送り仮名とともに書きなさい。〈各2点〉

⑴ 授業中の私語を謹む。
⑵ 夜遅（おそ）くに家に付く。
⑶ 絵の具を交ぜ合わせる。
⑷ 口笛を拭く。
⑸ 朝起きるのが速い。
⑹ ここには始めて来た。
⑺ 朝日に栄える山を見る。
⑻ 言葉を心に止める。
⑼ 事業の合理化を測る。
⑽ 雪溶け水が川に流れ込（こ）む。
⑾ 家業を次ぐために帰郷する。
⑿ 紙くずを円めて捨てる。

# まるごと漢字チェック⑦〔入試でよく出る漢字〕

／100点

解答・解説は別冊p.34へ

**1** 次の――線部の漢字の読み方を書きなさい。〈各2点〉

(1) パンの焼ける匂(にお)いが**充満**する。

(2) **貿易**黒字が増加する。

(3) パソコンから会員**登録**する。

(4) **境界**線を引く。

(5) **財布**を置き忘れる。

(6) **旅券**を発行する。

(7) **汽笛**の音が聞こえる。

(8) **指揮**者の動きに注目する。

(9) コンピュータを**制御**する。

(10) 川が**氾濫**する。

(11) **風情**のある庭を散歩する。

(12) 業績に**貢献**した社員を表彰(ひょうしょう)する。

(13) **率直**な言葉を好ましく思う。

(14) **勘**がよく働く。

(15) **都合**の良い日を尋(たず)ねる。

(16) **万全**の態勢で臨む。

(17) **意図**をわかりやすく伝える。

(18) **無為**な日々を過ごす。
※何もしないでぶらぶらしていること。

(19) 表現を**工夫**する。

(20) 乗り物の**形態**が変わる。

## 2 次の——線部のカタカナを適切な漢字に直して書きなさい。〈各3点〉

(1) 鉄道の**シャソウ**から風を感じる。
(2) 力士が**ドヒョウ**際（ぎわ）でせめぎ合う。
(3) **ユウビン**物が遅（おく）れて届く。
(4) **タントウ**直入に尋（たず）ねる。
(5) **キュウキュウ**車が駆（か）けつける。
(6) 新聞を**ソウカン**する。
(7) 昼も夜も**キンベン**に働く。
(8) 長い髪（かみ）を**ユ**い上げる。
(9) 書類を**チマナコ**になって探す。
(10) 批判の**ヤオモテ**に立つ。
(11) **ビンボウ**性で物を捨てられない。
(12) **バイショウ**責任を負う。

## 3 次の——線部のカタカナを適切な漢字に直して書きなさい。〈各2点〉

(1)
① 船で**コウ**路に乗り出す。
② 岩穴に深い**コウ**道を掘（ほ）る。

(2)
① **ボウ**主（ず）めくりをして遊ぶ。
② 辛（しん）**ボウ**強い性格になる。

(3)
① 単身**フ**任が決まる。
② 神社で護**フ**を買う。

(4)
① **シ**雄（ゆう）を決する勝負。
※戦って勝敗を決めること。
② 雑**シ**を購読（こうどく）する。

(5)
① 震災（しんさい）の**ギ**牲（せい）者を悼（いた）む。
② 詐（さ）**ギ**師にだまされる。

(6)
① 恩**シャ**が閣議で決定される。
※特別な恩典によって刑罰を許したり軽くしたりすること。
② 複**シャ**した文字が薄（うす）くなる。

# まるごと漢字チェック⑧

## 〔入試でよく出る漢字〕

／100点

解答・解説は別冊p.35へ

**1** 次の——線部の漢字の読み方を書きなさい。〈各2点〉

(1) **納税**の義務を果たす。

(2) 子供の**克己**心を育てる。
※自らの欲望をおさえようとすること。

(3) **禁忌**の地に足を踏(ふ)み入れる。

(4) **森羅**万象について語り合う。
※天地の間に存在するあらゆるもののこと。

(5) 祖父は**寡黙**な人だ。

(6) 時代を**象徴**する存在となる。

(7) 市場では**競争**原理が働く。

(8) 望んでいた職に**就**く。

(9) 年齢(ねんれい)を**偽**る。

(10) 多くの書籍(しょせき)を**著**す。

(11) **戒律**を守る。

(12) **憂国**の若者たちが集まる。

(13) **趣味**の良さを褒(ほ)める。

(14) 商品の購入(こうにゅう)を**促**す。

(15) 困った状態に**陥**る。

(16) **偏食**を直すために工夫する。

(17) 新しい**窯**を作る。

(18) **覆水**盆(ぼん)に返らず

(19) カーテンで日差しを**遮**る。

(20) 頼(たの)まれごとを**拒**む。

## 2 次の――線部のカタカナを適切な漢字に直して書きなさい。〈各3点〉

(1) **シュクシャク**された地図を見る。
(2) 着物の**スソ**を直す。
(3) 社会の**チツジョ**を守る。
(4) **サイバン**を傍聴(ぼうちょう)する。
(5) 家事の**フタン**を減らす。
(6) 締(し)め切りを**ゲンシュ**する。
(7) **キゲキ**の脚本(きゃくほん)を書く。
(8) **メンミツ**な計画を立てる。
(9) 彼(かれ)は**ズイブン**と疲(つか)れて見える。
(10) **ジュヒ**からコルクを作る。
(11) 一面に**バイリン**が広がる。
(12) 森の中を**サンサク**する。

## 3 次の――線部のカタカナを適切な漢字に直して書きなさい。〈各2点〉

(1) ① **シュウカン**的に運動する。
② **シュウカン**誌を買う。
(2) ① 責任を**ツイキュウ**する。
② 理想を**ツイキュウ**する。
(3) ① 彫刻(ちょうこく)を**カンショウ**する。
② 私生活に**カンショウ**する。
(4) ① 左右**タイショウ**に図を描(か)く。
② 研究**タイショウ**を選ぶ。
(5) ① **サイコウ**のため窓を作る。
② **サイコウ**の思い出になる。
(6) ① 会議で**イギ**を唱える。
② 法案の**イギ**を問う。

# やさしくまるごと中学国語 改訂版

**著者**：永山富美

**イラスト**：春原弥生，関谷由香理（ミニブック）

**ＤＶＤ・ミニブック・計画シート 監修協力**：葉一

**デザイン**：山本光徳

**データ作成**：株式会社四国写研

**動画編集**：学研編集部（ＤＶＤ），渡辺泰葉（授業動画）

**ＤＶＤオーサリング**：株式会社メディアスタイリスト　**ＤＶＤプレス**：東京電化株式会社

**企画・編集**：宮﨑 純，石河真由子，辻田紗央子，八巻明日香（改訂版）

**執筆協力**：坪井俊弘

**編集協力**
（有）育文社，奥野 薫，遠藤理恵，曽雌和子，坪井俊弘，（株）オルタナプロ
田中裕子，粕谷佳美，佐藤玲子

# やさしくまるごと中学国語 改訂版

## 別冊

Gakken

軽くのりづけされていますので，ゆっくりと取りはずしてお使いください。

# 言葉には単位がある!?

## Lesson 1 の力だめし

1 四

2 (1) 昨日、／私は／公民館で／演劇を／鑑賞した。

(2) この／本の／内容を／参考に／して／論文を／書こう。

3 ウ

4 戻って／きた／あの／二人は、／どうやら／姉妹らしい。／しかし、／その／ことは／まだ／誰にも／知られて／いない ようだ。

## 解説

1 言葉の単位のうち、「文」とは、一つのまとまった意味を表す一続きの言葉のことを指す。「文」の終わりには「。（句点）」を打つのが基本的なルールである。

問題の文章では、まず「ふと、目を閉じると、風の音が聞こえてきた。」までが、一つめの文。続いて「初夏のやわらかくて暖かい草の匂いがした。」までが、二つめの文。「とても穏やかで、くつろいだ気分になった。」が、三つめの文。続いて「私は、この今の気分をどうにか作品にしてみたい、この気持ちを多くの人に伝えたい、そんなふうに思ったのだ。」までが、四つめの文。「私は、この今の気分をどうにか作品にしてみたい」「この気持ちを多くの人に伝えたい」をそれぞれ一つの文と数えないように注意。これらは、引用として四つめの文に含まれている部分。

2 (1)「ネ」を入れて読んでみると、「昨日ネ、私はネ　公民館でネ　演劇をネ　鑑賞したネ。」のように区切れるのがわかる。区切れた一つ一つが文節になる。「鑑賞」と「した」を区切らないように注意。「鑑賞した」で一語の言葉なので、二つに区切ってはいけない。「鑑賞ネ　したネ」と「ネ」を入れて区切ってみると、意味が通じないので、文節には区切れないことがわかる。

(2) (1)と同じように「ネ」を入れて読んでみると、「このネ　本のネ　内容をネ　参考にネ　してネ　論文をネ　書こう。」のように区切れる。これも、区切れた一つ一つが文節になる。「参考に」と「して」は、それぞれが一つの文節。「参考にして」と一文節にしてしまわないように注意。「参考にネ　してネ」と「ネ」を入れて区切れることから判断できる。

3 問題文は、まず、「その／男は、／泣きそうな／声で／語った。」のように文節に区切ることができる。そして、その上でそれぞれの文節が意味を持つ言葉として区切れるかどうかを考える。例えば、「その」という冒頭の文節は、「そ」と「の」に区切ってしまうと、それぞれが意味をなさなくなってしまう。それに対して、「男は」という文節は、「男」「は」と区切ると、「男」が意味を持つ言葉として成り立ち、さらに「は」は他の言葉に付けて意味を示す言葉になっている。同様に、文節「泣きそうな」は「泣き（泣く）」と「そうな（そうだ）」に、文節「声で」は「声」「で」に、文節「語った」は「語っ（語る）」と「た」に、それぞれ単語として区切ることができる。

4 まず、この文章は「戻ってきたあの二人は、どうやら姉妹らしい。」と「しかし、そのことはまだ誰にも知られていないようだ。」という二つの文に分けられる。

さらに、それぞれの文は、「戻って（ネ）／きた（ネ）／あの（ネ）／二人は（ネ）／どうやら（ネ）／姉妹らしい。」「しかし（ネ）、／その（ネ）／ことは（ネ）／まだ（ネ）／誰にも（ネ）／知られて（ネ）／いないようだ。」のように、文節に区切ることができる。ここでは、「戻ってきた」「姉妹らしい」「そのことは」「いないようだ」の区切り方に注意する。「戻ってきた」は、「ネ」を入れてみれば、「戻って」と「きた」の二つの文節に区切れることがわかる。「姉妹らしい」「いないようだ」については、「らしい」「ようだ」という単語の知識がないと理解しにくい。それについては、レッスン3で学習するが、「らしい」「ようだ」は付属語といって、単独では文節を作ることができない単語である。よって、「姉妹」と「らしい」、「いない」と「ようだ」には文節で区切ることができない。後のレッスン3で付属語について学習したあと、再び確認するとよい。

最後にそれぞれの文節を単語に区切る。区切った文節から、単独でも意味をなす言葉を取り出すつもりで、単語に区切っていくとよい。例えば「戻って」という文節には、「戻る」という単語が含まれていることがわかる。また「二人は」という文節には「二人」という単語が含まれていることがわかる。

「知られて」という文節には「知る」という単語が含まれているが、さらに「れ」「て」という別々の単語が含まれている。「れ」は助動詞、「て」は助詞という単語で、それぞれ働きが異なる。そこで、別々の単語として区別しているのである。言葉の最小単位である単語は、一つ一つ単語としての文の中での働きを持っているのである。

## 文節と文節の関係・文の成分

**チェックテスト**

①修飾・被修飾の関係　②並立の関係
③補助の関係　④補助の関係
⑤主語・述語の関係
⑥修飾・被修飾の関係

**解説**

①「みんなで」は「した」の内容をくわしくしている修飾語。「した」のが「誰と」なのかを表している。修飾・被修飾の関係に限らず、文節と文節の関係は、他の文節をはさんで関わり合うこともあるので、注意が必要。

②「細くて／長い」は、前後の文節の内容を入れ替えて「長くて／細い」としても意味が変わらない。そのことから、「細くて」と「長い」は対等に並ぶ関係であることがわかる。

③「やって」の「て」に着目する。「て」は、補助の関係を見つける目安。文節の関係の問題で「て」を見つけたら、まず補助の関係があやしいと考える。「きた」は、上の文節「やって」に補助的な意味を加えている。

④「ほしい」は、本来の「手に入れたい」という意味が薄れ、「…もらいたい」という自分の要求を他人に求める補助的な意味を表す文節になっている。「貸して」の「て」に注意。

⑤「何が」の形になっている文節は、主語であることが多い。「何が」の文節を見つけたら、それに対応する「どうする・どんなだ・何だ・ある・いる・ない」の文節、つまり述語があるかどうか確認する。

⑥「ワンワンと」は、「ほえられた」の内容について、どのように「ほえられた」のかをくわしくしている文節。このような擬声語・擬態語を含む文節は、修飾語になる。

**チェックテスト**

①　aオ　bア　cイ
②　aウ　bウ　cイ
③　aウ　bイ　cア　dウ
④　aエ　bウ　cイ

**解説**

①——線a「九月十九日」は、他の文節と直接結びつかない文節なので独立語。

——線b「それは」は「それが」に言い換えることができるので、主語だとわかる。

——線c「私の誕生日です」は、「私の」と「誕生日です」という二つの文節が修飾・被修飾の関係で結びついた連文節。この連文節で述語と同じ働きをする述部になっている。

②――線a「ハンバーグの作り方を」は、「ハンバーグの」と「作り方を」という二つの文節が修飾・被修飾の関係で結びついた連文節。この連文節で修飾語と同じ働きをする修飾部になっている。

――線b「母親に」は「教わった」という文節の内容について、「誰に」という内容をくわしく述べている文節。よって、修飾語。

――線c「教わった」は、文全体の述語になっている。なお、この文には、この「教わった」という述語に対する主語はない。（「私は」が省略されている。）主語・述語の関係は、文の重要な骨組みだが、すべての文に存在するわけではない。

③まず、この文全体が倒置文になっていることに注意。各文節を一般的な平叙文の語順にしてみると、「君も／遊園地に／一緒に／行こう。」のようになる。このように、語順を並べかえてから、文の成分を考えるとよい。「遊園地に」「一緒に」は、それぞれが「行こう」という文節にかかっている修飾語。

④――線a「風が冷たいから」は、「風が」と「冷たいから」という二つの文節が主語・述語の関係で結びついて連文節となり、あとの「手袋を／しよう」の部分に、原因・理由を示す関係で結びついている。よって、接続部。

## Lesson 2 の力だめし

1 (1)オ (2)イ (3)ア (4)エ (5)ウ

2 ①オ ②エ ③ア ④ウ ⑤イ

3 (1)述部 (2)接続部 (3)主部

**解説**

1 (1)上の文節が「並んで」と「で」で終わっていることに注意。「て・で」は、補助の関係を見つける目安。

(4)「野菜や果物を」は、「果物や野菜を」のように入れ替えても文の意味が変わらない。「野菜や」「果物を」の文節は対等に並んでいることがわかる。

2 ②「だから」は、前後の文をつなぐ働きをしている文節。

③主語「観光客が」に対しては「集まっているのか」が述部。

3 (1)「物理学と」と「化学だ」は、二つの文節が対等に並ぶ並立の関係。二つの文節が並立の関係で結びつき、述部になっている。

(2)この文は「朝から準備をしていた」と「間に合わなかった」が「が」という言葉で接続している。この「が」を含む前半の部分が接続部になる。

# Lesson 3 単語を分類してみよう！

**チェックテスト**

A…①・③・⑤・⑦・⑨・⑪・⑫・⑭・⑯・⑲・㉑

B…②・④・⑥・⑧・⑩・⑬・⑮・⑰・⑱・⑳

**解説**

自立語とは、それだけで意味がわかる単語で、さらに、それだけで文節を作ることができる単語である。それに対して、付属語は、それだけでは意味がわからない単語で、文節の中では必ず自立語に付いて用いられる。つまり、付属語は、文節の頭にあることは、決してないということになる。だから、文節に区切ったときに、それぞれの文節の頭にあるのが自立語ということになる。

問題の文を文節で区切ってみると、「私は／海が／好きなので、／将来は／海の／見える／場所に／家を／建てたいと／思って／いる。」のように区切ることができる。この、それぞれの文節の頭にあるのが、すべて自立語ということになる。そこで、自立語は各文節の頭にある、①「私」、③「海」、⑤「好きな」、⑦「将来」、⑨「海」、⑪「見える」、⑫「場所」、⑭「家」、⑯「建て」、⑲「思っ」、㉑「いる」となり、付属語はその自立語に付いている。②「は」、④「が」、⑥「ので」、⑧「は」、⑩「の」、⑬「に」、⑮「を」、⑰「たい」、⑱「と」、⑳「て」となる。このように、自立語と付属語の区別は、文節に区切ったときにどの位置にあるかで見分けられる。文節の頭にあれば自立語である。

　また、この問題で自立語と付属語に分類した単語を見比べると、自立語が「それだけで意味がわかる単語」であり、付属語が「それだけでは意味がわからない単語」であることもわかるだろう。①「私」、③「海」などの自立語に対して、②「は」、④「が」などは、文の中で他の単語とともに用いなければ意味をなさないことがわかる。自立語の⑤「好きな」、⑯「建て」、⑲「思っ」などは、この形ではなくて「好きだ」「建てる」「思う」のような言い切った形に直すと、それだけで意味がわかる単語であることがわかる。

**チェックテスト**

①・④・⑤・⑦・⑨

**解説**

　活用とは、あとに続く言葉によって、単語の語尾（ごび）が変化することである。単語が活用するか・しないかを判断する問題では、「〜ない」「〜た(だ)」「〜ば」などの、主なあとに続く言葉を覚えておいて、それをその単語に接続してみるとよい。

①「飛ぶ」は、「〜ない」を接続してみると「飛ばない」、「〜た(だ)」を接続してみると「飛んだ」、「〜ば」を接続してみると「飛べば」となり、「飛ぶ」が変化していることがわかる。

④「美しい」は、「〜ない」を接続してみると「美しくない」、「〜た(だ)」を接続してみると「美しかった」、「〜ば」を接続してみると「美しければ」となり、「美しい」が変化していることがわかる。

⑤「らしい」は、それだけでは意味がわからない単語なので付属語である。活用があるかどうかを調べるときには、単独ではなくて、「見るらしい」のように自立語を上に置いて考えるとよい。「見るらしい」には「〜ない」と「〜ば」は接続しにくいが、「〜た(だ)」を接続してみると、「見るらしかった」となり、「らしい」が「らしかっ」に変化していることがわかる。

⑦「静かだ」は、「〜ない」を接続してみると「静かでない」、「〜た(だ)」を接続してみると「静かだった」、「〜ば」を接続してみると「静かならば」となり、「静かだ」が変化していることがわかる。

⑨「使う」は、「〜ない」を接続してみると「使わない」、「〜た(だ)」を接続してみると「使った」、「〜ば」を接続してみると「使えば」となり、「使う」が変化していることがわかる。

## Lesson 3 の力だめし

**1** (1)ア　(2)ア　(3)イ　(4)ア　(5)イ

**2** (1)兄が／言った／とおりに／なった。
(2)この／草は／食べられるそうだ。

**3** (1)○　(2)×　(3)×　(4)○

**4** (1)客は／すでに／来て／いるらしい。
(2)映画を／見ようと／誘われ ました。

**解説**

**1** (1)この文を文節に区切ると「話すのは」で区切れるが、「話す」は、この文節の頭にきている。このことから、「話す」は自立語であることがわかる。また、「話す」は、それだけで意味がわかる単語である。

(2)「はい」は、それだけで応答を表す単語であることがわかるので、文節に区切らないでも、自立語であることがわかる。

(3)この文を文節に区切ると「行くか」で区切れるが、「か」は、この文節の頭にきていない。このことから、付属語であることがわかる。

(4)この文を文節に区切ると「しろ」で区切れる。その文節には「しろ」以外の単語が含まれていないので、自立語であることがわかる。また、「しろ」は、それだけで意味がわかる単語である。

(5)この文を文節に区切ると「なりそうだ」で区切れる。この文節の中では、文節の頭にある「なり」が自立語。「そうだ」は、単独では意味をなさず、「降りそうだ」のように、自立語について文節を作り、意味を添える働きをしている。

**2**

(1)文節に区切ると、「兄が／言った／とおりに／なった。」となり、「兄」「言っ」「とおり」「なっ」という自立語が、それぞれの文節の頭にきていることがわかる。

(2)「食べられるそうだ」で一文節。頭にある「食べ」だけが自立語。

**3**

(1)「(行き)たがらない」「(行き)たがった」「(行き)たがれば」のように変化する。

(4)「爽やかでない」「爽やかだった」「爽やかならば」のように変化する。

**4**

(1)「すでに」は一単語。「すで」だけでは意味をなさないので、「に」を付属語として分けないように注意。

(2)「誘われました」の「れ」「まし」「た」は、それぞれ単独の付属語。

# Lesson 4 体言って？

**チェックテスト**

A…①・④・⑥・⑦・⑨・⑩

B…②・③・⑤・⑧

名詞（代名詞）には、「が」を付けて主語になることができるという性質がある。そこで、名詞（代名詞）と他の品詞を見分けるときには、その単語に「が」を付けて、その文節で主語・述語の関係ができるかどうかを考えるとよい。

①問題文「彼らが対戦相手だ。」が、「何が―何だ」を表す主語・述語の関係の文になっていて、「彼らが」という文節が主語であることから、名詞（代名詞）であることがわかる。

②「どう」に、「が」を付けて、「どうが」のような文節にして、主語・述語の関係を作ることができない。よって、名詞（代名詞）ではない。「どう」は、主に連用修飾語になる自立語である副詞。

③「その」に、「が」を付けて、「そのが」のような文節にしても、主語・述語の関係を作ることができない。よって、名詞（代名詞）ではない。「その」は、連体修飾語になる自立語である連体詞。

④「こっち」に「が」を付けて、「こっちが」のような文節にすると、「こっちが私のだ。」のように主語・述語の関係を作ることができる。よって、名詞（代名詞）。

⑤「あんな」に、「が」を付けて、「あんなが」のような文節にしても、主語・述語の関係を作ることができない。よって、名詞（代名詞）ではない。「あんな」は、活用のある自立語で、ものの様子や状態を表す形容動詞。

⑥問題文「あちらが公会堂です。」が、「何が―何だ」を表す主語・述語の関係の文になっていて、「あちらが」という文節が主語であることから、名詞（代名詞）であることがわかる。

⑦問題文「我々が協力する。」が、「何が―どうする」を表す主語・述語の関係の文になっていて、「我々が」という文節が主語であることから、名詞（代名詞）であることがわかる。

⑧「どんな」に「が」を付けて、「どんなが」のような文節にしても、主語・述語の関係を作ることができない。よって、名詞（代名詞）ではない。「どんな」は、活用のある自立語で、ものの様子や状態を表す形容動詞。

⑨「君」に「が」を付けて、「君が」のような文節にすると、「君がリーダーだ。」のように主語・述語の関係を作ることができる。よって、名詞（代名詞）。

⑩「どれ」に「が」を付けて、「どれ が」のような文節にすると、「どれが百円か。」のように主語・述語の関係を作ることができる。よって、名詞(代名詞)。②「どう」と似た言葉だが、「どう」は副詞。品詞が異なるので間違えないように注意する。

▼チェックテスト

①ア ②オ ③ウ ④イ ⑤エ ⑥ア
⑦イ ⑧オ ⑨ア

解説

名詞の種類を見分けるときは、見分けやすい固有名詞・数詞・代名詞から考えるとよい。

②「ここ」は、場所を指し示す代名詞。

③「三日」は、物の数や量などを表す数詞。

④「富士山」は、地名を表す固有名詞。

⑤「こと」は、本来の「具体的な事柄」を表す名詞「こと」の意味が薄れ、上にある「辛い」の内容を事柄として扱うための意味を添えている形式名詞。

⑦「夏目漱石」は人名を表す固有名詞。

⑧「あれ」は、物事を指し示す代名詞。

①「美しさ」、⑥「りす」、⑨「平和」は普通名詞。

## Lesson 4 の力だめし

1 ふだんは静かなこの山小屋も、週末には、登山客がたくさん訪れ、にぎやかになることがあります。

2 (1)ウ (2)オ (3)ア (4)エ (5)イ (6)オ

3 (1)× (2)○ (3)× (4)○

4 (1)× (2)○ (3)○ (4)×

解説

1 「静かな」は形容動詞、「たくさん」は副詞、「訪れ」は動詞、「にぎやかに」は形容動詞、「なる」と「あり」は動詞。その他の単語は付属語。

2 (1)「一回」は、物の数を表す数詞。
(2)・(6)は、どちらも物事や人物を指し示す名詞。
(4)「つもり」は、本来の意味が薄れて形式的な意味を添えている形式名詞。

3 (1)「こんな」、(3)「そう」は、どちらも「が」を付けて主語にならないので、名詞(代名詞)ではない。(2)「こっち」、(4)「誰」は、どちらも「こっちが私のだ。」「誰が来たのか。」のように、主語になることができる。

4 (1)「とおり」、(4)「わけ」は、どちらも本来の意味で用いられている普通名詞。それに対して、(2)「とおり」、(3)「わけ」は、形式的に用いられている。

## Lesson 5 用言って?①(動詞の性質と活用形)

▼チェックテスト

動詞…①・③・⑤・⑦

解説

あらゆる単語から動詞だけを見分けるときには、まず、それぞれの単語に活用があるかないかを確かめる。そして、そのうちの活用がある単語について、言い切りの形がウ段音で終わるものを探し出す。あわせて、その単語が動作や状態、存在を表す単語かどうかも確かめておくとよい。

①「泳ぐ」は、主な続く言葉「ない」を続けてみると、「泳がない」となり、活用のある単語であることがわかる。そして、言い切りの形が「ぐ」というウ段音で終わっていることから、動詞であることがわかる。

②「明るい」は、主な続く言葉「ない」を続けてみると、「明るくない」となり、活用のある単語であることがわかる。しかし、言い切りの形は「明るい」なので、ウ段音ではない。「明るい」は、動詞と同じ用言の一つである形容詞。

③「勉強する」は、主な続く言葉「ない」を続

けてみると、「勉強しない」となり、活用のある単語であることがわかる。そして、言い切りの形が「る」というウ段音で終わっていることから、動詞であることがわかる。

④「ひまわり」は、活用のある単語ではなく、名詞。

⑤「踊っ（た）」は、「踊る」という言い切りの形にすることができるので、活用のある単語であることがわかる。そして、その言い切りの形が「る」というウ段音で終わっていることから、動詞であることがわかる。

⑥「ゆっくり」は、活用のある単語ではない。「ゆっくり」は、主に連用修飾語になる自立語の副詞。副詞には活用はない。

⑦「持ち上げ（よう）」は、「持ち上げる」という言い切りの形にすることができるので、活用のある単語であることがわかる。そして、その言い切りの形が「る」というウ段音で終わっていることから、動詞であることがわかる。

⑧「優しさ」は、活用のある単語ではなく、名詞。

⑨「暗かっ(た)」は、「暗い」という言い切りの形にすることができるので、活用のある単語であることがわかる。しかし、言い切りの形は「暗い」なので、ウ段音ではない。「暗い」は、動詞と同じ用言の一つである形容詞。

### チェックテスト

| 単語 | 語幹 | 未然形 | 連用形 | 終止形 | 連体形 | 仮定形 | 命令形 |
|---|---|---|---|---|---|---|---|
| 探す | さが | さ<br>そ | し | す | す | せ | せ |
| 降りる | お | り | り | りる | りる | りれ | りろ<br>りよ |
| 食べる | た | べ | べ | べる | べる | べれ | べろ<br>べよ |

解説

動詞の活用表を完成させるには、それぞれの動詞を主な続く言葉に接続させて、変化した部分、つまり活用語尾を書き入れていけばよい。

「探す」では、未然形の活用語尾が二つあることに注意する。「探す」を、未然形の主な続く言葉「ない」に続けると「探さ(ない)」になり、同じく未然形の主な続く言葉「う」に続けると「探そ（う）」となる。活用語尾は一つとは限らないので、注意が必要。

「降りる」「食べる」の活用表を書くときに、「降り」「食べ」までを語幹としてしまう誤りがある。「降りる」「食べる」は、それぞれ「り」の属するイ段、「べ」の属する工段で活用する動詞なので、その文字も活用語尾に含むのである。

### チェックテスト

①ア連体形　イ未然形
②ア仮定形　イ終止形
③ア連用形　イ連用形
④命令形
⑤ア連用形　イ未然形　ウ終止形

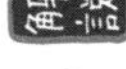

①ア「言う」は、「こと」という名詞に続いているので連体形。イ「持と」は、「う」に続いているので未然形。

②ア「すれ」は、「ば」に続いているので仮定形。イ「片付く」は、文末で言い切りの形になっているので終止形。

③ア「起き」は、「て」に続いているので連用形。イ「洗い」は、「ます」に続いているので連用形。

④「やれ」の下には「。(句点)」があるが、命令する形で言い切っているので、命令形。終止形ではない。

⑤ア「忘れ」は、「た」に続いているので連用形。イ「借り」は、「よう」に続いているので未然形。ウ「思う」は、文末で言い切りの形になっているので終止形。

### チェックテスト

①未然形 ②連用形 ③未然形 ④連体形
⑤ア仮定形 イ連体形 ウ終止形
⑥ア連体形 イ未然形

**解説**

① 「歩か（せる）」は、「歩かない」と「ない」に続けることができるので、未然形。
② 「頑張り（たい）」は「頑張ります」と「ます」に続けることができるので、連用形。
③ 「笑わ（れる）」は、「笑わない」と「ない」に続けることができるので、未然形。
④ 「安心する（場所）」は、「場所」という名詞に続いているので、連体形。
⑤ア 「磨け（ば）」は、「ば」に続いているので、仮定形。
⑥ア 「ある」は「とき」という名詞に続いているので、連体形。

## Lesson 5 の力だめし

1 ア・エ・カ・ケ・コ
2 (1)汚し (2)散ら (3)許す (4)考えれ
3 (1)仮定（形） (2)連用（形） (3)命令（形） (4)終止（形） (5)未然（形） (6)連体（形） (7)未然（形）

**解説**

1 動詞は、言い切りの形がウ段音になる。イ「病院」、キ「感覚」は名詞。ウ「青い」、オ「面白い」は形容詞。ク「なお」、シ「もう」は副詞。サ「静かだ」は形容動詞。

2 (1)「て」に続いているので、連用形になる。
(2)「ない」に続いているので、未然形になる。
(3)「こと」という名詞に続いているので、連体形になる。
(4)「ば」に続いているので、仮定形になる。

3 (3)命令する言い方で言い切っているので、命令形。
(5)「聞か」は、「ない」に続けることができるので、未然形であることがわかる。
(6)「とおり」は形式名詞。名詞に続いているので、「言う」は連体形。

## Lesson 6 用言って？②（動詞の活用の種類）

### チェックテスト

①イ ②ア ③ウ ④ウ ⑤オ
⑥イ ⑦ウ ⑧ウ ⑨エ ⑩ウ

**解説**

① 「着る」に「ない」を付けると「着ない」となる。「ない」の直前がイ段音なので上一段活用。また、活用の種類には、活用する行を付けることがある。「着る」はカ行で活用するので、カ行上一段活用となる。
② 「笑う」に「ない」を付けると「笑わない」となる。「ない」の直前がア段音なので五段活用。
③ 「寝る」に「ない」を付けると「寝ない」となる。「ない」の直前がエ段音なので下一段活用。
④ 「授ける」に「ない」を付けると「授けない」となる。「ない」の直前がエ段音なので下一段活用。
⑤ 「読書する」は、サ行変格活用の複合動詞。
⑥ 「伸びる」に「ない」を付けると「伸びない」となる。「ない」の直前がイ段音なので上一段活用。
⑦ 「届ける」に「ない」を付けると「届けない」

となる。「ない」の直前がエ段音なので下一段活用。

⑧「見える」に「ない」を付けると「見えない」となる。「ない」の直前がエ段音なので下一段活用。

⑨「来る」は、カ行変格活用。カ行変格活用の動詞は「来る」一語。

⑩「取れる」に「ない」を付けると「取れない」となる。「ない」の直前がエ段音なので下一段活用。

**チェックテスト**

A……②・⑤・⑥・⑧・⑨

B……①・③・④・⑦・⑩

**解説**

①「始める」は、「会議を始める」のように、直接他に働きかける動きを表している。

②「起きる」は、「私が起きる」のように、主体の動きを表している。

③「転がす」は、「石を転がす」のように、直接他に働きかける動きを表している。

④「建てる」は、「家を建てる」のように、直接他に働きかける動きを表している。

⑤「渡る」は、「私が渡る」のように、主体の動きを表している。

⑦「育てる」は、「子どもを育てる」のように、直接他に働きかける動きを表している。

⑧「変わる」は、「色が変わる」のように、主体の動きを表している。

⑨「浮く」は、「体が浮く」のように、主体の動きを表している。

⑩「流す」は、「水を流す」のように、直接他に働きかける動きを表している。

**チェックテスト**

①言える　②×　③取れる　④洗える　⑤×　⑥×

**解説**

可能動詞が存在するのは、五段活用の動詞のみ。②「投げる」は下一段活用、⑤「見る」は上一段活用、⑥「来る」はカ行変格活用。

**チェックテスト**

①イ　②ア　③ア

**解説**

①イ「みる」の直前の文節は「して」となっており、補助の関係の目印の「て」がある。

③ア「あげる」は、「買う」という与えることを意味するので、実質的に「お菓子」を与えるという意味のイと異なり、補助動詞である。

## Lesson 6 の力だめし

**1** (1)イ　(2)ウ　(3)ア　(4)オ　(5)ア　(6)エ

**2** イ・ウ・カ・ケ・シ

**3** (1)○　(2)×　(3)○　(4)○

**解説**

**1**

(3)「書いた」は、「ない」を続けてみると、直前がア段音になるので五段活用。

(4)「勉強し（勉強する）」は、名詞「勉強」にサ行変格活用の動詞「する」が付いた複合動詞。サ行変格活用の動詞には、このような「〜する」という形の複合動詞が多い。

(6)「来(来る)」は、唯一のカ行変格活用の動詞。対応する可能動詞が存在するのは、五段活用の動詞のみ。ア「する」はサ行変格活用、エ「来る」はカ行変格活用、オ「生きる」、キ「見る」、サ「感じる」は上一段活用、ク「食べる」、コ「得る」は下一段活用。

**2**

**3**

(2)「判断する」の直前には補助の関係の目印である「て」があるが、「判断する」は実質的な意味を持つ動詞なので補助動詞ではない。

(3)「ください」は相手に何かを要望する意味を添える補助動詞。

# Lesson 7 用言って？③（形容詞・形容動詞）

**チェックテスト**

①・④・⑤・⑦・⑩・⑪

**解説**

あらゆる単語から形容詞だけを見分けるときには、まず、それぞれの単語に活用があるかないかを確かめる。そして、そのうちの活用がある単語について、言い切りの形が「い」で終わるものを探し出す。あわせて、その単語が様子や状態を表す単語かどうかも確かめておくとよい。

①「おとなしい」は、主な続く言葉「ない」を続けてみると、「おとなしくない」となり、活用のある単語であることがわかる。そして、言い切りの形が「い」で終わっていることから、形容詞であることがわかる。

②「親切だ」は、主な続く言葉「ない」を続けてみると、「親切でない」となり、活用のある単語であることがわかる。しかし、言い切りの形は「だ」なので、形容詞ではない。「親切だ」は、形容詞と同じ用言の一つである形容動詞。

③「転ぶ」は、主な続く言葉「ない」を続けてみると、「転ばない」となり、活用のある単語であることがわかる。しかし、言い切りの形が「ぶ」というウ段音で終わっているので、形容詞ではない。「転ぶ」は形容詞と同じ用言の一つである動詞。

⑨「始める」は、主な続く言葉「ない」を続けてみると、「始めない」となり、活用のある単語であることがわかる。しかし、言い切りの形が「る」というウ段音で終わっているので、形容詞ではない。「始める」は形容詞と同じ用言の一つである動詞。

⑪「騒がしかっ（た）」は、言い切りの形が「騒がしい」。活用のある単語。言い切りの形が「い」で終わっているので、形容詞であることがわかる。

⑫「飛べれ（ば）」は、言い切りの形が「飛ぶ」。活用のある単語。しかし、言い切りの形が「ぶ」というウ段音で終わっているので、形容詞ではない。「飛ぶ」は形容詞と同じ用言の一つである動詞。

⑬「たいくつな(日々)」は、言い切りの形が「たいくつだ」。活用のある単語。しかし、言い切りの形が「だ」で終わっているので、形容詞ではない。「たいくつだ」は形容詞と同じ用言の一つである形容動詞。

**チェックテスト**

①ア仮定形　イ連体形　ウ終止形
②ア連用形　イ連用形
③ア連体形　イ未然形
④連用形

**解説**

形容詞の活用形では、特に「かっ・く・う」という三つの活用形がある連用形に注意。

②ア「恥(は)ずかしく(て)」、イ「赤く(なる)」のように「て」や動詞が続く場合の連用形活用語尾(ごび)は「く」。

④「小さかっ(た)」のように「た」が続く場合の連用形活用語尾は「かっ」。

**チェックテスト**

③・⑤

**解説**

①「ない」は、「存在しない」という本来の形容詞の意味で用いられているので、補助形容詞ではない。

②「ほしい」は、「手に入れたい」という本来の形容詞の意味で用いられているので、補助形容詞ではない。

③「ほしい」の直前に「で」があるので、「読んで」と「ほしい」は補助の関係。よって、「ほ

しい」は補助形容詞。

④この問題文を文節で区切ると「吐(は)かない」は、一文節になる。文節の頭にある「吐く」が自立語なので、「ない」は付属語になる。補助形容詞は自立語なので、この「ない」は、補助形容詞にはならない。この「ない」は、活用のある付属語である助動詞。

⑤「美しく」と「ない」の間に「は」を入れて、「美しくはない」と言っても意味が通じるので、補助形容詞。

**▼チェックテスト**

②・③・⑧

**解説** あらゆる単語から形容動詞だけを見分けるときには、まず、それぞれの単語に活用があるかないかを確かめる。そして、そのうちの活用がある単語について、言い切りの形が「だ」で終わるものを探し出す。あわせて、その単語が様子や状態を表す単語かどうかも確かめておくとよい。

②「元気だ」は、主な続く言葉「ない」を続けてみると、「元気でない」となり、活用のある単語であることがわかる。言い切りの形が「だ」なので、形容動詞とわかる。

⑤「作る」は、主な続く言葉「ない」を続けてみると、「作らない」となり、活用のある単語であることがわかる。しかし、言い切りの形は「る」というウ段音なので、形容動詞ではない。「作る」は、形容動詞と同じ用言の一つである動詞。

⑦「小さい」は、主な続く言葉「ない」を続けてみると、「小さくない」となり、活用のある単語であることがわかる。しかし、言い切りの形は「い」なので、形容動詞ではない。「小さい」は、形容動詞と同じ用言の一つである形容詞。

⑧「にぎやかです」は、「―です」型の活用をする形容動詞。「―です」型の活用は、「ない」には接続しないが、活用のない単語ではないので注意。

**▼チェックテスト**

①ア終止形　イ連用形
②ア連用形　イ未然形
③仮定形

**解説** 形容動詞の活用形では、「だっ・で・に」という三つの活用形がある連用形に注意。

①イ「静かに(なる)」のように動詞が続く場合の連用形活用語尾(ごび)は「に」。

②ア「元気だっ(た)」のように「た」が続く場合の連用形活用語尾は「だっ」。

③「きれいなら(ば)」のように「ば」が続くのは、仮定形。

## Lesson 7 の力だめし

**1** (1)新しく　(2)暗けれ　(3)つらかろ　(4)元気なら　(5)必要な　(6)穏やかに　(7)簡単でしょ

**2** ア・ウ・カ

**3** (1)×　(2)○　(3)×　(4)○

**解説**

**1** それぞれ、下に続く言葉に注意して、活用させる。

(1)「て」に続いているので、連用形になる。
(2)「ば」に続いているので、仮定形になる。
(5)「ので」は、活用語の連体形に接続する。
(7)形容動詞の「です」型活用は、「う」に続く場合には、「でしょ」になる。

**2** ウ「ほしい」、カ「よい」は、どちらも直前に「て」があることに注意。「て」は、補助の関係の目印である。

**3** (1)「高校生だ」は、名詞「高校生」に付属語「だ」が付いたもの。
(3)「大きな」は活用しない自立語の連体詞。

# 副詞・連体詞・接続詞・感動詞

**チェックテスト**

④

**解説**

副詞は、主に用言を修飾する、活用のない自立語。その種類には、動作の状態を表す状態の副詞、主に形容詞・形容動詞の様子や状態がどのくらいかを表す程度の副詞、話し手の気持ちや考えを表す呼応の副詞の三種類がある。

①文中には「しっかり」という副詞が用いられているが、この「しっかり」は「勉強する」にかかり、その動作の状態を表す状態の副詞。

③文中には「とても」「わいわい」という副詞が用いられているが、「とても」は「広い」にかかり、その状態がどのくらいかを表す程度の副詞で、「わいわい」は「騒ぐ」にかかり、その動作の状態を表す状態の副詞。

④「まさか」は、「あるまい」にかかり、話し手の気持ちや考えを表している呼応の副詞。「まさか」がかかった文節には、「まい」「ないだろう」のような否定推量の表現を使う。

⑤文中には「かなり」という副詞が用いられているが、「かなり」は「くわしく」にかかり、その状態がどのくらいかを表す程度の副詞。

**チェックテスト**

①・②・④

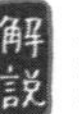

**解説**

連体詞は、体言を修飾する活用のない自立語。

①「その」は「森」を修飾している連体詞。

②「大きな」は「池」を修飾している連体詞。

③「たった」は「五分」を修飾しているが、これは、その程度を表している副詞。

④「ある」は「場所」を修飾している連体詞。

**チェックテスト**

A……①・⑤

B……④・⑥

**解説**

②感動詞は、独立語になる単語。「それ」は独立語のように見えるが、以下の「大事なものだよね」という部分にかかっているので、独立語ではない。

③接続詞は一単語。「やるなら」は、接続詞にみえるが、この文節は自立語「やる」と付属語「なら」に分けられる。

## Lesson 8の力だめし

**1** あの学校に入学できたなら、いかなる努力も惜しまず学習しよう。そして、小さな希望を、もっと大きな夢に結びつけられるように、いろんなことに挑戦しよう。

**2** (1)イ (2)ウ (3)エ (4)ア

**3** (1)イ (2)オ (3)ア (4)ウ (5)エ

**解説**

**1** 「あの」は「学校」、「いかなる」は「努力」、「小さな」は「希望」、「大きな」は「夢」、「いろんな」は「こと」という体言を修飾している。

**2**

(1)「すなわち」と「つまり」は、説明・補足をする接続詞。

(2)「それで」と「だから」は、前の事柄が原因・理由となる接続詞。

(3)「しかも」と「さらに」は、並立・累加の接続詞。

(4)「しかし」と「だが」は、前の事柄から予想されることとは逆の結果があとに続くことを表す接続詞。

**3**

(1)「ちっとも」は否定の表現と呼応する。

(2)「どうして」は反語の表現と呼応する。

(3)「たとえ」は仮定の表現と呼応する。

(4)「どうか」は願望の語句と呼応する。

(5)「まさか」は否定推量の表現と呼応する。

# 助動詞って？①

**チェックテスト**

②・④・⑦・⑧・⑨・⑪・⑭・⑰・㉑

**解説**

助動詞は、活用のある付属語。助動詞を見分けるには、まず自立語か付属語かを見きわめた上で、活用の有無を確かめる。活用の有無は、自立語と同様、「〜ない」「〜ば」などの主な続く言葉を接続させてみて、変化するかどうかを確かめればよい。

②「たい」は、「〜ない」をつけると「たく（ない）」となり、活用があることがわかる。

④「ない」は、「〜ば」をつけると「なけれ（ば）」となり、活用があることがわかる。

⑦「られ」には、すでに「ない」が続いているので、言い切りの形を考えてみると、「られる」となり、活用があることがわかる。

⑪「まい」は、無変化型の助動詞。助動詞には、変化しないものもある。これらは覚えておくようにする。

⑰「せ」は、言い切りの形を考えると「せる」となり、活用があることがわかる。

**チェックテスト**

①ウ　②ア　③エ　④イ

**解説**

①「案じる」という感情を表す動詞に接続しているので「自発」。

②「先生に」という受け身の対象が明確なので「受け身」。

③「答えることができる」と言い換えられるので「可能」。

④「先生が」と、敬意を表すべき人物が「書く」という動作の主体なので「尊敬」。

**チェックテスト**

①・②・④・⑥

**解説**

①「知らぬ」と「ぬ」に言い換えられるので助動詞。

②「言わせぬ」と「ぬ」に言い換えられるので助動詞。

③「本がぬ」と「ぬ」に言い換えられないので形容詞。

④「買わぬ」と、「ぬ」に言い換えられるので助動詞。

⑤「宿題がぬ」と「ぬ」に言い換えられないので形容詞。

⑥「勉強せぬ」と「ぬ」に言い換えられるので助動詞。「勉強する」は、「ぬ」に続くときは「勉強せ（ぬ）」と活用する。

## Lesson 9 の力だめし

**1** (1)×　(2)○　(3)○

**2** (1)たがる　(2)たい　(3)たがる

**3** エ

**4** (1)ア　(2)ウ　(3)ウ　(4)イ

**解説**

**1** (1)「見せる」は、一単語の動詞。

**2** (1)主語が「弟が」なので、他人の希望を表す「たがる」を用いる。

(2)主語が「私は」なので、自分の希望を表す「たい」を用いる。

(3)主語が「みんなが」なので、他人の希望を表す「たがる」を用いる。

**3** ア「自分らしい」、イ「誇らしい」、ウ「日本人らしい」は、すべて形容詞。

**4** (2)「変わらぬ」と言い換えられるので助動詞。

(3)「いない」は、「いる」という動詞に助動詞「ない」が付いたもの。

(4)「少ない」は、一単語の形容詞。

# 助動詞って？②

**チェックテスト**

①ア　②ウ　③イ　④ア

**解説**

助動詞には、複数の意味を持つものが多い。複数の意味がある助動詞は、それぞれの意味の特徴を考えたり、別の言い方を当てはめたりして判別する。

助動詞「ようだ」には、「たとえ（比況）」、「例示」、「推定」の意味がある。「たとえ（比況）」は、「まるで」というたとえを表す副詞が補える。「推定」は、「どうやら」という推し量る様子を表す副詞が補える。それ以外が「例示」。

① 「死んだように」には、「まるで（死んだように）」と、たとえる様子を表す副詞「まるで」を補えるので、「たとえ（比況）」。

② 「外出したようだ」は、「どうやら（外出したようだ）」と、推し量る様子を表す副詞「どうやら」を補えるので「推定」。

③ 「スポーツカーのような車」には、「まるで」も「どうやら」も補えない。これは具体的に例を示している「例示」。

④ 「雪のように」は、「まるで（雪のように）」と、たとえる様子を表す副詞「まるで」を補えるので、「たとえ（比況）」。

**チェックテスト**

①・④

**解説**

① 「とても（ハンバーグだ）」と言えないので断定の助動詞。

② 「だ」がついている「飛ん」は、言い切りの形が「飛ぶ」の動詞。断定の助動詞「だ」は動詞には直接接続しない。この「だ」は、過去の助動詞「た」が濁音化したもの。

③ 「とても（高価だ）」と言えるので、形容動詞。

**チェックテスト**

①エ　②ア　③ア　④イ　⑤ウ

**解説**

① 「どなたでしたか」と確かめている内容なので「確認」。

② 「戦前に」と、過去の内容であることが示されているので「過去」。

④ 「ちょうど」と、「たった今」を表す言葉があるので「完了」。

⑤ 「とがっている」と、「〜ている」に言い換えられるので、「存続」。

## Lesson 10 の力だめし

**1** (1)伝聞　(2)伝聞　(3)様態

**2** エ

**3** (1)ウ　(2)イ　(3)ア　(4)エ　(5)オ

**解説**

**1** 「そうだ」を消しても文として完結している場合は「伝聞」。

**2** 過去の助動詞「た」の濁音化した「だ」の直前には、「飛んだ」のように動詞の音便形「ん」がある。

**3** 「う（よう）」の意味と「まい」の意味は、どちらも主に主語の違いで見分ける。主語が自分なら「意志」、他人や他の物なら「推量」、誘いかける相手なら「勧誘」。

(1) 「みんな」に誘いかける内容なので「勧誘」。

(2) 「僕は」という自分を表す名詞が主語なので「意志」。

(3) 「彼は」という他人を表す名詞が主語なので「推量」。

(4) 「彼には」と他人を表す名詞が「突破できる」という動作の主体なので「打ち消しの推量」。

(5) 「私は」は自分を表す名詞が主語なので「打ち消しの意志」。

# 助詞って？

チェックテスト

①aア　bア
②aウ　bイ　cウ　dエ
③aア　bイ　cア
④aア　bア　cア　dイ

①a「から」は、「父」という体言に付き、その文節が「届いた」の連用修飾語であることを示している。b「が」は、「手紙」という体言に付き、その文節が「届いた」の主語であることを示している。

②a「でも」は、「～でさえ」という類推の意味を添えている。b「のに」は、前後の文節を逆接の関係（前の事柄から予測される結果とは逆の内容が続く関係）で接続している。d「か」のように文末に付き意味を添えるのは終助詞。

③b「から」は、前後の文節を順接の関係（前の内容があとの内容の原因・理由になっている関係）で接続している。

④a「で」は、「部屋」という体言に付き、その文節が「読んであげる」という連文節の連用修飾語であることを示している。d「で」は、「読んで」と「あげる」を補助の関係で接続している接続助詞。

## Lesson 11 の力だめし

1 (1)に・さえ・て　(2)は・が・て・と　(3)の・に・よ
2 ウ・エ・オ
3 (1)エ　(2)ウ　(3)ア　(4)イ　(5)ウ

1 (1)「に」は格助詞、「さえ」は副助詞、「て」は接続助詞。「丁寧な」の「な」を助詞と間違えないように。「丁寧な」は、言い切りの形が「丁寧だ」になる形容動詞。

(2)「は」は副助詞、「が」は接続助詞、「て」は接続助詞、「と」は格助詞。「反対した」の「た」は助動詞。

(3)「の」は格助詞、「に」は格助詞、「よ」は終助詞。

2 アは連体詞「あの」の一部。イ「でも」は接続詞。ウは副助詞、エは終助詞、オは格助詞。

3 (1)「ぞ」は文末に強調の意味を添える終助詞。

(2)「ほど」は程度の意味を添える副助詞。

(3)「と」は、文節「犬と」が連用修飾語であることを示す格助詞。

(4)「ので」は順接の接続助詞。

(5)「こそ」は強調の意味を添える副助詞。

# 紛らわしい品詞①

チェックテスト

①a連体詞　b形容詞　c名詞
②a形容詞　b形容動詞
③a副詞　b形容詞

解説

①a「大きな」は、「器」という体言を修飾している連体詞。活用の有無を確かめてみるとよい。

b「大きい」は形容詞。「大きく（ない）」「大きけれ（ば）」のように活用があり、言い切りの形が「い」で終わることから判断できる。

c「大きさ」は名詞。「が」を付けて「大きさが（重要だ）」のような主語・述語の関係を作ることができることから判断できる。また、活用の有無も確かめてみるとよい。

②a「細かい」は形容詞。「細かく（ない）」「細かけれ（ば）」のように活用があり、言い切りの形が「い」で終わることから判断できる。

b「細かだ」は形容動詞。「細かで(ない)」「細かなら(ば)」のように活用があり、言い切りの形が「だ」で終わることから判断できる。

③a「おそらく」は副詞。「来るだろう」という文節にかかる連用修飾語になっている。また、活用の有無も確かめてみるとよい。

b「暖かく」は形容詞。「暖かい(。)」「暖かけれ(ば)」のように活用があり、言い切りの形が「い」で終わることから判断できる。

**チェックテスト**

①イ ②エ

**解説**

①①の「ある」は、「開けて」という文節と補助の関係になっている補助動詞。これと同じく補助動詞になっているのはイの「ある」。「やって」という文節と補助の関係になっている。アの「ある」は、「存在する」という本来の意味を持つ動詞。ウの「ある」は、体言「人」を修飾している連体詞。

②②の「ない」は、助動詞。「ぬ」に言い換えて「笑わぬ」と言えることからわかる。これと同じく助動詞になっているのはエの「ない」。「恐れぬ」と言い換えられることからわかる。また、「笑わない」「恐れない」は、どちらもこれ以上文節で区切れないことから、「ない」が付属語であることがわかる。アは形容詞「せつない」の一部。イの「ない」は、名詞「ないものねだり」の一部。ウの「ない」は補助形容詞。「ない」の前に助詞「は」を入れて文節に区切れることから、「ない」が自立語であることがわかる。

## Lesson 12 の力だめし

1 ①エ ②イ ③ウ ④ア ⑤ウ
2 (1)ウ (2)ア (3)エ (4)イ
3 (1)イ (2)ウ (3)ア (4)イ

**解説**

1 ②「そう」は「いえば」にかかる連用修飾語になっている。

④「どこ」は「が」を付けて主語にすることができることから、名詞とわかる。

2 それぞれ似ている言葉だが、今まで学習した品詞の見分け方によって考える。まず、活用の有無を確かめ、活用語は言い切りの形をとらえる。

3 (1)イの「ある」は、「うわさ」という体言を修飾する連体詞。アとウは動詞。

(2)ウの「ない」は助動詞。「ぬ」に言い換えられる。アとイは形容詞(補助形容詞)。

(3)アの「ああ」は感動詞。独立語になっていることから判断できる。イとウは副詞。

(4)イの「あれ」は感動詞。アとウは名詞。

## Lesson 13 紛らわしい品詞②

**チェックテスト**

①形容動詞の一部 ②接続助詞
③格助詞 ④断定の助動詞「だ」の連用形
⑤接続詞 ⑥助動詞「ようだ」の一部

**解説**

①「おだやかで」は、単独で文節に区切れ、また、「おだやかだ」と言い切ることができることから、活用のある自立語であることがわかる。言い切りの形が「だ」なので形容動詞。また、「とても」を付けて「とてもおだやかで」とすることができることからも判断できる。

②「飲んで」と「いる」は、補助の関係になっている。補助の関係を作る助詞「て(で)」は接続助詞。「飲む」という用言に接続していることからも判断できる。

③「で」は「ボールペンで」という文節が「記入する」の連用修飾語であることを示している格助詞。

④「で」は、「だ」と言い切ることができる。「と

ても」を付けることができないので助動詞。

⑤文頭にあり、単独で文節に区切れるので、この「で」だけで自立語。この文の前になんらかの文があり、それと接続していると考えられるので接続詞。

⑥直前に「よう」があるので、助動詞「ようだ」の一部。

## Lesson 13 のカだめし

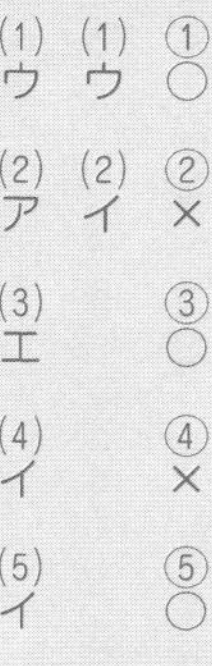

1 ①○ ②× ③○ ④× ⑤○

2 (1)ウ (2)イ

3 (1)ウ (2)ア (3)エ (4)イ (5)イ

**解説**

1 格助詞の「が」は、体言に接続する。用言に接続している「が」は接続助詞。体言に接続している「が」だけに○を付ければよい。

2 (1)ウ以外の「の」は、主語を表す格助詞「が」に置き換えられる。ウの「の」は「海岸の」という文節が「風景を」という文節の連体修飾語になっていることを示す格助詞。

(2)イ以外の「の」は、連体修飾語を示す格助詞「の」。イの「の」は、「こと」「もの」などに置き換えられる体言代用の働きをする格助詞「の」。

3 (1)「にぎやかだ」で単独で文節に区切れ、また、言い切りの形が「だ」なので形容動詞。

(2)「すんだ」のように、動詞の音便形(撥音便)に接続した「だ」は、過去の助動詞「た」の濁音化したもの。

(3)直前に「そう」があるので、助動詞「そうだ」の一部。

(4)・(5)体言に接続していて、「とても」を補えないので断定の助動詞。

# Lesson 14 敬語の種類を知ろう!

**チェックテスト**

①いただく ②行きます ③いらっしゃる ④申していました ⑤拝見します

**解説**

①「食べる」の謙譲語は、「いただく」。「飲む」の謙譲語でもある。

②丁寧語にするには、助動詞「です」「ます」を付ける。動詞「行く」には「ます」を付ければよい。

③「来る」の尊敬語は「いらっしゃる」。「行く」「いる」の尊敬語でもある。「来られる」とも言う。

④「言う」の謙譲語は「申す」。

⑤「見る」の謙譲語は「拝見する」。

## Lesson 14 のカだめし

1 (1)ア (2)ウ (3)ア (4)イ (5)イ (6)ウ

2 ア・ウ・オ

3 (1)いらっしゃる (2)いただく

**解説**

1 (1)「お(ご)〜なさる」は、尊敬表現。「〜」の部分には動詞の連用形(サ変動詞は語幹)などが入る。

(2)「ございます」は、動詞「ある」の丁寧語。

(3)「来られる」は、「来る」に尊敬の助動詞「られる」が接続したもの。尊敬表現には助動詞「れる・られる」を用いたものがある。

(4)「お(ご)〜する」は、謙譲表現。「〜」の部分には動詞の連用形(サ変動詞は語幹)などが入る。

(5)「お(ご)〜いたす」は、謙譲表現。「〜」の部分には動詞の連用形(サ変動詞は語幹)などが入る。

(6)「です」は丁寧の意味の助動詞。

2 イは、「お待ちする」という謙譲表現を「お客様」の動作に用いたのが誤り。エは、「参る」という謙譲語を「先生」の動作に用いたのが誤り。

3 (1)「来る」の尊敬語は「いらっしゃる」。

(2)「食べる」の謙譲語は「いただく」。

# 漢字の成り立ち・二字熟語の構成

**チェックテスト**

①ウ ②イ ③オ ④エ ⑤ア ⑥ウ
⑦エ ⑧キ ⑨オ ⑩カ ⑪ア ⑫イ

**解説**

① 「外」が「国」を修飾している関係の熟語。
② 「売」と「買」は反対の意味をもつ漢字。
③ 「頭」と「痛(痛い)」が「頭が痛い」と主語・述語の関係になっている。
④ 「意」が「注(注ぐ)」に対して「意を注ぐ」のように目的を表している。
⑤ 「永」と「久」は似た意味をもつ漢字。
⑥ 「早」が「朝」を修飾している関係の熟語。
⑦ 「職」が「就(つく)」に対して「職につく」のように目的を表している。
⑧ 「性」は、主に性質を表す接尾語。
⑨ 「地」と「震(震える)」が「地が震える」と主語・述語の関係になっている。
⑩ 「未」は、打ち消しの意味をもつ漢字。
⑪ 「寒」と「冷」は似た意味をもつ漢字。
⑫ 「往」と「復」は反対の意味をもつ漢字。「往」が「行く」、「復」が「帰る」という意味を表している。

## Lesson 15 の力だめし

1 (1)ウ (2)ア (3)イ (4)エ (5)ウ (6)ア (7)ウ (8)エ
2 (1)(意味)木 (音)支 (2)(意味)口 (音)古
3 (1)イ (2)ア (3)エ (4)ウ
4 (1)イ (2)ウ (3)エ (4)ア

**解説**

1 (1)「明」は、「日」と「月」を合わせた会意文字。光る物を合わせて、「あかるい」という意味を表す。
(3)「三」のような漢数字は、指事文字。
(4)「個」の音読み「コ」は、「固」の部分による。
(8)「問」の音読み「モン」は、「門」の部分による。

2 (1)「枝」の音読みは「シ」。「支」の音読みも「シ」。
(2)「固」の音読みは「コ」。「古」の音読みも「コ」。

3 (2)「点」(つく)と「滅」(きえる)は反対の意味をもつ漢字。
(3)「県」と「営」が「県が営む」と主語・述語の関係になっている。

4 (3)「的」は、「~の状態・~の様子・~の傾向がある」などの意味を添える働きの接尾語。

# 読解問題の基礎を知ろう!①

**チェックテスト**

イ

**解説**

文章を正しく読解するには、まず、書かれている内容を誤らずにとらえることが大切だ。書かれていることを、一つ一つの語句に従って、誤解しないように、丁寧に理解していくようにする。

問題の文章では、まず初めの段落で、東大寺南大門に、鎌倉時代に運慶と快慶らによって造られた、「あ形」と「うん形」という一対の木造作品があることが書かれている。次の段落では、その像と同じように、神社のこま犬も一対からなることが書かれている。そして最後の段落で、「あうんの呼吸」という「微妙な心のタイミング」を意味する言葉があることが書かれている。

この内容をとらえた上で選択肢を見てみると、アは「奈良時代に造られた」が間違いであることがわかる。造られたのは鎌倉時代。ウは「心の微妙なずれを表す言葉」が間違い。「あうんの呼吸」は、「微妙な心のタイミング」を表すので、「ずれ」ではない。

**チェックテスト**

①和歌　②自分や一族の将来。

**解説**

読解問題では、その文章だけでなく、問題自体も正しく読み取ることが重要。どんな条件で何を要求されているのかを正しく読み取る。

①この問題には「二字で」という条件で「書き抜きましょう」という要求がある。

②この問題では、字数の条件はなく、また、書き抜くことも要求されていない。特に書き抜きを要求していない記述の解答では、必ず「。(句点)」を最後に付けるように。

**チェックテスト**

(例)宇宙空間には空気がないから。(14字)

**解説**

この問題では、「理由」が問われているので、解答は必ず「〜から」「〜ため」など、理由を表す言葉で終わるように心掛ける。また、文章からの書き抜きではなく、字数制限があることにも注意。そして、特に書かれていない場合は、句読点も一字として数える。

宇宙空間で音が全く聞こえないのは、宇宙空間は真空状態で、音を伝えるために必要な空気が存在していないからである。

## Lesson 16 の力だめし

(1)(例)教科書を開く前にうやうやしくおしいただいたこと。(24字)
(2)成績が悪くなる
(3)書物

**解説**

(1)内田百閒が「一礼してから本を開いた」ことと同様に、筆者も小学生の頃、教室で教科書を開くときに「うやうやしく〝おしいただいた〟ものである」と書れている。筆者は、これに対して「すこしも抵抗はなかった」と述べているのである。「どんなことに対してですか」と問われているので、「〜こと。」で終わるように記述する。

(2)――線部②の直後に、その内容を言い換えた部分があるので、そこを抜き出す。問題には「七字」という字数制限があるが、このような字数制限は、問題を解く上でのヒントにもなる。

(3)第三段落の内容は、筆者が「本」「書物」について特別な気持ちを抱いているので捨てられないことが書かれている。ここでも、「漢字二字」という条件をヒントとして利用する。

## Lesson 17 読解問題の基礎を知ろう!②

**チェックテスト**

①リトマスゴケ
②(例)茶の木の若葉を蒸し、もみながら乾燥させた緑茶。(23字)

**解説**

①指示語の内容は、基本的にその指示語より前に書かれている。――線部「それ」の直前の文には名前の由来となっているコケについて書かれているので、そこから、問題の条件である「六字」で書き抜けばよい。

②この問題では、書き抜くことは要求されていないので、――線部「これ」の直前の文の内容から、字数に合わせて解答を作る。そのときには、必ず作った解答を文中の指示語の代わりに入れてみて、意味が通じるかどうかを確かめる。この問題では「これに湯を注いで煎じ、飲用とします。」とあるので、「これ」の代わりに解答例を入れてみると、「茶の木の若葉を蒸し、もみながら乾燥させた緑茶に湯を注いで煎じ、飲用とします。」のように文意が通じる。

### ▼チェックテスト

ウ

解説

空欄に接続語などを補充する問題では、必ず前後の関係を考えること。

Aの前後には、前に「毛利さんが宇宙に興味を持ったこと」、あとに「科学の面白さにもひかれたこと」が書かれている。あとに書かれている内容の「科学の面白さにも」という部分に注意。「も」とあるので、前の内容に付け加えて書かれていることがわかる。

Bの前には「毛利さんが科学の面白さにひかれ、その可能性に心打たれたこと」が書かれており、あとには「大学卒業後、毛利さんが科学者になったこと」が書かれている。前後の内容が順当に並んでいることがわかる。

Cは、そのBのあとに書かれている文から続いて、そのあとに、「宇宙飛行士の夢を持ち続けていたこと」が書かれている。これは、「毛利さんが科学者になったこと」とは少し食い違うことである。

以上のつながりから、Aには「並立・累加」の接続語、Bには「順接」の接続語、Cには「逆接」の接続語が入ると判断できるのである。

## Lesson 17 の力だめし

(1)①ア　②ウ

(2)（初め）月や太陽の

（終わり）わしい観測

解説

この問題では、まず接続語を中心にして文章の組み立てをとらえ、それを手がかりにして、内容を正しく読み取る手順を考えるとよい。

(1)① ① の前には「一日・一月・一年という時間の区切りは天文学をもとにしていること」が書かれており、あとには「もうひとつの時間の区切り『一週間』がどうして七日になったのか」という問題が投げかけられている。このことから、 ① に入るのは前の事柄をもとにして話題を切り換える「では」が適切とわかる。

② ② のあとには、それまでに述べられてきた内容をまとめた内容が書かれている。そこで、 ② には、前の内容をうける「このように」が入る。

(2) ② 以下の内容が全体のまとめになっているので、その部分から、暦が基礎としたものが書かれている部分を探せばよい。

## Lesson 18 説明的文章って？①

### ▼チェックテスト

動物を飼い

解説

この問題では、文章に書かれている話題を読み取り、それについて、筆者がどんなことを述べようとしているのかを理解することが大切。

まず、この文章では筆者が「犬や猫を希望者に譲り渡す『譲渡会』に行っていること」が書かれている。続いて、その「譲渡会」に参加するなかで、筆者が感じた「たくさんの犬や猫が捨てられるのはなぜか」「どうしたら、捨て犬や捨て猫をなくすことができるのか」という疑問が述べられている。そして最後に、その疑問について筆者が考えたことが書かれているのである。

つまり、この文章は、筆者が考えたことのきっかけ、そこで感じた疑問、それに対する筆者の考えが順序立てて述べられている。

## Lesson 18 のカだめし

(1) 呼びかけの挨拶
(2) ウ
(3) 一方、ふつ

**解説**

(1) 文章の話題は、冒頭に書かれていることが多い。まず冒頭の文を確かめるとよい。この文章の冒頭には「出会いの挨拶とよく似ていて少し違うのが、呼びかけの挨拶です。」と書かれている。この冒頭から、この文章の前に「出会いの挨拶」について述べられていて、それに引き続き「呼びかけの挨拶」について述べられると読み取れる。

(2) ①のあとの文に同類の内容を付け加える意味の「も」があることに注意する。そこから、前文の内容に対して、①以降の文は同類の内容を付け加えているのだと判断できる。「もちろん」は「言うまでもなく。当然だ」という意味の副詞。同類の内容を述べる文の冒頭の単語として適切。

また②には、前後の内容を考えると、逆接の接続詞、ア「けれども」も入る。しかし、①には入らないことに注意。

イ「たとえば」は接続する語句として使われる副詞、エ「なぜなら」は原因・理由を示す接続詞。

(3) 「すみません」という言葉を使うことについては、第2段落に書かれている。第二段落の話題については、その冒頭の文に書かれている。その内容が、——線部の理由にもなっている。

## Lesson 19 説明的文章って？②

**チェックテスト**

① 意見…一・四　具体的説明…二・三
② イ・エ

**解説**

説明文の読解では、筆者の考えや意見を正しく読み取ることが大切。まず、段落ごとに意見について述べられているのか、具体的内容について述べられているのかに分けて考えるとよい。

① それぞれの段落の文について、文末の表現に注意するとよい。一・四の段落の文は、「〜思う」「〜感じる」で終わる文が含まれている。それに対して、二・三段落には、そのような文末の文がない。

② 筆者の意見について述べられている一・四段落の内容から考える。四段落で筆者は、動物について「簡単に捨ててしまうのは、とても悲しいことだ」と述べている。よって、イは正しい。また、一段落で筆者は「人間の命も、犬や猫の命も、その他の命も、みんな同じなのではないか」と述べている。また、四段落では「動物を大切に考えることは、人を大切に思う気持ちと変わりがないのだ」とある。この二つから、エが正しいとわかる。

## Lesson 19 のカだめし

(1) 孤独のなかで楽しみを知る能力（14字）
(2) ひとり
(3) 一・四

**解説**

(1) 三段落は、読書を通して得られるものについて書かれている。

(2) 文章全体の話題を正しくとらえる。この文章は、「孤独のなかで楽しみを知る能力」を読書の中で鍛えることについて書かれている。つまり、筆者は「読書」とは「孤独＝ひとり」の行為だと述べている。

(3) 一段落で筆者は、「私はつまるところ、『孤独』を克服し、……内面を深めるのは『読書』以外にない。と考えている。」と、孤独と読書の関係についての考えを述べている。

二・三段落では、筆者がそう考える理由を述べている。そして再び、四段落で一段落の内容を強調するように述べているのである。

説明的文章の構成には、結論を冒頭におくもの、結論を最後におくもの、結論を冒頭と最後の両方におくものがある。

## Lesson 20 文学的文章って？①

**チェックテスト**

①セリヌンティウス・(暴君)ディオニス・メロス

②初夏、満天の星である。

文学的文章では、まず、どんな登場人物が出てくるのかと、どんな場面なのかを読み取ることが大切。

①この場面からわかる登場人物は、メロスと、その竹馬の友であるセリヌンティウス、そして、王城にいる暴君ディオニス。

②文学的文章では、場面の様子を、その季節がわかるような表現を用いて述べられることがある。ここでは、初夏の晴れ渡った夜空の様子が、場面の様子として描かれている。

**チェックテスト**

①残虐な気持ち

②悔しい

**解説**

文学的文章で描かれている登場人物の気持ちについては、まず直接的な表現からとらえる。

①冒頭の文に、この場面での王の気持ちが書かれている。文学的文章では、登場人物の言動がどのような心情からなされているのかをさまざまな表現によって示すが、このような明確な心情表現は、もらさずとらえる必要がある。

②登場人物の気持ちは、形容詞や形容動詞など、その人物の様子を表す言葉で表現することがある。ここでは、最後の文に、「悔しく」というメロスの様子を表す形容詞がある。

**チェックテスト**

ウ

**解説**

文学的文章は、登場人物の言動によって、その人物の心情をも表現する。この場面では、王の発言に注意。「人間は、もともと私欲の塊さ。信じては、ならぬ。」など、ア「メロスの正義感」に対する憎しみや、イ「野心」から発せられるとは考えられない発言である。

**チェックテスト**

妹は頬を赤らめた。

**解説**

文学的文章で描かれている登場人物の心情について、ここでは、その様子についての表現から読み取る。ここで描かれている妹の様子は、「羊群の番をしていた」「(兄の)姿を見つけて驚いた」「兄に質問を浴びせた」など具体的な行動中心の表現だが、メロスの「おまえの結婚式を挙げる」という発言に対する部分には、その心情を思わせる表現がある。「頬を赤らめる」は、恥ずかしさに照れる慣用句。「結婚式を挙げる」と言われて照れる様子は、妹の喜ぶ気持ちにつながる。

**チェックテスト**

斜陽は赤い光を木々の葉に投じ、葉も枝も燃えるばかりに輝いている。

**解説**

文学的文章で描かれている登場人物の心情について、ここでは、情景描写に反映されているものをとらえる。メロスの「わずかながら希望が生まれた」心情を、木々の葉が夕陽に照らされて輝く様子を描くことによって、表現しているのである。

## Lesson 20 の力だめし

(1)夏の終わりの、おだやかな午後だった。
(2)川
(3)ウ
(4)(初め)杉林の黒い　(終わり)りがした。

**解説**　この文章には、心平が川への道を小走りに走っていく情景が描かれている。単に情景だけを描いているのではなく、そこに、そのときの心平の心情を反映させて描いているのである。

(1)冒頭の一文に、この場面の季節が描かれている。

(2)心平が、どこに向かって走っているのかを考えればよい。この場面では、心平は川に向かう途中でアケビの実のことが気になるが、それよりも川のことが心を占めているので、確かめずに走り出すのである。

(3)「明るく広がる野原」に吹いている「微風」という内容に適する表現を選ぶ。

(4)――線部の行動は、心平の弾むような気持ちが表れている。それに適する情景描写は、第四段落の「明るく広がる野原」「牛乳のような香ばしいかおり」という表現を含む部分である。

## Lesson 21 文学的文章って？②

**チェックテスト**
メロスの心情に希望が生まれた。(15字)

**解説**　文学的文章で描かれている登場人物の心情は、決して単調なものではなく、起こる出来事や周囲の状況によって変化する。文学的文章では、そのような登場人物の変化する心情を描くことが多い。心情が変化するきっかけは、出来事、発言、情景などさまざまな形で示されている。

――線部より前の部分では、メロスは、「正義」「愛」などについて「考えてみればくだらない」と否定的に考えたり、「なにもかもばかばかしい」「どうとも勝手にするがよい」と投げやりになったりしている様子が描かれている。それに対して、――線部以降の最後の部分には、「夢から覚めたような気がした。」「歩ける。行こう。」と、前の部分での否定的で投げやりな気分が消え去っている。つまり、メロスは、否定的で投げやりな気分になって、一度失いかけた希望を、清水の流れる音を聞き、その水を飲むことで、再び取り戻したのである。

## Lesson 21 の力だめし

(1)テレビでしか聞いたことのない東京の言葉(19字)
(2)父はうれし
(3)イ

**解説**　(1)「少年の家を訪ねてきた客」は、他の客とは違って、東京からやってきたのだということがわかる。

(2)「迎えに出た」という表現から、父が、その挨拶の声の主が誰だかすぐにわかったということが読み取れる。そして、その人物に対する心情は、その直後の「よう来てくれました。ほんまに、お忙しいのに……」という会話文と、その会話文がどのような様子で発せられたのかが書かれている次の文に表れている。ここでは、より心情が直接表現されている、会話文の次の一文が正解になる。

(3)「そばにいた少年の肩を抱いて」という動作や、「『ほれ、挨拶せんか』と少年の背中を軽く押した」などの表現から、父の少年に対する優しさや愛情が感じられる。父は、少年のことをとてもかわいがっているのである。

## 韻文って？①（詩）

**チェックテスト**

①オ　②イ・キ　③カ　④キ　⑤ク

**解説**

韻文における表現技法では、まず比喩について注意する。直喩、隠喩、擬人法という比喩の三種類をしっかり理解しておくことが大切。

①「泣いている」という部分の主語が、「風が」という無生物である。無生物である「風」が、人間の動作である「泣く」という動作をするように表されたものなので、擬人法。

②「まるで」は「～ようだ」と呼応して、たとえの意味を表す副詞。この副詞による呼応表現「まるで～ようだ」を用いた比喩を直喩（明喩）という。また、文末は「氷」という体言で終わっているので、体言止めが用いられている。表現技法は組み合わせて用いられることもある。

③「鋼鉄の肉体」のように「まるで～ようだ」などの比喩の言葉を用いず、直接語句を並べてたとえる比喩を隠喩（暗喩）という。

④「寒さ」という体言で終わっているので、体言止め。

⑤「探そう」と「ただ一つの宝島を」の語順を入れ替えて、「ただ一つの宝島を探そう」とすると、通常の語順になる。

### Lesson 22 の力だめし

1 (1)ア　(2)ウ

2 (1)ア　(2)イ

**解説**

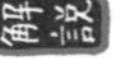
詩の形式は、用いられている言語が文語（古語）か口語（現代語）かと、詩句が五音・七音などの音数でととのえられているか、自由な音数でつづられているかで分類する。

(1)「まだあげ初めし（七音）」と「前髪の（五音）」と音数がととのっており、文語で書かれているので、文語定型詩。

(2)音数が自由な口語の詩なので、口語自由詩。

2

(1)詩の内容による分類は、主に描かれているものが感情か風景か歴史的事柄かで分類する。この詩で描かれているのは、ほとんど作者の内面の思いである。

(2)「僕の前に道はない／僕の後ろに道は出来る」は、「前」と「後ろ」、「ない」と「出来る」が対になり、それ以外の部分はほとんど変わらない。このようにして二つの詩句を並べる技法を対句法という。

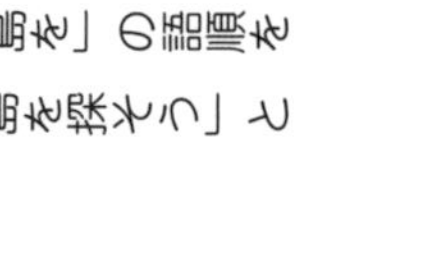

## 韻文って？②（短歌・和歌）

**チェックテスト**

①初句切れ　②三句切れ　③二句切れ

**解説**

①初句の「草わかば」は、それより下の部分には直接結びついておらず、全体の背景のように存在している。

②「静かなり」は、「静かだ」という意味の形容動詞。現代語の形容動詞と同じく活用がある言葉。ここでは終止形になっている。

③「きたりけり」の部分に「けり」が使われているので、そこに句切れがあるとわかる。

**チェックテスト**

（万葉集）大伴家持・ますらお（ぶり）

（古今和歌集）平安・たおやめ（ぶり）

（新古今和歌集）鎌倉・藤原定家

**解説**

三大和歌集は、日本の古典文学史のなかで重要なものである。成立した時代・主な編者・特徴を覚えておくとよい。

## Lesson 23 の力だめし

**1** (1)①ウ ②エ ③ア ④イ (2)ア
**2** ①C ②A ③B
**3** (1)イ (2)ア (3)ウ

**1** (1)①ウ初句「海恋し」に、この短歌の感動の中心がある。「潮の遠鳴り……」以下の内容を「海恋し」という作者の心情で包み込んでいるのである。
②エ「哀しからずや」の「や」に注意。
③ア「驚きぬ」は、現代語では「驚いた」。ここで短歌の意味が、いったん切れる。
④イ「銀杏ちるなり」の「なり」に注意。「なり」も感動を表す言葉のひとつ。
(2)「柿の落ち葉深く」が九音になっている。

**2** ①C「ひさかたの」は「天・空・光」にかかる枕詞。
②A「ふる」に「降る」と「経る(ふる)」、「ながめ」に「長雨(ながめ)」と「眺め」の意味が重ねられており、掛詞になっている。
③B「絶え」「ながらへ」「弱り」は、「緒」の縁語。

## Lesson 24 韻文って？③(俳句)

**チェックテスト**
(松尾芭蕉) 江戸・さび・蕉風
(与謝蕪村) 江戸・新花摘
(小林一茶) 江戸・おらが春
(正岡子規) 俳諧
(高浜虚子) 正岡子規

「俳句」が成立したのは、明治時代である。それまでは、主に俳諧と呼ばれていた。
俳諧を文学として高めたのは、江戸時代前期に活躍した松尾芭蕉。松尾芭蕉の俳諧の特徴は、「わび」「さび」を重んじたこと。そういう、松尾芭蕉とその弟子たちの俳諧の作風を「蕉風」と呼ぶ。
江戸時代中期以降の俳諧師としては、与謝蕪村、小林一茶が有名。しかし、その後は、文学としては衰退する。
明治時代に正岡子規は、それまでの俳諧を「俳句」と改め、その革新運動を始める。正岡子規の写生主義によるその俳句は、弟子であった高浜虚子によって継承された。また、同じく弟子であった河東碧梧桐は、音数にとらわれない新傾向俳句を提唱した。

## Lesson 24 の力だめし

**1** (1)(春)エ(夏)イ(秋)ア(冬)ウ (2)①イ ②ア ③エ
**2** (1)イ (2)ウ (3)ア
**3** ①夏 ②春 ③春 ④秋 ⑤夏 ⑥冬 ⑦秋 ⑧冬

**1** (1)アの俳句の季語は「柿」。季節は秋。イの俳諧の季語は「六月」。季節は夏。ウの俳句の季語は「枯野」。季節は冬。エの俳諧の季語は「蛙」。季節は春。
(2)①イの俳諧は「六月や」の「や」に注意。「や」は切れ字の一つ。
②アは「鐘が鳴るなり」で俳句の意味がいったん切れている。
③エは「負けるな一茶」という二句の途中で切れている。

**3** ②「雪解」は春の季語。雪が解ける季節を表す。
④「七夕」は秋の季語。七月の行事なので、現代の感覚で夏の季語だと間違えやすい。季語の季節感は旧暦によるもので、旧暦では七月は秋にあたる。
⑥「時雨」は冬に降る小雨のこと。

# 古文①（歴史的仮名遣い・古語・古文常識）

**▼チェックテスト**

①よろず　②いにしえ　③にゅうどう
④かんぱく　⑤ようよう　⑥ゆえん
⑦もうす　⑧いとおし

**解説**

②「いにしへ」の「へ」は、現代仮名遣いでは「え」と読む。

③「にふだう」は、まず「にふ」の「ふ」を「う」に置き換える。次に「にう」「だう」はそれぞれ「イ段音＋う」「ア段音＋う」になっているので、「にゅう」「どう」となる。それを合わせて、現代仮名遣いでは「にゅうどう」となる。

④「くゎ」は現代仮名遣いでは「か」と読む。

⑥「ゑ」は、ワ行エ段の仮名。現代仮名遣いでは「え」と読む。

⑦「まう」は、「ア段音＋う」なので、現代仮名遣いでは「もう」と伸ばす音で読む。

**▼チェックテスト**

①ウ　②イ　③ウ

**解説**

①「いと」は、古語の副詞。「非常に。とても」という意味を表す。

②「つゆ」は、打ち消しの意味をもつ言葉と呼応して、「少しも～しない」という意味を表す。

③「をかし」は、現代仮名遣いでは「おかし」と読むが、現代語の「おかしい」とは少し意味が異なり、「趣があって面白い」という意味を表す。

## 25のカだめし

**1**
(1)おかし　(2)あわれなり　(3)ようよう
(4)わたらん　(5)ゆりすえただよえば
(6)はたいうべきにあらず
(7)このやはずさせたもうな

**2**
(1)エ　(2)ウ　(3)ア　(4)イ

**3**
(1)ウ　(2)ウ

**解説**

**1**

(2)「は」は語頭にはないので、現代仮名遣いでは「わ」と読む。

(3)「やう」は、「ア段音＋う」になっているので、現代仮名遣いでは「よう」と伸ばす音で読む。

(4)「む」は、助動詞。この「む」は、現代仮名遣いでは「ん」と読む。

(6)「はた」の「は」は語頭にあるので、そのまま「は」と読む。

(7)「はづさせたまふな」の「たまふ」は、「ふ」を「う」と読み、「たまう」となるが、「まう」の部分が「ア段音＋う」となるので、現代仮名遣いでは「たもう」と読む。

**3**

(1)「ありがたし」は、現代語の「ありがたい」と似ているが、意味は異なる。

# Lesson 26 古文②（係り結び・会話文・敬語）

**▼チェックテスト**

①連体形　②連体形　③連体形　④連体形
⑤已然形

**解説**

①「風の音にぞ」の「ぞ」が係助詞。係助詞「ぞ」の結びは連体形。

②「竹なむ」の「なむ」が係助詞。係助詞「なむ」の結びは連体形。

③「花や」の「や」が係助詞。係助詞「や」の結びは連体形。

④「いづれか」の「か」が係助詞。係助詞「か」

の結びは連体形。

⑤「参るこそ」の「こそ」が係助詞。係助詞「こそ」の結びは已然形。

**チェックテスト**

①物申しさぶらはむ、おどろかせ給へ

②や、な起こし奉りそ。幼き人は寝入り給ひにけり

**解説**

①「いふ」の直前にある「と」に注意。会話文の始まりは、内容を考えて探す。

②ここでの発言の内容は、「や」という呼びかけの言葉から始まっている。

〈解釈〉

（ある寺の稚児〈寺社などに召し使われた少年〉が、僧たちがぼた餅でも作って食べようと言っていたのを聞いて、できるのを楽しみにしてたぬき寝入りをしながら待っていた。そのうち、できあがったような気配がした。）

この稚児は、「きっと（僧が）起こしてくれるだろう」と思って待っていると、僧が「ちょっといいですか、お起きください」と言ったのをうれしいなと思ったのだが、「たった一度呼ばれて返事するのは、いかにも待っていたかのように思われるかな」と考え、「もう一声呼ばれたら返事しよう」と思って寝たふりをしていたところ、「いや、起こしなさるな。幼い子（稚児）はお休みになったのだ」という声がしたので、「なんとつらい」と思い、「もう一度起こして」と思いつつ目をつぶって聞いていると、……

（『宇治拾遺物語』巻第一・十二より）

## Lesson 26 の力だめし

**1** (1)ぞ　(2)こそ　(3)や

**2** (1)A エ　B ウ　(2)までは見ず　(3)エ

**解説**

**1** 係助詞「ぞ・なむ・や・か・こそ」は、その結びの活用形と意味を必ず覚えておくこと。「ぞ・なむ」の結びは連体形、意味は強調。「や・か」の結びは連体形。意味は疑問・反語。「こそ」の結びは已然形。意味は強調。

**2** (2)この文章の最後にある「……とぞ言ひける。」に注意する。この「と」は引用を表す。これより前が会話文などの引用であることを示している。

(3)「何事か」の「か」は係助詞。「か」の意味は疑問・反語なので、「……だろうか」という文末になっているエが正解。

〈解釈〉

（仁和寺にいた法師が年を取るまで石清水八幡宮を参拝しなかったので、思い立って、一人で参拝に出かけた。しかし、山の上にある石清水八幡宮を参拝せずに、ふもとにある別の寺社をお参りして帰ってきてしまった。（帰ってから）仲間に会って、「長年思っていたことを果たしました。聞いていた以上に尊いお宮でいらっしゃった。それにしても、参拝しているどの人も山へ登ったのは、何があったのだろうか。知りたかったけれど、神社へ参拝することが本来の目的であると思って、山までは見なかった。」と言った。

（『徒然草』第五十二段より）

## Lesson 27 漢文①（漢文の読み方）

**チェックテスト**

① 1　3レ　2　4

② 1　5二　2　3　4一

③ 7下　4二　1　2　3一　5　6上

④ 5二　1　2　4レ　3

**解説**

①レ点は、下の一字から上の一字に返って読む。

②一・二点は二の下から一までを読んでから二の付いた字に返って読む。

③上・下点は、他の部分を読んでから、上の付いた字、下の付いた字の順に読む。

④レ点がある場合は、一・二点に従って読むときに、一の付いた字を読む前に下の字を先に読む。

**チェックテスト**

①空山人を見ず
②但だ人語の響きを聞く
③返景深林に入り
④復た青苔の上を照らす

**解説**

①「不」は打ち消しの助動詞「ず」なので、書き下し文では平仮名に直す。

## Lesson 27 の力だめし

**1**
(1) 1 4レ 3レ 2
(2) 5二 1 2 3 4一
(3) 4レ 3二 1 2一
(4) 5二 1 2 4レ 3
(5) 8下 6二 1 2 3 4 5一 7上

**2**
(1) 一寸の光陰軽んずべからず。
(2) 宋人に田を耕す者有り。

**3**
(1) 遂ニ飲ム二其ノ酒ヲ一。
(2) 百聞ハ不レ如カ二一見ニ一。

**4**
(1) 学びて時に之を習ふ、亦説ばしからずや。
(2) 学生宜しく勉学すべし。

**解説**

**2** (1)「可」は「べ（し）」と読む。ここでは活用して「べ（から）」となっている。

**4** (1)「而」は置き字。書き下し文では読まない。「乎」は助詞なので平仮名に直す。
(2)「宜」は再読文字。語順に従って「よろ（し）く」と読み、返り点に従って読むときに「べし」と読む。

## Lesson 28 漢文②（漢詩）

**チェックテスト**

①五言絶句
②暁・鳥・少

**解説**

②五言絶句は、二・四句の句末に韻を踏む決まりがあるが、この漢詩では一句末にも韻を踏んでいる。

〈解釈〉
春の眠りは、うとうとと気持ちよく、夜が明けたのも気がつかない。
あちこちで鳥の鳴き声が聞こえる。
昨夜は、風や雨の音がしていたが
咲き誇っていた花は、どれほど散ったのだろう。

## Lesson 28 の力だめし

(1)ウ
(2)深・心・金・簪
(3)イ
(4)渾べて簪に勝へざらんと欲す

**解説**

(1)一行の字数が五字で八句からなっているので、五言律詩。この漢詩は、杜甫によって作られた「春望」。

(3)一句の「国」「山河」は、二句の「城」「草木」に対応している。三句の「花」は、四句の「鳥」に対応している。五句の「三月」は、六句の「万金」に対応している。

(4)レ点に従って読んでいけばよい。「不」を「ざ（らんと）」と読んでいることに注意。

〈解釈〉
国は戦乱で滅んだが、山河は昔のままだ。
城内に春が訪れ草木が茂っている。
戦乱の時代を思い花にも涙を流し
家族との別れを悲しみ、鳥にも心を乱される。
戦火は三か月の長きにわたり
家族からの手紙はとても貴重だ。
白髪頭をかくと髪の毛は短くなってしまい
もうかんざしすら挿せないほどだ。

# 入試問題に挑戦！

**1 文節に区切る問題**

4

**2 主語を抜き出す問題**

友達が

**3 動詞の活用形の識別の問題**

ア・仮定形

**4 動詞の活用の種類と活用形の識別の問題**

ア

**5 文に合った副詞の選択問題**

ア

**6 品詞の識別の問題**

(1)イ　(2)ウ　(3)イ　(4)エ　(5)イ　(6)ウ

**7 敬語への書き換え問題**

(例)指導員の方が教えてくださる。

**8 熟語の構成の問題**

Ⅰウ　Ⅱキ

**9 説明的文章の読解**

(1)無愛想

(2)Ⅰ(例)増えるわけではない

Ⅱ(例)増えることさえある

(3)「手持ち」のエネルギー

(4)ア

**10 文学的文章の読解**

(1)ウ

(2)恥ずかしい気持ち。

(3)(例)姉の言葉を、大きくなったのだから人に甘えてはならないという意味に理解し、きびしさのほうにより強く、妹である自分への愛情を感じたから。

**11 韻文の読解**

Ⅰ地平線

Ⅱイ

**12 古文の読解**

(1)あらそい

(2)ウ

**13 漢文の読解**

示{スニ}二 玉 人{ニ}一

## 解説

**1** 「全く／予想も／しなかった／こと。」のように文節に区切れる。

**2** 「叫んだ」は述語。この述語と主語・述語の関係になる言葉を探す。主語は「何が」を表す言葉である。

**3** ア「言え」は「ば」に続いているので仮定形。イ「解い」は「て」に続いているので連用形。ウ「あり」は「、(読点)」に続いているので連用形。エ「得」は「た」に続いているので連用形。アだけが仮定形。

**4** 「わから」は「ない」に続いているので、未然形だとわかる。そして、未然形が「ら」というア段音で終わっているので五段活用の動詞だとわかる。

**5** 選択肢は全て状態の副詞。状態の副詞は、用言を含む文節を修飾するので、空欄の言葉は、「開けて」か「挨拶した」のどちらかの文節にかかると判断できる。イ「ふいに」は、「開けて」にかかりそうだが、空欄の前に「気が進まなかったが」とあるので、「ふいに」は合わない。ウ「なんとなく」、エ「やっと」もイと同様に、空欄の前の内容と合わない。

**6** (1)アは「最初に」という文節が「読んだ」にかかる連用修飾語であることを示す格助詞。イは「同級生で」を言い切りの形にして、「同級生だ」とすることができるので、活用語とわかる。活用語で言い切りの形が「だ」になるのは、形容動詞と助動詞「だ」または「た」。「とても」という副詞で「同級生だ」は修飾できないので、形容動詞ではない。これは、断定の助動詞「だ」の連用形。ウは前の内容を前置きとしてあとに接続する働きの接続助詞。エは方法・手段を表す接続助詞。

(2)問題文の「に」は場所を表す格助詞。同じ場所を表す「で」に置き換えられる。同様に「で」で置き換えられるのはウ。

(3)問題文の「ない」は助動詞。「ない」だけを文節に区切れず、かつ「ぬ」に置き換えられることから判断する。同様に判断すると正解はイ。アは「あどけない」で一語の形容詞。ウは「寒くはない」と「ない」の直前に「は」が補えるので補助形容詞。エは本来の意味が薄れていない通常の形容詞。

(4)ア「こっち」、イ「それ」、ウ「これ」は、すべて名詞（代名詞）。「が」をつけて主語になれることから判断できる。エ「その」は連体詞。これだけ主語になれない。

(5)「情けなく」は言い切りの形が「情けない」になる形容詞。ア「まっすぐ」は副詞、ウ「入る」は動詞、エ「痛み」は名詞。

(6)問題文の「ない」は助動詞。「ない」だけを文節で区切れないことから付属語とわかる。ウ「建物は／ない」と文節で区切れるので、この「ない」は自立語の形容詞。

**7** この文では「指導員の方が」が「くれる」の主体なので、使うべき敬語は尊敬語。「くれる」を尊敬語にすればよい。

**8** 「衰退」は「衰える」「退く」という似た意味を持つ漢字を組み合わせた熟語。同様に、キ「探求」は「探る」「求める」と似た意味をもつ漢字を組み合わせている。

**9** (1)「人間が何となく□になってきて」とあることから、□は人間の状態を表す言葉であることをおさえておく。

まず第一段落と第二段落の内容を考えてみる。第一段落では「人間には、身体的なエネルギーと心のエネルギーがある。身体的には同じことをしていても、心のエネルギーを使用すると疲れると考えられる。」という内容が書かれている。次に第二段落では、第一段落の内容を受けて「そこで、人間は不必要なことに心のエネルギーを使わないようになる。」という内容が書かれ、その具体例として役所の窓口での対応が書かれている。その様子は「まったくもって無愛想に、じゃまくさそうに応対をしている」とある。

この具体例から、心のエネルギーを使わないようにするために、役所の窓口の例のように、「無愛想に、じゃまくさそうに」なるということがわかる。ここから問題の指示通り漢字三字の「無愛想」を抜き出して当てはめればよい。「無愛想」の読みは「ぶあいそう」。「ぶっきらぼうで、そっけないこと」という意味。

(2)——線部1「以上のこと」が指す内容を問われているので、それまでの文脈をたどってみる。

第五段落には、碁やテニスなどをたとえとして、趣味に力を入れることが、仕事に対する意欲につながるという内容が書かれている。第六段落は、それを受けて、「エネルギーの消耗を片方で押さえると、片方で多くなる、というような単純計算が成立しない」ことが書かれている。つまり、趣味などでエネルギーを消耗すると仕事のエネルギーが減ったり、逆に趣味で使うエネルギーを押さえると仕事のエネルギーが増えるというような、単純な計算は成り立たないと述べているのである。

問題の文は、それを簡単にまとめたものである。提示された一文の「減らしても」「増やすと」という語句に注意して、その接続関係に合わせて語句を考えればよい。

(3)第八段落～第十段落までの文脈を読み取る。まず、第八段落では「人間の心のエネルギーは、多くの『鉱脈』に埋もれているので、その新しい鉱脈を掘り当てずに『手持ち』のエネルギーだけに頼ろうとすると節約しなければならない。」と述べられている。次の第九段落では、それを受けて、「その『新しい鉱脈』を掘り当てるのを怠る人は、宝の持ち腐れになってしまう」と述べられている。つまり、「『手持ち』のエネルギー」の節約ばかりに気をとられて、新しい鉱脈を掘り当てずねむったままにしてしまうため、宝の持ちぐされになると述べられているのである。

　第十段落では、それをまとめて、「心のエネルギーを節約せずに上手に流していくほうが、心のエネルギーを出し惜しみするより、効率もよく、新しい鉱脈の発見にもつながる」と述べられている。

　問題では、第十段落にある「心のエネルギーの出し惜しみ」という行動が、どういう考えからのものかを問われている。第八段落〜第十段落までの文脈をさかのぼって考えていけば、「心のエネルギーの出し惜しみ」→「心のエネルギーの節約」→『手持ち』のエネルギーに頼ろうとする」に結びつくと理解できる。

(4) この文章では、人間の持つ身体的なエネルギーと心のエネルギーについて、心のエネルギーは消耗しても新たな鉱脈を掘り当てることで補うことができ、そのエネルギーをうまく流していくことで、相当に多く動いても疲れを感じないものである、と述べられている。イは、第三段落〜第四段落に書かれている内容にふれているが、第四段落の終わりに「今回は取りあげないことにして、もう少し他のことを考えてみよう」とあるように、この文章では中心に扱っていないことであり、「配分を考えて用いるほうがよい」などという結論も全く述べられていない。ウは、「新たな鉱脈」について「人間のかくれた可能性を引き出す鉱脈」と文章とは異なる解釈をあてはめている。エは、「効率的に対応すること」と「心の鉱脈を発見」することの因果関係が文章の内容とずれている。

**10**

(1) 空欄補充の問題を考えるときには、まず、その空欄のある文の組み立てをとらえ、そして、空欄に当てはまる語句が文章の中でどのような役割を果たしているのかを理解する。それによって、問題の意図するところを理解するのが大切。

　空欄は、「われながら□と言いたいところだったのだろう」という部分にある。「われながら□と言いたい」という部分をひとまとめにして考え、それが何について言っている語句なのかを考える。空欄のある文の前半を見てみると、「つまり、三尺帯を巻きつけるとは」とあり、どうやら、このことを「われながら□」と言っているらしいことがわかる。冒頭に「つまり」という説明・補足の接続詞があるので、この文より前に書かれている内容をまとめて説明した内容が、「つまり」以下の文だとわかる。

「つまり」までの内容は、以下の通り。「私」は、母と弟とともに風呂屋に行き、見知らぬ赤ん坊に浴衣を汚されてしまう。母と弟は、「私」を風呂屋に残して汚れた浴衣を持って、すぐに迎えに来るからと言い残して帰ってしまう。しかし、なかなか迎えは来ず、風呂屋に一人で残されたのを不安に思った「私」は帰ることにした。しかし、裸で帰るわけにはいかず、母が置いていった三尺帯という子供用の帯を体に巻きつけて、風呂屋を出て歩いて帰ったのである。

　「つまり」以下の文は、三尺帯を巻いて風呂屋を出た「私」が道路に水を撒いていた男に出会い、まじまじと見つめられた場面のあとにある。水を撒いていた男に見つめられた「私」は、恥ずかしい気がしたが、その反面、「誇らしい思いもあったような気がする」とある。空欄のある「われながら□と言いたい」は、この「誇らしい思い」に直結する表現である。

　ア「失敗」、イ「異様」では「誇らしい思い」に合わない。エ「親切」では描かれている状況である「私」が三尺帯を巻いて帰ったことに全く合わない。

(2) この問題では――線部1の姉の言動によって「『私』のどのような気持ちが慰められた」かが問われている。その言動が何に対してのものであるのかを考える。

着物がなかったので、仕方なく三尺帯だけを巻いて帰った「私」は、その名案を誇らしく思う気持ちもあったが、風呂屋にいる人たちが笑っているのを感じたり、道路で出会った人にまじまじとみつめられたりして、恥ずかしさも感じていたのである。姉の言動は、この「私」の様子に対してのものである。

この場面での「私」の心情としてとらえるべきは、「誇らしい思い」と「恥ずかしい気」の二つであるが、「私」は、姉の言動を「優しい語調で私を慰め」てくれたと感じたのであるから、「私」自身は、姉の言動を「恥ずかしい気」を慰めるものとしてとらえたと理解できる。問題の要求通り、この「恥ずかしい気」という語句を用いて解答をまとめればよい。

(3)まず――線部2は「優しい姉にもまして、この時のきびしい姉に、姉らしさを感じた」とある。「優しい姉」と「きびしい姉」とが対比されていることに注意。さらに問題では、このように感じる「きっかけとなった姉の言葉」について「私」が「どのような意味に理解したか」を含めて、このように感じた理由を記述せよとある。

――線部2のある文の直前の一文に「裸に三尺帯を巻きつけて歩いたときよりも、姉にこの言葉を言われた時のほうが恥ずかしかった」とある。「裸に三尺帯を巻きつけて歩いたとき」の姉は優しく、自分の恥ずかしい気持ちを慰めてくれるかのようであった。このことを――線部2の内容と合わせて考えると、「姉にこの言葉を言われた時」には「きびしい姉」を感じたと読み取れる。

では「この言葉」とは何か。「この」が指し示す内容を探ればわかるが、この前に描かれている、「私」が生まれて初めて遠距離を歩いた場面で姉が言った「おんぶしないで！　癖になるから。」という言葉である。この言葉で、従姉の好意に応じて肩に手をかけた「私」は、それが「甘え」であり、いつまでも人に甘えていてはいけないのだという「自覚」が「あの時与えられたような気」がしたのである。

以上のことから、まず姉の言葉について「私」が「人に甘えてはならない」という意味に理解したことをまとめ、そのきびしさに姉としての愛情を感じたというようにまとめればよい。

**11** Ⅰ詩の一行目「僕は地平線に飛びつく」に注意する。これは、鉄棒を地平線に見立てた比喩表現（隠喩）。

Ⅱこの詩全体で描かれているのが「僕」の体の動きであることに注意。

**12** (1)語頭以外の「ひ」は現代仮名遣いではワ行の「い」に置き換える。

(2)ウ「物に争はず、己をまげて人に従ひ」とは、「物事に逆らわず、自分の主張をおさえて人の言うことに従う」ということ。問題の内容に最も近い。

**13** 書き下し文は「玉人に示すに」となっているので、「玉人」をまとめて読むために「人」の下に一点を付け、「示」に二点を付けて返るように読めばよい。

## まるごと漢字チェック①
〔小学のおさらい〕

**1**
(1)めいさい　(2)いくじ　(3)こうこ
(4)しつもん　(5)しじょう　(6)こうこく
(7)かんしん　(8)ぜっこう　(9)せつめい
(10)じんるい　(11)せいこう　(12)どりょく
(13)けいほう　(14)はら　(15)かがみ
(16)しおどき　(17)かんさつ　(18)おうふく
(19)さだ　(20)かくしん

**2**
(1)持久　(2)経済　(3)防寒　(4)講義
(5)体重　(6)不在　(7)寄付　(8)思案

(9)模様　(10)裏表　(11)演奏　(12)冷蔵庫

**3**
(1)①使　②死　(2)①棒　②防
(3)①郷　②教　(4)①苦　②句
(5)①戦　②専　(6)①改　②海

**解説**

**2** (3)「寒」(5)「重」(10)「裏」「表」(11)「奏」は、書くときに横棒の数を間違えやすい漢字なので気をつけよう。また、**3**の問題は、熟語の意味を考えると解きやすい。間違えた漢字は熟語ごとに覚え直しておこう。

## まるごと漢字チェック②
〔中学の重要漢字〕

**1**
(1)えいきょう　(2)たんせい
(3)ちょうやく　(4)だっせん
(5)けんじょう　(6)そくじ　(7)けいはつ
(8)す　(9)まんが　(10)じゅよ　(11)れんあい
(12)ろうか　(13)もはん　(14)くせ　(15)ふさ
(16)しょうげき　(17)けんろう　(18)そうれい
(19)みりょく　(20)ようご

**2**
(1)装飾　(2)暇　(3)礼儀　(4)雷　(5)冒険
(6)治療　(7)繰　(8)比較　(9)柔道
(10)煮物　(11)閲覧　(12)劣等感

**3**
(1)映る　(2)占める　(3)沸かす　(4)手堅く
(5)放す　(6)割く　(7)絶つ(断つ)　(8)表す
(9)抑える　(10)謝る　(11)興る　(12)卸す

**解説**

**3**の同訓異字は、文脈からどの漢字を使うかを判断する。(2)「締める」は、「帯やひもなどを結んだりねじったりしてゆるまないようにする」こと。この場合は「場所や部分をふさぐ」という意味の「占める」が正しい。また、(10)「誤る」は「間違える」の意味であるので、この場合は「わびる。許しを乞う」の意味の「謝る」が正しい。

## まるごと漢字チェック③
〔中学の重要漢字〕

**1**
(1)ひそ　(2)きち　(3)えんかつ
(4)がいよう　(5)おんけん　(6)はっこう
(7)えんかい　(8)さんがく　(9)つの
(10)にわとり　(11)こう　(12)かんぞう
(13)ぼうせん　(14)かたむ　(15)けいじ
(16)せっしゅ　(17)たましい　(18)よ　(19)ゆる
(20)ぼうちょう

**2**
(1)催事　(2)絶滅　(3)悔　(4)粘　(5)稲作
(6)遂　(7)焦　(8)袋　(9)緊張　(10)上昇

(11)葬儀　(12)一貫

**3**
(1)繁　(2)荒　(3)瞬　(4)拠　(5)刈　(6)彩
(7)忙　(8)浸　(9)闘　(10)援　(11)脚　(12)項

**解説**

**1** (12)「臓」の読みは、つくり（漢字の右側の部分）の「蔵」と同じ読みの「ゾウ」である。このように部分に注目して複数の漢字の読みを関連づけて覚えると、効率的に学習できる。一方、「侵」と「浸」のように、つくりは同じでへん（漢字の左側の部分）が違う漢字は特に間違えやすいので、へんの意味に注目しよう。「浸」は「さんずい」がついているから、水に関わる漢字であるとわかる。

## まるごと漢字チェック④
〔中学の重要漢字〕

**1**
(1)きょしょう　(2)じぎゃく　(3)せんい
(4)じく　(5)きそ　(6)おに　(7)きみょう
(8)のきさき　(9)ほそう　(10)もうしょ
(11)はば　(12)げんこう　(13)しんこう
(14)めいよ　(15)うすめ　(16)たくわ
(17)しょうしゅう　(18)けんがい
(19)かくとく　(20)はんばい

**2**
(1)豪快　(2)恐怖(驚怖)　(3)曇　(4)占

(5)惨状 (6)跡地 (7)尾 (8)珍
(9)祈 (10)抵抗 (11)恒例 (12)地震

**3**
(1)①孔 ②郊 (2)①遵(順) ②潤
(3)①卑 ②碑 (4)①浪 ②漏
(5)①翻 ②奔 (6)①猟 ②糧(料)

**解説**

**2** (3)「曇」 **3** (4)②「漏」(5)①「翻」などのように画数が多くて書き方を覚えにくい漢字は、漢字辞典で成り立ちを調べておくと記憶に残りやすくなる。例えば、「漏」は「流れる水」「戸」「雲から滴る水滴」を表す部分を組み合わせた漢字である。このような成り立ちを知っておくと、書くときに思い出しやすい。

## まるごと漢字チェック⑤

〔中学の重要漢字〕

**1**
(1)たんれん (2)ぐうぜん (3)かくう
(4)そくばく (5)にょじつ (6)のうむ
(7)がら (8)はじ (9)ひかげ (10)わくせい
(11)げっぷ (12)お (13)かがや (14)こよみ
(15)とちゅう (16)ひこく (17)しょばつ
(18)ていはく (19)しんどう (20)れんけい

**2**
(1)廃棄 (2)顧問 (3)硬 (4)炎 (5)夜露

(6)新郎 (7)爆笑 (8)終盤 (9)駆使
(10)遭難 (11)突然 (12)継承

**3**
(1)①想像 ②創造 (2)①感心 ②歓心
(3)①腐敗 ②不敗 (4)①抽象 ②中傷
(5)①確信 ②核心 (6)①以前 ②依然

**解説**

**1** (1)「鍛」はつくりが「段(ダン)」だが「タン」と読み、(11)「賦」はつくりが「武(ブ)」だが「フ(プ)」と読む。このように漢字の読みがつくりの部分の読みと少し異なる場合、間違いやすいので、特に注意して覚えよう。

## まるごと漢字チェック⑥

〔入試でよく出る漢字〕

**1**
(1)なが (2)ちゅうしゃく (3)だぼく
(4)もほう (5)やっかい (6)ようさん
(7)すぶた (8)ゆいいつ (9)こくじ
(10)がくぶち (11)しょうれい (12)てんか
(13)ひょうはく (14)しちょう (15)ざせつ
(16)しばい (17)しぶがき (18)しっぴつ
(19)きょうめい (20)しょうもう(しょうこう)

**2**
(1)伝統 (2)輪郭 (3)平衡 (4)矛盾 (5)滞
(6)内省 (7)俳句 (8)虚構 (9)閉幕

(10)責務 (11)機嫌 (12)吸収

**3**
(1)慎む (2)着く (3)混ぜ (4)吹く
(5)早い (6)初めて (7)映える (8)留める
(9)図る (10)解け (11)継ぐ (12)丸めて

**解説**

**3** (1)「謹」「慎」の使い分け方は、用例といっしょに押さえておこう。「謹」は「かしこまる」という意味で「謹んで承る」などの表現で使われ、「慎」は「控え目にする」という意味で「身を慎む」などの表現で使われる。

## まるごと漢字チェック⑦

〔入試でよく出る漢字〕

**1**
(1)じゅうまん (2)ぼうえき (3)とうろく
(4)きょうかい (5)さいふ (6)りょけん
(7)きてき (8)しき (9)せいぎょ
(10)はんらん (11)ふぜい (12)こうけん
(13)そっちょく (14)かん (15)つごう
(16)ばんぜん (17)いと (18)むい (19)くふう
(20)けいたい

**2**
(1)車窓 (2)土俵 (3)郵便 (4)単刀
(5)救急 (6)創刊 (7)勤勉 (8)結
(9)血眼 (10)矢面 (11)貧乏 (12)賠償

**3**
(1)①航 ②坑 (2)①坊 ②抱
(3)①赴 ②符 (4)①雌 ②誌
(5)①犠 ②欺 (6)①赦 ②写

**解説** **1** (9)「制御」(15)「都合」(17)「意図」などの読みは問われやすい。同じ漢字で違う読み方をする熟語（例：「御飯（ごはん）」「京都（きょうと）」「図工（ずこう）」など）をそれぞれ確認して、区別できるようにしよう。**2** (4)「単刀直入」**3** (4)①「雌雄を決する」のような慣用表現は、意味も含めて覚えておこう。

## まるごと漢字チェック⑧
〔入試でよく出る漢字〕

**1**
(1)のうぜい (2)こっき (3)きんき
(4)しんら (5)かもく (6)しょうちょう
(7)きょうそう (8)つ (9)いつわ
(10)あらわ (11)かいりつ (12)ゆうこく
(13)しゅみ (14)うなが (15)おちい
(16)へんしょく (17)かま (18)ふくすい
(19)さえぎ (20)こば

**2**
(1)縮尺 (2)裾 (3)秩序 (4)裁判 (5)負担
(6)厳守 (7)喜劇 (8)綿密 (9)随分

(10)樹皮 (11)梅林 (12)散策

**3**
(1)①習慣 ②週刊 (2)①追及 ②追求
(3)①鑑賞 ②干渉 (4)①対称 ②対象
(5)①採光 ②最高 (6)①異議 ②意義

**解説** **3** (2)①「追及」と②「追求」のように、紛らわしい同音異義語は、どんな文脈で使われているかに注目しよう。「責任を追及する」「理想を追求する」のように、目的語とセットで用例を覚えておくと、意味の違いをしっかり把握できるようになる。